रश्मि लोक

('रेणुका' से 'हारे को हरिनाम' तक की प्रतिनिधि कविताएँ)

रामधारी सिंह 'दिनकर'

लोकभारती प्रकाशन
पहली मंजिल, दरबारी बिल्डिंग, महात्मा गांधी मार्ग, इलाहाबाद-1

लोकभारती प्रकाशन
पहली मंजिल, दरबारी बिल्डिंग, महात्मा गांधी मार्ग
इलाहाबाद-211 001

वेबसाइट : www.lokbhartiprakashan.com
ईमेल : info@lokbhartiprakashan.com

शाखाएँ : 1-बी, नेताजी सुभाष मार्ग, दरियागंज
नई दिल्ली-110 002
अशोक राजपथ, साइंस कॉलेज के सामने
पटना-800 006 (बिहार)

पहला संस्करण : 1974
दूसरा संस्करण : 2011

आवरण : लोकभारती स्टूडियो

इण्डियन प्रेस प्रा.लि.
36, पन्नालाल रोड
इलाहाबाद-211002 द्वारा मुद्रित

RASHMI LOK
by Ramdhari Singh 'Dinkar'

ISBN : 978-81-8031-559-6

मूल्य : 600.0

मेरी काव्य-यात्रा

एज़रा पौंड के किसी लेख में पढ़ा था कि चालीस पेज की भूमिका लिखने के बजाय चार पंक्तियों की कविता लिखना कहीं ज्यादा अच्छा काम है। लेकिन सन् 1956 ई. में जब मेरा काव्य-संग्रह 'चक्रवाल' निकला, मैंने भूमिका उसमें पचहत्तर पेज की लिखी थी। किताबों की बहुत लम्बी भूमिकाएँ जार्ज बर्नार्ड शॉ लिखा करते थे, मगर वे कवि नहीं, नाटककार थे। इसलिए मुमकिन है कि एज़रा पौंड की फब्ती शॉ पर लागू न की जा सके। लेकिन आज जो प्रसंग मेरे सामने उपस्थित है, उसका कुछ थोड़ा इतिहास मुझे बताना पड़ेगा। 'चक्रवाल' में मेरी 'रेणुका' से लेकर 'नील कुसुम' तक की चुनी हुई कविताओं का संकलन था। मगर नील कुसुम के बाद भी मेरी कई कविता की पुस्तकें प्रकाश में आयीं और यह आवश्यक हो गया कि चक्रवाल के ही वजन पर कोई दूसरा संग्रह तैयार किया जाए, जिसमें 'रेणुका' से लेकर 'हारे को हरि नाम' तक की चुनी हुईं कविताओं का संकलन हो। 'रश्मि लोक' इसी दृष्टि से तैयार किया गया और इसी भाव से उसका प्रकाशन हो रहा है।

रेणुका को साहित्य के इतिहासकार मेरी प्रथम कृति मानते हैं। किन्तु बात सचमुच ऐसी नहीं है। रेणुका (1935 ई.) से पूर्व 1929 ई. में मेरा एक छोटा-सा खंड-काव्य 'प्रण-भंग' नाम से निकला था। संयोगवश इस पुस्तक पर आचार्य पंडित रामचन्द्र शुक्ल की दृष्टि पड़ी और उन्होंने अपने इतिहास में इस तुच्छ कृति का भी उल्लेख कर दिया। किन्तु, उससे भी एक वर्ष पूर्व यानी सन् 1928 ई. में मेरी 'बारदोली-विजय' नामक एक पुस्तिका निकली थी, जिसमें बारदोली-सत्याग्रह से प्रेरित दस-बारह गीत थे। प्रण-भंग की एक प्रति किसी तरह मेरे संग्रह में बची रही और अपनी प्रारम्भिक रचनाओं के साथ मैं उसे दुबारा छपवाना भी चाहता हूँ। किन्तु, 'बारदोली-विजय' की कोई भी प्रति अब मेरे पास नहीं है। याद करने पर केवल दो टुकड़े मन में गूँजते हैं। जगत्तारिणि, खद्दरधारिणि, वन्दे। विलसन-मद-मारिणि वन्दे। विलसन उस समय बम्बई का गवर्नर था। सरदार पटेल ने बारदोली का संग्राम विलसन के ही विरुद्ध जीता था।

तो फिर मैं अपने कवि-जीवन का प्रारम्भ कहाँ से मानूँ? रेणुका से, प्रण-भंग से या बारदोली विजय से? अथवा उससे भी पूर्व सन् 1924 ई. से, जब मेरी पहली कविता जबलपुर से निकलने वाले पाक्षिक (पहले वह मासिक था) पत्र छात्र सहोदर में छपी थी।

जब से उर्वशी काव्य पर मुझे ज्ञानपीठ पुरस्कार मिला है, लोग इस प्रश्न को विशेष रूप से रेखांकित करने लगे हैं कि वीर और शृंगार, इन दोनों रसों का निर्वाह मैंने कैसे किया है। यह सच है कि ख्याति मुझे देश-भक्ति की कविताओं के कारण प्राप्त हुई, किन्तु पुरस्कार मुझे उर्वशी के कारण मिला। किन्तु, यह मात्र संयोग की बात है। अन्यथा, आरम्भ से ही वीर और शृंगार, दोनों ही मुझे बारी-बारी से लुभाते रहे हैं। वैसे एक बार मैंने कहीं कहा भी था कि कीर्त्ति तो मुझे हुंकार से मिली, किन्तु आत्मा मेरी रसवन्ती में बसती है।

रेणुका, हुंकार, रसवन्ती और द्वन्द्वगीत, ये पुस्तकें निकलीं तो अलग-अलग समय पर, किन्तु, उनकी कविताएँ लगभग साथ-साथ लिखी जा रही थीं। उदाहरणार्थ, द्वन्द्वगीत के बहुत-से पद रेणुका के प्रथम संस्करण में 'धूल के हीरे' के नाम से निकले थे। हिमालय, तांडव, नयी दिल्ली, विपथगा और दिगम्बरी आदि कविताओं को पढ़कर लोगों ने मुझे क्रान्तिकारी कवि मान लिया था, गरचे मैं ब्रिटिश-सरकार की नौकरी में था। या सम्भव है, जनता का प्रेम मुझे इस कारण कुछ और अधिक प्राप्त हुआ कि मैं अंग्रेजों की नौकरी में रहकर भी देश-भक्ति और क्रान्ति की कविताएँ लिख रहा था। किन्तु क्रान्ति की कविताएँ लिखकर मुझे पूरा सन्तोष नहीं था। शेली, कीट्स और रवीन्द्रनाथ का प्रभाव जैसे पन्तजी और निरालाजी पर पड़ा था, वैसे ही वह मुझ पर भी था और मैं भी चाहता था कि गर्जन-तर्जन छोड़कर मैं भी कोमल कविताओं की रचना करूँ, जिनमें फूल हों, सौरभ हो, रमणी का सुन्दर मुख और प्रेमी पुरुष के हृदय का उद्वेग हो और ऐसी अनेक कविताएँ मैंने उस समय लिखी भी थीं, जो रेणुका, रसवन्ती और द्वन्द्वगीत में प्रकाशित हुईं। वही धारा उर्वशी में आकर बड़े जोर से फूटी। अतएव उर्वशी को देखकर चकित होना व्यर्थ है। सारी-की-सारी उर्वशी रेणुका के कवि के रक्त में प्रच्छन्न थी। भिन्न-भिन्न कवियों के हाथों में कलमें थमाकर प्रत्येक युग एक ही कविता की रचना करता है। इसीलिए वीर रस का कवि होने पर भी मैं भूषण नहीं, मैथिलीशरण और सुमित्रानन्दन पन्त के ही करीब हूँ। इसीलिए रहस्यवादिनी होने पर भी महादेवी जी मीरा नहीं, प्रसाद के ही समीप हैं।

इसी प्रकार प्रत्येक कवि जीवन भर में एक ही कविता लिखता है। उसकी भिन्न-भिन्न कविताएँ उसी एक कविता की विभिन्न कड़ियाँ होती हैं। यही कारण

है कि मेरी कविताएँ बच्चन की कविताओं में फेंटी नहीं जा सकतीं, न बच्चन की कविता को देखकर किसी को यह भ्रम हो सकता है कि वह मेरी लिखी हुई है। छन्द, शब्द-प्रयोग, अर्थ, रस और अलंकार का निर्वाह कर देना काफी नहीं है। प्रत्येक कविता पर कवि की वैयक्तिकता की छाप होनी चाहिए। कवि कहलाने का अधिकार उसे प्राप्त होता है, जो प्राचीन और समकालीन, सभी कवियों से भिन्न है, जिसने अपने लिए कोई ऐसा रास्ता निकाला है, जो सभी रास्तों से कुछ-न-कुछ अलग है, जिसकी आवाज दूसरों की आवाजों में मिलकर लुप्त नहीं हो सकती।

लीक-लीक गाड़ी चलै, लीके चलै कपूत,
लीक छाड़ि तीनैं चलैं, शायर, सिंह, सपूत।

'प्रण-भंग' को देखकर कोई मुझे कवि क्यों मानता? वह तो जयद्रथ-वध का अनुकरण मात्र था और जब रेणुका के बाद मैं कवि मान लिया गया, तब मेरे भीतर एक नया द्वन्द्व शुरू हो गया। कविता का प्रयोजन क्या है? क्या वह ज्ञान के लिए है अथवा आनन्द के लिए? वह मनुष्य को प्रसन्न करके छोड़ देती है या उसे कर्म की ओर भी प्रेरित करती है? मेरा गुरु कौन है? रवीन्द्र या इकबाल? कविता युग के अनुसार चलती है अथवा वह सार्वयुगीन है? हमारे युग को आवश्यकता बिहारीलाल की है या भूषण और कबीर की?

अब ये प्रश्न मुझे कुछ-कुछ बेहूदे-जैसे लगते हैं। किन्तु, उन दिनों (यानी 1930 ई. से 1945 ई. तक) अस्पष्ट रूप से ऐसे ही प्रश्न मुझे व्याकुल किए रहते थे। मेरी व्याकुलता का कारण यह भी था कि बहुत-से आलोचक यहाँ तक कह डालते थे कि ये कविताएँ क्षण-स्थायी हैं तथा दिनकर में कला की बारीकी जरा कम है। ऐसे लाँछन सर इकबाल पर भी लगाए गए थे और उत्तर में उन्होंने कहा भी था कि हाँ भाई, मैं कवि नहीं हूँ। मगर मेरे भीतर कुछ बातें हैं, जो कविता में ही कही जा सकती हैं। अतएव कविता का उपयोग मैं अपनी बातें कहने के लिए कर रहा हूँ।

कविता का उपयोग मैं भी अपनी बातें (यानी अंग्रेजी राज का विरोध, समता का प्रचार, क्रान्ति की प्रेरणा, विद्रोह का प्रचार) कहने के लिए कर रहा था, किन्तु, इकबाल की तरह मैं संतुष्ट नहीं था। कल्पना का विलास-कुंज मुझे भी लुभाता था, सितारों के बीच निरुद्देश्य घूमने की इच्छा मुझे भी बेचैन करती थी और धरती की हलचल से ऊपर उठकर मैं भी शून्य में विहार करना चाहता था। हुंकार में मेरी एक कविता है जिसका नाम 'हाहाकार' है। उस रचना में मैंने उन कविताओं के प्रति ईर्ष्या व्यक्त की है, जो धरती की हलचल से दूर हैं और जिनके रचयिता स्वप्न की मायापुरी में विहार कर रहे हैं।

वही धन्य, जिनको लेकर हम
बसी कल्पना के शतदल पर।
जिनका स्वप्न तोड़ पाती है
मिट्टी नहीं चरण-तल बजकर।
मेरी भी यह चाह विलासिनि,
सुन्दरता को सीस झुकाऊँ।
जिधर-जिधर मधुमयी बसी हो,
उधर वसन्तानिल बन जाऊँ।

फिर मैंने यह इच्छा व्यक्त की है कि जनारण्य से ऊपर उठ कर मैं भी आकाश में अपनी कुटी बना कर बसूँ, जिससे पृथ्वी का आर्त्तनाद सुनकर मुझे अपना कलेजा न फाड़ना पड़े। किन्तु, यह काम मुझसे हो नहीं पाता। दुनिया की हलचल से ऊपर उठ तो जाता हूँ, किन्तु आकाश में ठहरना मेरे लिए मुश्किल काम है।

रह-रह पंखहीन खग-सा मैं
गिर पड़ता भू की हलचल में।
झटिका एक बहा ले जाती
स्वप्न-राज्य आँसू के जल में।

इसी द्वन्द्व का चित्रण हुंकार की पहली कविता 'असमय आह्वान' में भी हुआ है। इस कविता में देशमाता को मैंने अपनी स्वामिनी कहा है और अपने को उनका अनुचर। दिन-भर धूप में खटने के बाद रात के समय नौकर-चाकर भी ऊँघने लगते हैं, आराम करने लगते हैं। सितारों की ओर देखना, नारी-मूर्त्ति की कल्पना में विभोर हो जाना और फूल-फूल नर तितली बनकर मँडराते फिरना, यह सब ऊँघना और नींद ही तो है। जब अनुचर इन कोमल और मीठे सपनों का स्वाद ले रहा है, तभी माता के मन्दिर से पुकार आ जाती है और उसे स्वामिनी के आह्वान पर सब कुछ छोड़ कर मन्दिर की ओर भागना पड़ता है।

गया दिन धूलिघूम के बीच
तुम्हारा करते जयजयकार।
देखने आया था इस साँझ
पूर्ण विधु का मादक शृंगार।
एक पल सुधा-वृष्टि के बीच
जुड़ा पाए न क्लान्त मन-प्राण।
कि सहसा गूँज उठा सब ओर
तुम्हारा चिर-परिचित आह्वान।

भ्रम अथवा कच्ची दृष्टि के कारण मैं सच्चे मन से मानता था कि केवल मैं ही नहीं, देश के सभी कवि देशमाता के अनुचर हैं, किन्तु वे सोए हुए हैं (यानी आनन्द और सौन्दर्य की कविताएँ लिख रहे हैं)। सोना तो मैं भी चाहता हूँ, किन्तु स्वामिनी मुझे सोने नहीं देगी।

अन्य अनुचर सोए निश्चिन्त
शिथिल परियों को करते प्यार।
रात में भी मुझ पर ही पड़ा
द्वार-प्रहरी का गुरुतर भार।
तुम्हारी भरी सृष्टि के बीच
एक क्या तरल अग्नि ही पेय?
सुधा-मधु का अक्षय भांडार
एक मेरे ही हेतु अदेय?

प्रेम, प्रकृति और नारी-मूर्त्ति के चिंतन में जो रस है, वह रस मैंने इस द्वन्द्व की कविता में ही प्राप्त कर लिया। फिर लाचार होकर मैं इस नतीजे पर आता हूँ कि भावना का सुख मेरे लिए नहीं है। मेरे लिए तो कर्तव्य ही प्रधान है।

फेंकता हूँ लो, तोड़-मरोड़
अरी निष्ठुरे, बीन के तार।
उठा चाँदी का उज्ज्वल शंख
फूँकता हूँ भैरव हुंकार।

लोग मुझे चारण और वैतालिक कहने लगे थे, युग का ढिंढोरिया और जागरण का दूत कहने लगे थे। कोई-कोई मित्र आज भी इस प्रकार का विरुद देकर मुझे मेरी सीमा का ज्ञान कराना चाहते हैं। किन्तु, इस विरुद को मैं अस्वीकृत क्यों करूँ? मैंने तो हुंकार के आमुख में ही मान लिया था,

अमृत-गीत तुम रचो कलानिधि, बुनो कल्पना की जाली।
तिमिर-ज्योति की समरभूमि का मैं चारण, मैं वैताली।

द्वन्द्वगीत के बाद लगभग छह वर्ष तक मेरी कोई भी पुस्तक प्रकाशित नहीं हुई। तब सन् 1946 ई. में कुरुक्षेत्र निकला, जिसे मैं भावना नहीं, कर्तव्य का काव्य मानता हूँ।

कुरुक्षेत्र काव्य का आरम्भ सन् 1941 ई. में सीतामढ़ी में हुआ था, जहाँ मैं सब-रजिस्ट्रार था और पूर्ण वह सन् 1946 ई. में पटने में हुआ, जहाँ मैं युद्ध-प्रचार-विभाग में काम कर रहा था। कई लोगों को भ्रम है कि कुरुक्षेत्र की रचना मैंने इसलिए की कि संसार में द्वितीय महायुद्ध चल रहा था और सरकार

ने मेरा तबादला युद्ध-प्रचार-विभाग में कर दिया था। ये दोनों बातें सच हैं, किन्तु वे कुरुक्षेत्र काव्य की प्रेरणा नहीं थीं। अहिंसा को विफल होते मैंने 1921 में भी देखा था और सन् 1931 ई. में भी। फिर भी अहिंसा पर मेरी थोड़ी-सी श्रद्धा बनी हुई थी (जैसी वह आज भी है)। सन् 1941 ई. में स्थिति यह थी कि गांधीजी आन्दोलन छेड़ने में हिचकिचा रहे थे और युवक समझते थे कि आन्दोलन छेड़ा भी गया, तो वह कुचल दिया जाएगा। इस स्थिति में मुझे वही चिन्तन शुद्ध दिखाई दिया, जो कुरुक्षेत्र में है। अहिंसा अगर परम धर्म है, तो हिंसा को आपद्धर्म मानना ही पड़ेगा। और इस मान्यता से भी निस्तार नहीं है कि जिसका आपद्धर्म नष्ट हो गया, उसका परम धर्म भी नहीं बचेगा। जिन दिनों कुरुक्षेत्र की रचना हुई, उन दिनों मेरे नजदीकी दोस्त वे नौजवान थे, जो बाद को चल कर साम्यवादी अथवा समाजवादी बन गए। ये सभी लोग गांधीजी की अहिंसा को धर्म नहीं, नीति मानते थे।

कुरुक्षेत्र की रचना आरम्भ करने से ठीक पूर्व मैंने 'कलिंग-विजय' नामक कविता लिखी थी, जो अहिंसा का काव्य है, जिसमें विजयी अशोक के पश्चात्ताप का चित्रण हुआ है। किन्तु, उन्हीं दिनों मेरा सम्पर्क एक प्रेतात्मा से हुआ, जो जर्मन थीं और अपना नाम रोजा लक्जमबर्ग (सोशलिस्ट रोजा नहीं) बताती थीं। अहिंसा की कविता सुनकर उन्होंने मुझे बेतरह लथेड़ा तथा अहिंसा के विषय में मुझे जो सन्देह था, उसे उन्होंने कुछ और मजबूत कर दिया। उनका उपदेश सुनकर जब मैं सीतामढ़ी लौटा, मैंने पाँच कबित्त लिखे, जिनके इर्द-गिर्द कुरुक्षेत्र काव्य की रचना हुई है। इन पाँच कबित्तों में से चार तो कुरुक्षेत्र काव्य के तीसरे सर्ग में गए हैं, किन्तु पाँचवाँ कबित्त आज तक अप्रकाशित रहा है। वह इस प्रकार है—

शोणित में घोल निजि अश्रु करुणा से भरे
कल्पना बिलपती फिरी कलिंग-रण से।
कवि था प्रसन्न, हुई लेखनी पवित्र, अब
युद्ध का कलुष उठ जाएगा भुवन से।
इतने में कौंध गयी दामिनी प्रचंड एक,
श्रुति में पड़ी आ ध्वनि गूँजती गगन से।
भीम रूप देख भीत होता है मनुष्य कोई
वाणी से विरागी औ कदर्य तन-मन से।

यह घटना घटी थी, इसलिए मैंने इसका उल्लेख कर दिया, वरना कुरुक्षेत्र-जैसी कोई चीज मैं तब भी लिखता, यदि मैं रोजा लक्जमबर्ग के सम्पर्क में न आया होता। कुरुक्षेत्र उन सभी भावनाओं का परिपाक है, जो मुझे आरम्भ

से ही आन्दोलित करती आ रही थीं। जो विचार मैंने अपनी स्फुट कविताओं में बिखरे थे, कुरुक्षेत्र में उनका समन्वित दार्शनिक रूप प्रकट हुआ है। विश्व-शान्ति की स्थापना की चिन्ता मुझे कुरुक्षेत्र में कम थी। अपने देशवासियों की विचार-दिशा बदलने की भावना से आन्दोलित होकर ही मैंने इस काव्य की रचना की थी। कुरुक्षेत्र में महात्मा गांधी के विचारों का प्रतिनिधित्व युधिष्ठिर करते हैं, किन्तु जो नवयुवक गांधी जी की अहिंसा को धर्म के रूप में स्वीकार करने को तैयार नहीं थे, उनके प्रतिनिधि अथवा प्रतीक भीष्म हैं।

कोई कविता लिख लेने के बाद यह बताने की कोशिश करना कि यह कविता मैंने क्यों लिखी, बड़ा ही मुश्किल काम है। कुरुक्षेत्र के बाद मैंने जो दूसरा खंडकाव्य (रश्मिरथी) लिखा, उसका नायक कर्ण है। युधिष्ठिर और भीष्म के बाद कर्ण पर मेरी दृष्टि क्यों गई, इसके कुछ-न-कुछ मनोवैज्ञानिक कारण रहे होंगे। जब यह काव्य प्रकाशित हुआ, डॉक्टर धर्मवीर भारती ने किसी लेख में संकेत किया था कि कदाचित दिनकर जी ने अपने जीवन में उपेक्षा के दंश का अनुभव किया है। उसी का प्रतिबिम्ब हम कर्ण के चरित्र में देखते हैं। सम्भव है कि यह अनुमान सत्य हो। किन्तु अधिक सत्य प्रेरणा इस जिज्ञासा से आयी थी कि कुमारी माता के गर्भ से उत्पन्न सन्तान को समाज में गुणोपयुक्त स्थान मिलना चाहिए या नहीं। रश्मिरथी का कवि बिहार प्रान्त का निवासी है, जहाँ सबसे बड़ा प्रश्न यह नहीं है कि तुम विद्वान हो या मूर्ख, ईमानदार हो या बेईमान, बल्कि यह कि तुम्हारी जात कौन-सी है। रश्मिरथी काव्य इन्हीं दो प्रश्नों को लेकर समाप्त नहीं होता। उसमें और भी बातें हैं, जिन्हें लोगों ने बहुत पसन्द किया है। ऐसे पाठक भी हैं, जो रश्मिरथी को ही मेरी सर्वोत्कृष्ट रचना मानते हैं। बिहार में और बिहार के बाहर मुझे ऐसे अनेक युवक मिले हैं, जिन्हें रश्मिरथी के सर्ग के सर्ग कंठस्थ हैं। अब तो ऐसे भी कवि हैं, जिनकी कविताएँ अगर अनपढ़ लोग समझ लें, तो वे कवि शर्म से गड़ जाएँगे (कम-से-कम वे अपनी भावभंगी से यही जताते हैं,) किन्तु, अपढ़ किसानों और मजदूरों को रश्मिरथी काव्य का पाठ सुनकर झूमते देखकर मुझे लज्जा नहीं, गौरव का ही बोध हुआ है।

मैट्रिक पास करने तक मैं गाँव में था। तब कालेज की शिक्षा के सिलसिले में चार वर्ष मुझे पटने में रहने का सुयोग मिला। उसके बाद सन् 1933 ई. से लेकर 1943 ई. तक फिर नौकरी के सिलसिले में मुझे गाँवों में ही रहना पड़ा। अतएव इन दस वर्षों में अंग्रेज़ी की अच्छी किताबें मेरे हाथ में कम ही आ सकीं। सब-रजिस्ट्रारी में अवकाश मुझे अधिक रहता था, मगर किताबें मेरे पास बहुत थोड़ी थीं। कालिदास और भवभूति को मैंने कई बार पढ़ा। इन दिनों बँगला में

रवीन्द्रनाथ की चयनिका और संचयिता, काजी नजरुल इस्लाम की संचिता और सत्येन्द्रनाथ दत्त का काव्य-संचयन, ये ग्रन्थ बराबर मेरे साथ रहते थे। सब-रजिस्ट्रारी के दिनों में एक अच्छा काम मैंने यह किया कि मौलवी रखकर सर इकाबल की बाँगेदरा, बाले-जिबरईल, और जरबे कलीम, ये तीन पुस्तकें नोट लेकर मैंने बड़े ध्यान से पढ़ डालीं। किन्तु, सन् 1943 ई. में जब सरकार ने तबादला करके मुझे पटना भेज दिया, मैं धीरे-धीरे विश्व-साहित्य की धारा से परिचित होने लगा, जिसकी थोड़ी-सी झाँकी मैंने कालेज के दिनों में पटना कालेज के पुस्तकालय में पायी थी।

पटना आने पर यूरोपीय भाषाओं के उपन्यास और कहानियाँ मैंने इस उत्साह से पढ़ीं, मानो, जनम का भूखा आहार पा गया हो। इस दौर में मैंने कविताएँ और दर्शन भी बड़े चाव से पढ़ा। उस समय सबसे बड़ा प्रभाव मुझ पर इलियट, नीत्से और बरट्रेंड रसल का पढ़ा। परम्परा और धर्म से प्राप्त जिन अनेक आस्थाओं को मैं हृदय से लगाए हुए था, नीत्से और रसल ने उनके बारे में मुझे शंकालु बना दिया। लगभग ऐसा ही प्रभाव मुझ पर इलियट का भी पड़ा। कविता किसे कहते हैं, यह बात मैंने रवीन्द्र और इकबाल से सीखी थी। किन्तु, इलियट की कविताएँ देखकर मुझे ऐसा लगा कि मैं जहाँ खड़ा हूँ, कविता उससे बहुत आगे निकल गई है। रवीन्द्र और इकबाल पर मेरी श्रद्धा में कमी तो बिलकुल नहीं आयी, किन्तु नवीनता का रस लेने के लिए मैं इलियट-जैसे नये कवियों की कविताएँ खोज-खोज कर पढ़ने लगा।

विभिन्न भाषाओं की कविताएँ (अंग्रेजी के माध्यम से ही) पढ़ते-पढ़ते पता मुझे यह चला कि कविता में वास्तविक क्रान्ति सन् 1870 ई. के आस-पास फ्रांस में हुई थी और उस क्रान्ति के तीन पुरोधा-कवि वादलेयर, रेम्बू और मेलार्मे थे। किन्तु अंग्रेजों को इस क्रान्ति से प्रभावित होने में लगभग आधी शताब्दी का विलम्ब हो गया। अतएव यह स्वाभाविक था कि भारत को नयी कविता तक पहुँचने में दस-बीस साल और लग जाएँ। नयी कविता क्या होती है, इसका ज्ञान भारतवासियों को इलियट की कविताएँ देखकर हुआ और वह भी सन् 1922 ई. में नहीं, बल्कि 1940 के आस-पास आकर, जब इलियट के अनुयायी संसार के प्रत्येक देश में उत्पन्न हो चुके थे।

अब मेरी चेतना की दशा विचित्र हो गई। जन्म और संस्कार से मैं ग्रामीण था। शिक्षा-दीक्षा से मैं तुलसी, कबीर, रवीन्द्र, इकबाल, कालिदास, भवभूति, शेली और कीट्स का भक्त था। इन सभी संस्कारों के मेल से मेरे भीतर जो आर्केस्ट्रा पैदा हुआ था, उसके सुरों से जनता बेहद प्रसन्न थी। हाँ, ऐसे आलोचक उस समय

भी थे, जो निन्दा अथवा कचोट के स्वर में कह उठते थे, काश, दिनकर के सुर जरा और मीठे, जरा और महीन होते। मगर मीठे और महीन सुरों के लिए मुझ में तनिक भी लोभ नहीं था। वे सुर मेरे लिए यथेष्ट थे, जिनसे आग जलती है और हवा गर्म हो जाती है। फिर भी इलियट, बादलेयर, रेम्बू, मेलार्मे, नीत्से और रिल्के का इतना प्रभाव अवश्य पड़ा कि मेरे आर्केस्ट्रा का गर्जनवाला यन्त्र शिथिल हो गया, समुद्र का फेन लुप्त हो गया, आग की लपट खत्म हो गई, केवल अँगारे बच गए, जो क्षारहीन और निर्धूम थे। नील कुसुम में कई कविताएँ हैं, जिनकी रचना इसी मनोदशा में हुई थी। इन कविताओं में झाग और फेन नहीं है। जो कुछ है, वह शुद्ध, चमकदार, निर्मल वारि है।

वर्षा का मौसम गया, बाढ़ भी साथ गई।
जो बचा शेष, वह स्वच्छ नीर का सोता है।
अब चाँद और तारे इसमें निज को देखें।
आसिन का जल बिलकुल दर्पण-सा होता है।

झाग और फेन, उद्वेलन और विस्फोट, पच्चीकारी और रंगीनी, ये सत्य को सजाते हैं, उसे खूबसूरत बनाते हैं, कभी-कभी बलवान भी बनाते हैं। किन्तु ये सत्य को आँखों से थोड़ा ओझल भी कर देते हैं। ओपेक (opaque) और पारदर्शी में से श्रेष्ठ काव्य कौन है? ओपेक काव्य चाहे जितना भी रंगीन और चित्रमय हो, पारदर्शी काव्य से वह हीन होता है। कविता चित्रों के कारण भी अन्धी हो जाती है, रंग और सजावट के कारण भी उसकी आत्मा परदे में चली जाती है। केवल पारदर्शी काव्य को ही देख कर यह पता चलता है कि कवि कितनी गहराई में से बोल रहा है।

सच्चाई की पहचान कि पानी साफ रहे,
जो भी चाहे, ले परख जलाशय के तल को।
गहराई का वे भेद छिपाते हैं केवल,
जो जानबूझ गंदला करते अपने जल को।

स्पष्ट ही, यह शिक्षा मैंने नीत्से और रसल से ली थी। उलझी-से-उलझी बात को भी सुलझाकर कैसे कहा जाए, यह कला भी मैंने रसल से ही सीखी है।

ज्यों-ज्यों मैं संसार की नई कविताओं से परिचित होता गया, मेरी अपनी कविताओं की अदाएँ बदलने लगीं। इन परिवर्तित भंगिमावाली कविताओं में से कई तो 'नील कुसुम' में संगृहीत हैं और अधिकांश का संकलन 'कोयला और कवित्व' में हुआ है। किन्तु, मेरा खयाल है, ये नई भंगिमावाली कविताएँ पढ़ी कम गई हैं। शायद नई कविताओं को लोकप्रियता कभी नहीं मिलेगी। अगर मेरी यह

शंका निर्मूल नहीं है, तो फिर शंका यह भी हो सकती है कि कविता केवल थोड़े-से लोगों की चीज रह जाएगी। अथवा जो रौशनी अभी थोड़े-से घरों में कैद है, उसे आम बन जाना पड़ेगा।

नये काव्य-आन्दोलन का जो प्रभाव 'नील कुसुम', 'कोयला और कवित्व' तथा 'हारे को हरिनाम' पर है, उस प्रभाव के प्रमाण उर्वशी-काव्य में भी हैं। मगर ये प्रभाव मेरे आर्केस्ट्रा में पच-खपकर मेरी अपनी शैली के अंग बन गए हैं। संसार की नई कविताओं का सम्यक् अध्ययन किए बिना यह बताना कठिन है कि उर्वशी में जो नवीनता है, वह कहाँ-कहाँ से आकर एकत्र हुई है। जब उर्वशी-काव्य की रचना हो रही थी, यह रहस्य मुझे मालूम था कि स्मृति के किस खजाने से कौन रत्न आकर कविता में गुम्फित हो रहा है। लेकिन अफसोस की बात है कि इस रहस्य पर प्रकाश डालने में अब मैं भी असमर्थ हूँ। अनुभव से मैं केवल यही बता सकता हूँ कि काव्य-कृति में नवीनता और समृद्धि लाना प्रतिभा और स्मृति, दोनों का काम है। प्रतिभा दीवार पर बैठा हुआ राजमिस्त्री है। ईंट, गारा और सीमेन्ट जुटाने का सारा काम स्मृति ही करती है। किन्तु, प्रतिभा में यह भी शक्ति होती है कि स्मृति के खजाने से किसी रत्न को उठाकर वह उसे बिलकुल नया रूप दे दे।

'सीपी और शंख' तथा 'आत्मा की आँखें', मेरी ये दो पुस्तकें ऐसी हैं, जिन्हें मैं अनूदित कविताओं के संग्रह कहता हूँ। किन्तु, इन दो पुस्तकों को भी चुनी हुई कविताएँ रश्मि-लोक में संकलित किया गया है। इसके कारण दो हैं। एक तो यह कि मेरी काव्य-यात्रा में 'सीपी और शंख' तथा 'आत्मा की आँखें' का बड़ा महत्त्व है। 'हारे को हरिनाम' में मैंने जिस शैली का प्रयोग किया है, उसकी मँजाई इन्हीं दो पुस्तकों में हुई थी। नई कविताओं के अध्ययन से मेरी जो मनोदशा बनी, उसका काव्यगत रूप पहले-पहल इन्हीं दो पुस्तकों में प्रकट हुआ।

दूसरा कारण यह है कि इन कविताओं को, एक हद तक, मैं चिरागों के स्पर्श से जले हुए नए चिराग मानता हूँ। अनुवाद की पद्धतियाँ दो हैं। एक पद्धति का अनुसरण रवि बाबू ने अपनी गीतांजलि के अनुवाद में और निकोलसन ने इकबाल की कविताओं के अनुवाद में किया है। यह पद्धति अनुवाद को मूल के अधिक-से-अधिक निकट रखने का आग्रह करती है और सच पूछिए तो अनुवाद की सही प्रणाली यही मानी जानी चाहिए। इससे भिन्न पद्धति वह है, जिसका अनुसरण करके फिटजेराल्ड ने उमर खैयाम का तथा एज़रा पौंड ने चीनी कविताओं का अनुवाद अंग्रेजी में किया। यह पद्धति मूल के प्रति कठोर सच्चाई को अनुवाद का कोई बड़ा गुण नहीं मानती। इस पद्धति के अनुवादक मूल के भाव अथवा भावों से प्रेरणा तो लेते हैं, किन्तु रचना के समय वे स्वयं मौलिक

हो उठते हैं और मूल के भाव को चमकाने के लिए अनुवाद में ऐसे-ऐसे नए चित्रों की सृष्टि कर डालते हैं, जो मूल में नहीं थे, किन्तु जिन्हें लाए बिना अनुवाद में मौलिकता का पूरा आनन्द नहीं लाया जा सकता था। यह पिछली पद्धति ही मुझे पसन्द है और मैं अनुवाद को मौलिक कविता के समान आनन्ददायी बनाने में सन्तोष मानता हूँ।

मूल के प्रति वफादार न रहना, है तो अवगुण की बात, किन्तु एक स्थान पर वह मेरा गुण मान लिया गया। रूसी भाषा में मेरी कविताओं का जो अनुवाद-ग्रन्थ छपा है, उसका नाम 'सिनिज लोटोस' यानी नील कमल है। 'सीपी और शंख' को मैं खुद अनूदित कविताओं का संग्रह मानता हूँ, किन्तु 'सिनिज लोटोस' में चार-पाँच कविताएँ सीपी और शंख से भी ली गई हैं। इस बात को लेकर जब मैंने स्वेतलानाजी से चर्चा की, उन्होंने कहा कि "हमारे देश के कवियों ने 'सीपी और शंख' से ली गयीं कविताओं को मूल अंग्रेजी, फ्रेंच, जर्मन, स्पैनिश तथा चीनी कविताओं से मिलाकर देखा था, मगर उनकी राय यह हुई कि 'सीपी और शंख' की कविताएँ मूल से केवल प्रेरणा लेकर चली हैं। बाकी वे सब-की-सब दिनकर जी की अपनी कल्पना से तैयार हुई हैं। इसलिए हम अगर उन्हें मौलिक रचनाएँ मानकर चलें, तो इसमें कोई दोष नहीं है।"

उर्वशी काव्य की रचना का आरम्भ मैंने सन् 1953 ई. में किया था और समाप्त वह 1 जनवरी, 1961 को रात में हुआ। वह काव्य जिस प्रकार का बन गया, उसे वैसा बनाने की मेरी कोई योजना नहीं थी। विक्रमोर्वशीयम् को मैंने बड़े ही चाव से पढ़ा था। रवि बाबू की उर्वशी कविता जैसे सबको प्यारी है, वैसे ही वह मुझे भी पसन्द थी। और मैंने जब श्री अरविन्द की उर्वशी पढ़ी, तब मुझे इस कथा का आध्यात्मिक आयाम भी झलक गया था। फिर भी उर्वशी को लेकर मैं कोई सरल-सा ही काव्य लिखना चाहता था। सच पूछिए तो उर्वशी का प्रथम अंक श्री कर्तारसिंह दुग्गड़ के आग्रह पर आकाशवाणी के लिए लिखा गया था। किन्तु उसके बाद इस कथा के भीतर मुझे अनेक गहराइयों का आभास मिलने लगा। अतएव मैंने दुग्गड़ जी से कहा कि अब यह काव्य आकाशवाणी की दृष्टि से मैं नहीं लिखूँगा। रेडियो की अपनी सीमाएँ हैं और उन सीमाओं के भीतर रहकर मैं वे सारी बातें नहीं कह सकता, जो मुझे इस कथा के भीतर दिखाई देती हैं।

उर्वशी के जो गूढ़ प्रसंग हैं, उनकी विवेचना का दायित्व मैं विश्वासपूर्वक नहीं उठा सकता। यह इस कारण कि कविता हमेशा लिखी ही नहीं जाती। कभी-कभी वह आपसे आप लिख जाती है। तब कवि केवल निश्चेष्ट माध्यम होता है, तब कविता कहीं से बहकर कागज पर, आप से आप, उतर जाती है।

एक आत्मा से दूसरी आत्मा का गहन सम्पर्क अध्यात्म की भूमि बन सकता है, यह उर्वशी काव्य का गुणीभूत व्यंग्य है। इससे ब्रह्मचर्य की महिमा का खंडन नहीं होता। प्रकृतितः लोग खाते भी हैं और उपवास भी करते हैं। किन्तु प्रकृति स्वयं न तो खाने को कहती है, न वह उपवास की ही शिक्षा देती है। उपवास की तरह ब्रह्मचर्य भी न्याय्य कृत्य है, अगर शक्ति लिबिडो से निकलकर किसी अन्य दिशा में काम करे। केवल धार्मिक कृत्य मानकर ब्रह्मचर्य धारण करने वाले का दोष यह है कि काम को वह अध्यात्म का विरोधी मान लेता है, मानो, ईश्वर और प्रकृति दो हों, मानो, आदमी ईश्वर और प्रकृति में से किसी एक को ही पा सकता हो।

प्रेम ने अपना सम्पूर्ण मार्ग अभी नहीं देखा है। मनुष्यता जैसे-जैसे आगे बढ़ती है, प्रेम का मार्ग और भी विस्तीर्ण होता जाता है। प्रेम नहीं हो, तो काम कुछ नहीं है। काम की सारी सार्थकता प्रेम को लेकर है, क्योंकि प्रेम ही काम को पवित्रता प्रदान करता है। कोई भी शारीरिक मिलन काम है, किन्तु सभी शारीरिक मिलन प्रेम के पर्याय नहीं हैं। प्रेम वहाँ है, जहाँ शरीर, मन और आत्मा, तीनों ही धरातलों पर नर और नारी एकाकार हैं।

काम केवल प्राणिशास्त्रीय कृत्य नहीं है, वह आध्यात्मिक भी हो सकाता है। नर और नारी का मिलन प्रकृति केवल प्रजावृद्धि के लिए ही नहीं करवाती है, उसका उद्देश्य दोनों का आध्यात्मिक प्रसार भी होता है। प्रेम सन्तानोत्पादन के साथ-साथ आनन्द का उत्कर्ष भी है, वह शारीरिक होने के साथ-साथ रहस्यवादी अनूभूति भी है।

उर्वशी की रचना का समय वह है, जब ललित कला उपयोगी कला से बहुत दूर हो गई है। इसलिए आज सन्तानोत्पत्ति काम का ध्येय नहीं रहा। काम का उपयोगी पक्ष गौण, उसका ललित पक्ष ही प्रधान है। अब ज्यादातर लोग विवाह इसलिए नहीं करते कि वे सन्तान चाहते हैं अथवा नारी के बाँझपन को दूर करना चाहते हैं, बल्कि इसलिए कि उनका ध्येय प्रेम है। ज्यों-ज्यों सभ्यता आगे बढ़ती है, काम के भीतर से ज्योति और आनन्द के अनेक स्तर खुलते जाते हैं और वह अपनी सार्थकता आप सिद्ध करता जाता है। प्राउस्ट का विश्वास था कि प्रेम चाहे जैसे भी व्यक्तियों के बीच उत्पन्न हो, वह शारीरिक थरथराहट के अलावे एक अलौकिक सुख का भी आभास देता है, जो शरीर से उत्पन्न होने पर भी शारीरिक सुखों से भिन्न है।

काम मानवीय प्रेम के लिए जमीन तैयार करता है, किन्तु इतने से ही नर या नारी को प्रेम का स्वाद नहीं मिलता। प्रेम की जड़ें तो लहू और मांस में अवश्य

गड़ी होती हैं, किन्तु शाखाएँ उसकी आकाश तक जाती हैं। काम के स्पर्श से नया जन्म पाने वाले व्यक्ति ही प्रेम के प्रकाश में स्नान करते हैं। किन्तु शारीरिक प्रेम से वह प्रकाश स्वतः नहीं फूटता, जो मनुष्य को दिव्य धरातल पर ले जाता है। इसीलिए पुरूरवा की दृष्टि ऊपर की ओर जाती है, इसीलिए वह उर्वशी के शरीर का अतिक्रमण करना चाहता है। किन्तु पुरूरवा जो कुछ चाहता है, वह ध्येय ईश्वरानुग्रह के बिना प्राप्त नहीं किया जा सकता। ईश्वर की कृपा के बिना प्रकृति अपने को उस धरातल तक नहीं ले जा सकती, जो उसकी सीमा के पार है। पुरूरवा ईश्वरानुग्रह की महिमा को जानते हैं। इसीलिए उर्वशी जब सुख के शृंग पर खड़ी अर्धचेतन अवस्था में पुरूरवा से यह पूछती है कि–

अन्तर्नभ का यह प्रसार, यह परिधि-भंग प्राणों का!
सुख की इस अपार महिमा को कहाँ समेट धरें हम?

तब पुरूरवा उत्तर देता है–

उस अदृश्य के पद पर जिसको दयासिक्त मृदु स्मृति में
हम दोनों घूमते और क्रीड़ा-विहार करते हैं।
नारी बन जो स्वयं पुरुष को उद्वेलित करता है
और वेधता पुरुष-कान्ति बन हृदय-पुष्प नारी का।

लोगों ने मुझ से अकसर पूछा है कि क्या पुरूरवा तुम्हारी कल्पना का आदर्श पुरुष है? पुरूरवा आदर्श नहीं, एक विशेष प्रकार का पुरुष है, जो लोक और परलोक, दोनों चाहता है। लोक तो उसे पूर्ण रूप से प्राप्त हुआ। परलोक की बात मुझे मालूम नहीं, क्योंकि राज-भवन से उसे वन में भेज कर मैंने उसकी कोई खोज-खबर नहीं ली है। हाँ, यदि वह आदर्श पुरुष होता, तो नेपथ्य से (यानी पुरूरवा के ही हृदय से) यह आवाज नहीं आती–

चिन्तन कर यह जान कि तेरी क्षण-क्षण की चिन्ता से
दूर-दूर तक के भविष्य का मनुज जन्म लेता है।
उठा चरण यह सोच कि तेरे पद के निक्षेपों की
आगामी युग के कानों में ध्वनियाँ पहुँच रही हैं।

अवश्य ही, पुरूरवा ने कुछ ऐसे काम किए हैं, जिनके लिए उसकी आत्मा उसे चेतावनी दे रही है।

उर्वशी काव्य का उद्देश्य क्या है, इस प्रश्न को लेकर एक समय काफी चर्चा चलायी गई थी। उद्देश्य, सन्देश या शिक्षा उर्वशी काव्य से भी निकाली जा सकती है, किन्तु मैंने किसी भी ध्येय को सामने रख कर इस काव्य की रचना नहीं की है। सौन्दर्यबोध नैतिकता और उपयोग के वृत्त के भीतर भी हो सकता

है और वह उसके बाहर भी जा सकता है। सौन्दर्य-बोधात्मक आनन्द एक ऐसे सन्तोष की स्थिति है, जिसका कोई भी निश्चित लक्ष्य नहीं होता, जो एक प्रकार से तटस्थ और प्रयोजनहीन होता है। एमर्सन ने कहा था कि मैं सभी चीजों के भीतर हलचल मचा दूँगा, किन्तु पक्ष मैं किसी का भी नहीं लूँगा। उर्वशी के कवि के सामने भी प्रश्न और उत्तर अनेक हैं, किन्तु वह किसी भी उत्तर को रेखांकित करना नहीं चाहता। उसका यह भाव है कि शायद सभी उत्तर सही हैं, शायद सभी उत्तर गलत हैं। उर्वशी किसी निष्कर्ष पर पहुँचने के लिए नहीं, प्रेम की अतल गहराई का अनुसन्धान करने के लिए लिखी गई है। शुद्ध प्रेम से उठने वाली तरंग मन और कल्पना के दूर-दूर तटों का स्पर्श करती है और मनुष्य क्षण-भर के लिए अरूप जगत में जाकर खो जाता है। उर्वशी में इसी अरूप लोक का वर्णन है। उर्वशी धर्म नहीं, प्रेम की अतीन्द्रियता का आख्यान है और यही आख्यान उसका आध्यात्मिक पक्ष है। काम या प्रेम के द्वारा मुक्ति, यह विषय उर्वशी का प्रतिपाद्य नहीं है। प्रेम में भी अध्यात्म को निस्सीमता है, इसे ही हम उसका प्रतिपाद्य मान सकते हैं। उर्वशी में प्रेम की मादकता और उसके रहस्यवादी रूप का चित्रण करने पर भी दिखलाया यही गया है कि पुरूरवा अपने कर्मों का भार वहन करने में असमर्थ हो गए। इससे ध्वनित यही होता है कि काम मुक्ति का मार्ग नहीं है। मनुष्य मुक्त तभी होता है, जब अपने आप पर उसका पूरा अधिकार हो जाता है।

उर्वशी की रचना करने के बाद मुझे 'परशुराम की प्रतीक्षा' भी लिखनी पड़ेगी, इस बात का अन्देशा मुझे तनिक भी नहीं था। गर्जन-तर्जन, हाहाकार और हुंकार को छोड़कर मैं अपेक्षाकृत शान्त मनोदशा में आ गया था। किन्तु शान्ति और सुकुमारता की जो वाटिका मैंने लगायी थी, उसमें अचानक ही हुंकार और कुरुक्षेत्र का कठोर कवि कूद पड़ा। जैसे कुरुक्षेत्र-काव्य अंग्रेजों को डराने के लिए नहीं, प्रत्युत भारतवासियों के ही चिंतन को स्वच्छ और उत्तप्त बनाने के लिए लिखा गया था, उसी प्रकार परशुराम की प्रतीक्षा भी चीन की निन्दा करने के लिए नहीं, भारतवासियों को यह सिखाने के लिए लिखी गई थी कि हिंसा के सभी रूप निन्द्य नहीं हैं। विशेषतः आत्मरक्षा में उठाया गया शस्त्र कभी भी पाप का यन्त्र नहीं होता। भारत ने सन्त अधिक, वीर कम उत्पन्न किए हैं। इसमें कोई सन्देह नहीं कि बुद्ध, अशोक, गांधी और जवाहरलाल ने ऊँची मनुष्यता का जो ध्येय हमारे सामने रखा, वह प्राप्त करने के योग्य है। किन्तु ऊँची मनुष्यता का निवास पर्वत की चोटी पर है। और नीचे समतल से जो राह ऊपर की चोटी की ओर जाती हैं, उस रास्ते में अनेक बाघ और सिंह बैठे हुए हैं। ये हिंस्र जन्तु साधुओं को भी

क्षमा नहीं करते, चोटी पर पहुँचने के पूर्व ही उन्हें चट कर जाते हैं। भारत की दृष्टि शस्त्रों पर कम, शास्त्रों पर अधिक रही है। और इसमें कोई सन्देह नहीं कि संसार भारत के इसी स्वभाव के लिए उसकी प्रशंसा करता रहा है। किन्तु यह भी सच है कि शस्त्रों की उपेक्षा करने के कारण ही भारत को बार-बार पराधीन बनना पड़ा है। गांधी जी अहिंसा की जिस विरासत को ताजा करके गए थे, जवाहरलाल उस विरासत को सारे संसार में चमका रहे थे। किन्तु, चीन ने जब हमें पराजित कर दिया, सब की आँखों के साथ मेरी आँखें भी खुल गईं और मैं भारत के अहिंसा-दर्शन पर बेरहमी से टूट पड़ा। इस कविता में हिंसा का अन्ध-समर्थन कई स्थानों पर किया गया है। चीनी आक्रमण के समय समग्र भारत पर जो प्रचंड कोप बढ़ा, वैसा कोप सम्पूर्ण देश पर इतिहास में और कभी नहीं चढ़ा था। सारा देश क्रोध से आपाद-मस्तक हिल रहा था। ऐसे में मुझ पर यह सनक सवार हो गई कि मैं इस राष्ट्रव्यापी मन्यु को सम्पूर्ण और निर्भीक वाणी दूँगा, जिससे आगे की संततियाँ यह समझ सकें कि भारतवर्ष कभी आसेतु-हिमाचल प्रज्वलित कोप से एक साथ दहक उठा था। इस कविता में एक पंक्ति आती है—

छागियो, करो अभ्यास रक्त पीने का।

जब श्री लक्ष्मीचन्द्र जी जैन ने इसे देखा, उन्होंने मुझे सलाह दी, 'कम-से-कम इस पंक्ति को हटा दीजिए। नहीं तो मुमकिन है कि आपको इसके लिए पछताना पड़ेगा।' मैंने उनसे निवेदन किया कि पछताना तो अनेक पंक्तियों के लिए पड़ सकता है, किन्तु, इस पंक्ति को निकाल देने से राष्ट्र के क्रोध की सम्यक् अभिव्यक्ति नहीं हो सकेगी। जिस तरह सारा देश क्रोध से पागल हो रहा है, उसी प्रकार मैं भी होश में नहीं हूँ और अभी मेरा होश में नहीं रहना ही स्वाभाविक है। हमारा सारा राष्ट्र एक विचित्र उन्माद से ग्रस्त है। मैं उस उन्माद को जुगा कर साहित्य में रख देना चाहता हूँ, जिससे इतिहास उसे याद रख सके। मुझे इसकी जरा भी चिन्ता नहीं है कि विश्व-साहित्य के पारखी मुझे राष्ट्रीयता की सीमा से बद्ध तामसिक कवि समझ कर मेरा उपहास करेंगे।

'परशुराम की प्रतीक्षा' से हिन्दी प्रदेश की जनता उमंग में आ गई, मानो, राष्ट्रीय पराजय विजय में परिवर्तित हो गई हो। किन्तु कई प्रकार के लोग उस कविता से नाराज भी हुए। इस नाराजगी का सबूत मुझे सन् 1969 ई. तक मिलता रहा, जब कोशिश करके लोगों ने इस पुस्तक को एक विश्वविद्यालय के पाठ्यक्रम में से निकलवा दिया, जबकि छात्र उसे बड़े उत्साह से पढ़ रहे थे। इस कविता के लिए दंड मुझे कुछ और भी मिले हैं। किन्तु इस रहस्य का ज्ञान केवल मुझे है अथवा उन लोगों को जिन्होंने मुझे दंडित किया है।

किन्तु इतना कुछ होने पर भी पश्चात्ताप मुझे कभी नहीं हुआ। चीनी आक्रमण की घड़ी अपूर्व संकट की घड़ी थी। मुझे सन्तोष है कि उस समय मैंने अपने कवि-धर्म का पालन किया और यह बात मैं बिलकुल भूल गया कि मैं कांग्रेस का मेम्बर और संसद का सदस्य भी हूँ।

जब मैं बच्चा था, मेरे गाँव में भागवत की कथा बार-बार होती थी, किन्तु, महाभारत की कथा कोई नहीं करवाता था। लोगों की धारण यह थी कि जभी महाभारत की कथा कहवायी जाएगी, गाँव में या यजमान के गृह में कलह छिड़ जाएगा। परशुराम की प्रतीक्षा जनवरी, 1963 में प्रकाशित हुई और उसी महीने की 25 तारीख को भगवान ने मुझे नोटिस दे दी कि अब तुम्हारी मानसिक शान्ति छीन ली जाएगी और तुम्हें सम्मिलित परिवार का सुख भोगने नहीं दिया जाएगा, न वे बच्चे तुम्हारे पास रहने दिए जाएँगे, जिन्हें प्यार करके तुम जीवन का अमृत पी रहे हो। फिर तो चार वर्षों तक भगवान ने आग में मुझे इस प्रकार भुरेरा जैसे हम भुरभुरी आग में भुट्टे को भुरेरते हैं। चार वर्षों के कलह का परिणाम यह हुआ कि मेरे ज्येष्ठ पुत्र का देहान्त हो गया और मेरी विपत्ति ने एक दूसरा रूप ले लिया। इन चार वर्षों में मैंने जो दर्द भोगा, जो अपमान और प्रहार सहे, जो निराशा झेली और जिस आग में मैं तपा, वह सब-का-सब सचमुच अवर्णनीय है। आश्चर्य की बात यह है कि उस विपत्ति के आघात से मेरी मृत्यु क्यों नहीं हो गई। जो किसी भी चोट से नहीं मरता, बिहार में उस जीव को अस्सब कहते हैं। मेरा ख्याल है, सभी जीवों में अस्सब जीव मनुष्य ही है। और मैं अपने आपको सबसे अस्सब मनुष्य मानता हूँ।

इन चार वर्षों में कविताएँ नहीं के बराबर लिखीं। हाँ, गद्य में कुछ थोड़ा काम मैं जरूर करता रहा। ये चार वर्ष मैंने साहित्य लिखकर नहीं, महर्षि रमण का साहित्य पढ़कर और उन्हीं का फोटो देखकर गुजारे। किस्मत ने मेरे सिर पर इतनी ठोकरें मारीं, भगवान ने दर्द के हथौड़े से मुझे इस कदर पीटा कि मैंने जीवन के सामने, जगदीश के सामने, अपने भाग्य के सामने हार मान ली। लॉजिक और पुरुषार्थ का मैं बड़ा भारी समर्थक रहा था, किन्तु इस चौथेपन में आकर दोनों के प्रति मेरा विश्वास उठ गया। शरीर कर्म से उत्पन्न हुआ है, अतएव कर्म उसका स्वभाव है। किन्तु आदमी के किए कुछ भी नहीं होता। हम मिट्टी के ढेले हैं। ढेले को आदमी जब फेंक देता है, वह दूर तक जाता है। यदि ढेले के भीतर चेतना होती, तो वह भी यही समझता कि मैं अपने ही जोर से आकाश में दौड़ रहा हूँ।

साहित्य में यह नहीं होता कि कवि ने सड़क पर एक थप्पड़ खाया और घर में आकर वह उसकी कविता बनाने लगा। जिन घटनाओं से कवि का जीवन-दर्शन

बदलता है, जो दर्द आदमी की देखने की दिशा बदल देता है, उसे कविता बनने से पूर्व कवि के रक्त में घुलने के लिए समय चाहिए। जब यह दर्द मेरे अणु-अणु में फैल गया, मैं एक विचित्र प्रकार की कविताएँ लिखने लगा। 'हारे को हरि नाम' में इन्हीं कविताओं का संग्रह है। इन कविताओं से, और विशेषतः, इस नाम से मेरे अनेक मित्रों और प्रशंसकों को निराशा हुई है और मुझे उनकी निराशा पर आश्चर्य हुआ है, क्योंकि ये सभी मित्र जानते हैं कि मैं हारा हुआ आदमी हूँ, टूटा हुआ आदमी हूँ, वह आदमी हूँ, किस्मत ने जिसके शीराजे बिखेर दिए हैं। ऐसे व्यक्ति के सामने इसे छोड़कर और कौन उपाय है कि वह 'गरीब नेबाज श्री रामचन्द्र' के चरणों पर गिर जाए और आर्त्त स्वर में पुकारे कि प्रभो, मुझे क्षमा करो और जो भी मुसीबतें मेरे ऊपर आने वाली हैं, वे आज ही एक साथ हमला बोल दें।

'हारे को हरि नाम' लिखकर मैंने आशा की थी कि मेरी विनय-पत्रिका पूरी हो गई। किन्तु, लगता है, अभी मेरी रामायण ही अधूरी है और उसका उत्तर कांड अब आरम्भ हुआ है।

उत्तर कांड यानी राम का राज्यारोहण; उत्तर कांड यानी सीता का पाताल-प्रवेश; उत्तर कांड यानी राम का प्राण-विसर्जन।

क्या राम चाहते, तो रामायण का उत्तर कांड रोका जा सकता था? मेरे जीवन की शिक्षा है कि किसी भी प्रकार नहीं।

कविता ने मुझे मित्र दिए, कीर्त्ति दी, सम्मान दिया, बड़े लोगों की संगति, जनता का आशीर्वाद और एक बड़ा पुरस्कार भी प्रदान किया। बदले में जीवन-भर मैंने भी उसे अपने हृदय का रक्त पिलाने में कोताही नहीं की। किन्तु, लगता है, मैंने सरस्वती के लिए उतना त्याग नहीं किया, जितना मुझे करना चाहिए था। वह बकाया सरस्वती मुझसे वसूल करने पर अब तुली हुई है।

कविता सब से बड़ा तो नहीं,
फिर भी अच्छा वरदान है।
मगर मालिक की अजब शान है।
जिसे भी यह वरदान मिलता है,
उसे जीवन-भर पहाड़ ढीला पड़ता है।
एक नेमत के बदले
अनेक नेमतों से हाथ धोना पड़ा है।

—रामधारी सिंह 'दिनकर'

नयी दिल्ली,
6 जनवरी, 1974 ई.

पुनश्च–

(भारतीय ज्ञानपीठ-पुरस्कार समारोह में 1 दिसम्बर, 1973 ई. को दिल्ली के विज्ञान भवन में प्रदत्त अभिभाषण से)

...लगता है, पृथ्वी पर आने के पूर्व जब मैं भगवान को प्रणाम करने गया, वे कलाकारों के बीच छेनी, टाँकी, हथौड़ी, कूँची और रंग बाँट रहे थे। लेकिन भगवान् ने मुझे छेनी, टाँकी और हथौड़ी नहीं दी, जो पच्चीकारी के औजार हैं। उनके भंडार में एक हथौड़ा पड़ा हुआ था। भगवान ने वही हथौड़ा उठाकर मुझे दे दिया और (जरा-सी आत्मश्लाघा के लिए क्षमा कीजिए) कहा कि जा, तू इस हथौड़े से चट्टान के पत्थर तोड़ेगा और तेरे तोड़े हुए अनगढ़ पत्थर भी काल के समुद्र में फूल के समान तैरेंगे।

लगता है, जब मैं हथौड़ा लेकर चला, मैं छेनी और टाँकी की ओर मुड़-मुड़कर लोभ से देख रहा था। वह लोभ मुझे जीवन-भर सताता रहा है और जीवन-भर मैं इस विचिकित्सा में पड़ा रहा हूँ कि कविता का वास्तविक प्रयोजन क्या है। वह मनुष्य को जगाने, सुधारने और उन्नत बनाने के लिए है या उसका काम आदमी को रिझाना और उसे प्रसन्न करना है? या इनमें से कोई भी ध्येय कविता का ध्येय नहीं है? जैसा कि एज़रा पौंड ने कहा है, कविता केवल कविता है, जैसे वृक्ष केवल वृक्ष है। वृक्ष अपनी जगह पर स्थिर खड़ा है। वह किसी को भी नहीं बुलाता। फिर भी लोग उसकी हरियाली को देखकर खुश होते हैं, उसकी छाया में बैठते हैं और पेड़ अगर फलदार हुआ तो वे फलों को तोड़कर खा लेते हैं। चेतना के तल में जो घटना घटती है, जो हलचल मचती है, उसे शब्दों में अभिव्यक्ति देकर हम सन्तोष पाते हैं। यही हमारी उपलब्धि है। यदि देश और समाज को उससे कोई शक्ति प्राप्त होती है, तो यह अतिरिक्त लाभ है। किन्तु इतना जरूर है कि पेड़ मनुष्यों और पक्षियों के नहीं रहने पर भी फूल और फल सकते हैं, किन्तु पाठक और श्रोता न रहें, तो कवि कविता लिखेगा या नहीं, इसमें मुझे भारी सन्देह है। अगर सारी दुनिया खत्म हो जाए और केवल एक आदमी जीवित खड़ा हो, तो कवि होने पर भी, वह कविता शायद ही लिखेगा। मेरी दृढ़ धारणा है कि कविता व्यक्ति द्वारा सम्पादित सामाजिक कार्य है और शुद्ध कविता भी समाज के लिए ही लिखी जाती है।

अपने निर्माण के दिनों में प्रत्येक नये कवि को उस एक महाकवि का पता लगाना पड़ता है, जिसके समान वह बनना चाहता है। मेरा दुर्भाग्य या सौभाग्य यह रहा कि मैंने एक के बदले ऐसे दो महाकवियों का पता लगा लिया, जिनके

समान बनने की मुझ में उमंग थी। इनमें से एक थे श्री रवीन्द्रनाथ ठाकुर, जिनके नाम की सारे संसार में धूम थी और जिनके प्रभाव में आकर भारत की कई भाषाओं में छोटे-छोटे रवीन्द्रनाथ पैदा हो गये थे; और दूसरे थे सर मोहम्मद इकबाल, जिन्हें नोबेल पुरस्कार तो नहीं मिला था, मगर जिनकी कविताएँ पाठकों के रुधिर में आग की तरंगें उठाती थीं, मन के भीतर चिन्तन का द्वार खोल देती थीं।

प्रभाव तो इन दोनों कवियों का मुझ पर पहले ही पड़ गया। यह पता बहुत बाद को चला कि रवीन्द्र और इकबाल दो ध्रुवों के कवि हैं और वे अकसर आमने-सामने के दो विरोधी क्षितिजों से बोलते हैं। भगवान के प्रति रवीन्द्रनाथ का भाव सम्पूर्ण आत्मसमर्पण का भाव था–

प्रभु, तोमा लागि आँखि जागे।
देखा नाइ पाई, शुधू पथ चाइ,
सेओ मोने भालो लागे।

किन्तु इकबाल भगवान के उस प्रकार के भक्त थे, जो चाहता है कि मैं भगवान में लीन नहीं होऊँगा, भगवान को ही मुझ में विलीन होना पड़ेगा–

खुदी को कर बुलन्द इतना
कि हर तकदीर से पहले
खुदा बन्दे से खुद पूछे,
बता, तेरी रजा क्या है।

यह भी कि रवीन्द्रनाथ उपयोगिता को कोई महत्त्व नहीं देते थे। जहाँ तक उपयोगिता का सवाल है, आदमी और जानवर में कोई भेद नहीं है। मनुष्य का असली व्यक्तित्व तब बनता है, जब वह उपयोगिता के घेरे को लाँघकर ऐसी भूमि में पहुँच जाता है, जो निरुद्देश्य आनन्द की भूमि है, जहाँ मनुष्य आत्मरक्षा की भावना से प्रेरित होकर साहित्य का सृजन नहीं करता, न समाज के किसी स्थूल प्रयोजन की पूर्त्ति के लिए कविता या चित्र बनाता है।

रवीन्द्रनाथ की तरह इकबाल भी मानते हैं कि कला व्यक्तित्व की अभिव्यक्ति है। किन्तु, व्यक्तित्व की परिभाषा उनकी कुछ और है। जो आदमी आराम में है, जो संघर्ष से दूर है, जो बड़े मकसदों को हासिल करने के लिए जद्दोजहद नहीं कर रहा है, इकबाल उस मनुष्य को व्यक्तित्वहीन समझते हैं। व्यक्तित्व की स्थिति संघर्ष की स्थिति होती है, तनाव की स्थिति होती है, और जो आदमी जितने ही अधिक तनाव में है, उसका व्यक्तित्व भी उतना ही बड़ा और बलवान है।

शुरू में ही मुझ पर रवीन्द्र और इकबाल का जो विरोधी प्रभाव पड़ गया, उसके कारण मैं काफी वर्षों तक बेचैन रहा। मेरे निर्माण का समय वह था, जब गांधीजी समस्त देश को जीवन, जागरण, प्रेरणा और संघर्ष से आलोड़ित कर रहे थे। ऐसा समय क्या कोमल, वायवीय, निरुद्देश्य गीतों का समय होता है? अथवा सम्भव है कि पराधीनता का विरोध, शोषण और साम्राज्यवाद पर प्रहार तथा समता के समर्थन में गान मैंने भी प्रचार के लिए नहीं, बल्कि इसलिए किया था कि वैसा करना मुझे अच्छा लगता था, आनन्ददायी मालूम होता था। कॉलेज में वर्ड्स्वर्थ की ये पंक्तियाँ कदाचित मैंने भी पढ़ी होंगी :

The gods approve the depth
And not the tumult of the soul

लेकिन जवानी भर मुझे इसकी परवाह ही नहीं रही कि देवताओं की पसन्द क्या है। मुख्य बात यह थी कि गर्म लोहे पर हथोड़े की चोट जोर से पड़ती है या नहीं। मैं रन्दा लेकर काठ को चिकनाने नहीं आया था। मेरे हाथ में तो कुल्हाड़ी थी। मैं जड़ता की लकड़ियों को फाड़ रहा था।

लेकिन मुझे राष्ट्रीयता, क्रान्ति और गर्जन-तर्जन की कविताएँ लिखते देखकर मेरे भीतर बैठे हुए रवीन्द्रनाथ दुखी होते थे और संकेतों में कहते थे, "तू जिस भूमि पर काम कर रहा है, वह काव्य के असली स्रोतों के ठीक समीप नहीं है।" तब मैं 'असमय आह्वान' में, 'हाहाकार' में तथा अन्य कई कविताओं में अपनी किस्मत पर रोता था कि हाय, काल ने इतना कसकर मुझे ही क्यों पकड़ लिया? मेरे भीतर जो कोमल स्वप्न हैं, वे क्या भीतर ही भीतर मुरझाकर मर जाएँगे? उन्हें क्या शब्द बिलकुल ही नहीं मिलेंगे?

लेकिन शब्द इन कोमल स्वप्नों को भी मिले। 'रसवन्ती' और 'द्वन्द्व-गीत' इन्हीं कोमल कविताओं के संग्रह हैं। किन्तु विरुद मेरा चारण और वैतालिक का ही रहा। 'हुंकार' के आमुख में मैंने स्वयं स्वीकार किया था—

अमृत-गीत तुम रचो कलानिधि,
बुनो कल्पना की जाली।
तिमिर-ज्योति की समर-भूमि का
मैं चारण, मैं वैताली।

तब सन् 1943 ई. के आसपास मेरा परिचय 'अदृश्य कवि' इलियट की कविताओं से हुआ। यह मेरी काव्य चेतना में आनेवाला पहला भूडोल था। पूर्व इसके कि युग की बीमारी अपनी हस्ती का एलान करे, कवि को चाहिए कि वह युग से कह दे कि तुम बीमार हो या बीमार होनेवाले हो। इलियट की कविताएँ

पूरी तरह मेरी समझ में नहीं आयीं, लेकिन तब भी मैं मान गया कि उन्होंने युग को यह चेतावनी दे दी है।

मैं बड़ी ही निश्चिन्तता और आत्मविश्वास के साथ गाता आ रहा था, साम्राज्यवाद की कुरूप छाती में अपने गीतों के खंजर चुभोता आ रहा था, पराधीनता की बेड़ियों पर उस हथौड़े से प्रहार करता आ रहा था, जो मुझे भगवान से प्राप्त हुआ था। किन्तु इलियट को पढ़ते ही मैं थोड़ी देर के लिए ठिठककर रह गया। अरे, इलियट की कविताएँ हम लोगों की कविताओं यानी मेरे गुरु रवीन्द्रनाथ और इकबाल की कविताओं से कितनी भिन्न हैं! फिर मन ने कहा, यह अवश्य ही परिस्थितियों का भेद है। इलियट उस दुनिया के कवि हैं, जो दुनिया समृद्धि की अधिकता से बेजार है, जिस दुनिया ने आत्मा को सुलाकर शरीर को जगा लिया है। किन्तु हम तो पराधीन देश के कवि हैं। हमारा तो कोई देश ही नहीं है। फिर हम 'मरु देश' की कल्पना कैसे कर सकते हैं?

मगर इलियट को मैं चाहे जितना भी भूलना चाहता, मैं उन्हें भूल नहीं पाता था। उनकी कविताएँ समझ में भले ही नहीं आती हों, किन्तु वे मेरी शान्ति भंग करने में समर्थ थीं, मेरे मन को वे अकसर उस दिशा में भेज देती थी, जिस दिशा में कहीं कोई क्षितिज नहीं था, न कोई किताब खुलकर बन्द होती थी। मेरी चेतना के घाट बँध चुके थे, मेरी चमड़ी मोटी हो चुकी थी, मेरे मुहाविरे अब बदले नहीं जा सकते थे। अतएव, इलियट के लिए यह असम्भव कार्य था कि वे मुझे बदलकर अपनी राह पर लगा ले। लेकिन मन बराबर यह महसूस करता रहा कि इलियट रवीन्द्र और इकबाल से छोटे हों या बड़े, यह अलग बात है, किन्तु वे उन्न दोनों से भिन्न हैं और उनके साथ कविता में कोई ऐसी अदा उतरी है, जो संसार में और कभी दिखायी नहीं पड़ी थी। उस समय मैं यह क्या जानता था कि नवीनता का पाठ कविता ने इलियट में ही आकर नहीं पढ़ा! यह पाठ इलियट की कविताओं से कोई पचास वर्ष पूर्व वह फ्रांस में पढ़ चुकी थी। लेकिन भारतवासियों को तो भारत से बाहर केवल अंग्रेज दिखायी पड़ते थे। अतएव जब तक अंग्रेज नहीं बदले, भारतवासियों ने कविता के क्षेत्र में बदलने की बात सोची भी नहीं, जो बिलकुल स्वाभाविक बात थी।

आगे चलकर श्री अरविन्द के एक लेख में मैंने पढ़ा कि भविष्य की कविता मन्त्र के समान छोटी और वैसी ही प्रभावशालिनी होगी। इलियट की कविता मन्त्र कविता का पूर्वाभास है। कविता जिस साधना में लगी हुई है, उसमें यदि वह सफल हो गई, तो मन्त्र की तरह संक्षिप्त होना उसका स्वभाव हो जाएगा और वह संकेत में इस प्रकार बोलेगी, मानो आगामी पीढ़ियों को कवि चिट्ठी नहीं, तार

भेज रहा हो। मुझे उन कवियों और आलोचकों पर तरस आता है, जो इलियट की गणना साहित्य के लकड़बग्घों में करते हैं।

रवीन्द्र और इकबाल ने मेरे हृदय-सरोवर को खूब हिलकोरा था। जब सरोवर किंचित् जड़ होने लगा, उसे इलियट और उनके समानधर्मा कवियों ने फिर से हिलकोर दिया। नयी कविता से मेरे घबराने का एक कारण यह था कि वह मेरी समझ में नहीं आती थी। दूसरे उसने छन्द की राह छोड़ दी थी। किन्तु जब मैंने देखा कि चित्रकारी बालू और कोलतार से तथा मूर्त्तिकारी लोहे के तारों से की जा रही है, तब मैंने यह मान लिया कि कविता का गद्य में लिखा जाना कोई अनुचित बात नहीं है।

मुझे जो कुछ बनना था, रवीन्द्र और इकबाल की कृपा से मैं बन चुका था। अब मुझे यह उम्मीद नहीं थी कि मुझ पर कविता के नये आन्दोलन का भी प्रभाव पड़ेगा। लेकिन जो बात जवानी में नहीं हो पायी, वह बुढ़ापे में आकर हो गई। इस प्रभाव का अदृश्य आरम्भ 'नील कुसुम' में हुआ, उसका दृश्य प्रमाण 'हारे को हरि नाम' में मौजूद है। धर्म में मैं निराकार से साकार की ओर गया हूँ। कविता में मेरी यात्रा साकार से निराकार की ओर है। पहले मैं यह जानता था कि कविता कहाँ से आ रही है और वह किस तरफ को जाएगी। अब मुझे यह मालूम ही नहीं होता कि कविता कहाँ से आती है और क्या उसका गन्तव्य है।

कविता युग के संचित ज्ञान का आख्यान नहीं है। कविता का क्षेत्र ज्यों-ज्यों नवीन होता जाता है, कवि त्यों-त्यों अधिक गहराई में उतरता जाता है, और ज्यों-ज्यों वह गहराई में उतरता जाता है, त्यों-त्यों यह बताने में वह अधिक असमर्थ होता जाता है कि यह सत्य है और वह सत्य नहीं है। कविता की जो यात्रा गहराई की ओर है, वही उसे अनेकान्त की ओर लिये जा रही है। कवि यह जान गया है कि कोई भी बात जोर से बोलने के योग्य नहीं है। इसीलिए वह निश्चित और अनिश्चित, ज्ञात और अज्ञात के सन्धि-स्थल पर काम करता है। मनुष्य इतनी बार धोखा खा चुका है कि उसे अब किसी भी ज्ञान पर विश्वास नहीं रहा और सत्य को उसने इतनी बार बदलते देखा है कि वह कहीं भी दुराग्रहपूर्वक अड़ने को तैयार नहीं है। इसका प्रभाव कविता पर पड़ना स्वाभाविक था। कविता अब सत्य का उद्घोष नहीं, उसके अनुसन्धान का प्रयास है। मैं भी 'उर्वशी' में सिखाने के बदले अनुसन्धान के काम में ज्यादा लगा रहा हूँ। यह ठीक है कि 'उर्वशी' बहुत-से संचित ज्ञान का कथन बड़े ही उत्साह के साथ करती है, किन्तु वह सबका-सब सच है या नहीं, यह बात मुझे भी मालूम नहीं है। कविता में एक स्थिति वह भी आती है, जब कवि को अपने अहं का लोप करना पड़ता

है अथवा समाधि की स्थिति में देर तक टिके रहने से कवि के अहं का आप से आप लोप हो जाता है। तब जो भूमि रिक्त रह जाती है, वहाँ कहीं से त्रस्त होकर कविता खुद-ब-खुद उतर आती है। 'उर्वशी' में ऐसे कई स्थल हैं। किन्तु उनके बारे में अधिकारपूर्वक बोलना मेरे लिए सम्भव नहीं है, क्योंकि जहाँ-जहाँ ऐसे स्थल आए हैं, मेरा अस्तित्व विलुप्त हो गया है। वहाँ जो है, वह कविता है, मैं नहीं हूँ।

इस प्रसंग में 'उर्वशी' को 'कुरुक्षेत्र' से मिलाकर देखने की उत्सुकता स्वाभाविक है। 'कुरुक्षेत्र' में प्रकाश है, 'उर्वशी' में द्वाभा और गोधूलि है। 'कुरुक्षेत्र' की वाणी विश्वास की वाणी है, 'उर्वशी' की वाणी संशय और द्विधा से आक्रान्त है। 'कुरुक्षेत्र' में मैं धृष्टतापूर्वक गुरु के पद से स्वयं बोल गया हूँ। 'उर्वशी' की ऊँचाई पर पहुँचकर मुझे ऐसा लगा कि काश, कोई गुरु मिल जाता, तो उससे पूछ लेता कि असली रहस्य क्या है।

अपने स्वप्न, अपनी कल्पना की व्याख्या कवि स्वयं नहीं कर सकता, न यह काम करने की उसे कोशिश करनी चाहिए। कविः करोति काव्यानि रसं जानन्ति पण्डिताः! फिर भी मैंने यह विवर्जित कार्य इसलिए किया कि मुझे लगा कि इससे आपका किंचित् मनोरंजन हो जाएगा। यह वह युग है, जिसमें माध्यम प्रमुख, सन्देश गौण हो गया है। लोग कविता कम, कविता के बारे में अधिक सुनना चाहते हैं। कवि की जीवनियाँ आज ज्यादा बिकती हैं, उनकी कविताओं की बिक्री कम हो गई है। कवि की कविता से अधिक महत्त्व अब कवि के साथ की गई भेंट-वार्ता को दिया जाता है।

जिस सभ्यता में हम जी रहे हैं, वह चौकोर व्यक्तित्व वालों की नहीं, विशेषज्ञों की सभ्यता है। ज्ञान के वृक्ष की डालियाँ अब बढ़कर इतनी स्वतन्त्र हो गई हैं कि एक डाल पर बसनेवाला पक्षी दूसरी डाल के पक्षी की बोली समझने में असमर्थ है। एक समय ऐसा भी था, जब गैलीलियो, वैज्ञानिक होने पर भी, कविता करते थे और लियोनार्डो द विंची को, कलाकार होने पर भी, विज्ञान का सारी बातें मालूम थीं। भारत में तो कवि अकसर ज्योतिषी भी हुआ करते थे। खानखाना अब्दुर रहीम केवल शायर ही नहीं, ज्योतिषी और सिपहसालार भी थे। लेकिन अब समय ऐसा आ गया है कि भौतिकी के सारे आविष्कार गणित के फॉरमूलों में बोले जाते हैं। मगर सभी वैज्ञानिक इतने बड़े गणितज्ञ नहीं होते कि वे इन फॉरमूलों को समझ सकें। नतीजा यह है कि वैज्ञानिक की बातें सभी वैज्ञानिकों की समझ में नहीं आतीं। इसी प्रकार कवियों की कविताएँ भी कुछ खास-खास कवि ही समझ पाते हैं। यह स्थिति कविता के लिए सामान्य नहीं,

अच्छे-खासे सुधी पाठकों के लिए भी दुखदायी हो रही है। काश, कोई ऐसा कवि पैदा होता है, जो इलियट और रिल्के के स्वप्नों को तुलसी की सरलता से लिखने का मार्ग निकाल देता।

अन्त में अपने जीवन का एक और भेद बताकर मैं अपना व्यक्तव्य समाप्त करता हूँ। जिस तरह मैं जवानी-भर इकबाल और रवीन्द्र के बीच झटके खाता रहा, उसी प्रकार मैं जीवन-भर गांधी और मार्क्स के बीच झटके खाता रहा हूँ। इसीलिए उजले को लाल से गुणा करने पर जो रंग बनता है वही रंग मेरी कविता का रंग है। मेरा विश्वास है कि अन्ततोगत्वा यही रंग भारतवर्ष के व्यक्तित्व का भी होगा।

–रामधारी सिंह 'दिनकर'

अनुक्रम

रेणुका से

हुंकार से

रसवन्ती से

द्वन्द्व-गीत से

सामधेनी से

कुरुक्षेत्र से

बापू से

सीपी और संख से

उर्वशी से

परशुराम की प्रतीक्षा से

कोयला और कवित्व से

आत्मा की आँखें से

मृत्ति-तिलक से

हारे को हरिनाम से

मंगल-आह्वान

भावों के आवेग प्रबल
मचा रहे उर में हलचल।

कहते, उर के बाँध तोड़
स्वर-स्रोतों में बह-बह अनजान,
तृण, तरु, लता, अनिल, जल-थल को
छा लेंगे हम बनकर गान।

पर हूँ विवश, गान से कैसे
जग को हाय! जगाऊँ मैं,
इस तमिस्र युग-बीच ज्योति की
कौन रागिनी गाऊँ मैं?

बाट जोहता हूँ लाचार,
आओ, स्वरसम्राट्! उदार।

पल भर को मेरे प्राणों में
ओ विराट् गायक! आओ,
इस वंशी पर रसमय स्वर में
युग-युग के गायन गाओ।

वे गायन, जिनको न आज तक
गाकर सिरा सका जल-थल,
जिनकी तान-तान पर आकुल
सिहर-सिहर उठता उडु-दल।

आज सरित का कल-कल, छल-छल,
निर्झर का अविरल झर-झर,
पावस की बूँदों की रिम-झिम,
पीले पत्तों का मर्मर,

जलधि-साँस, पक्षी के कलरव,
अनिल-सनन, अलि का गुन-गुन,
मेरी वंशी के छिद्रों में
भर दो ये मधु-स्वर चुन-चुन।

दो आदेश, फूँक दूँ शृंगी,
उठें प्रभाती-राग महान,
तीनों काल ध्वनित हों स्वर में,
जागें सुप्त भुवन के प्राण।

गत विभूति, भावी की आशा
ले युगधर्म पुकार उठे,
सिंहों की घन-अन्ध गुहा में
जागृति की हुंकार उठे।

जिनका लुटा सुहाग, हृदय में
उनके दारुण हूक उठे,
चीखूँ यों कि याद कर ऋतुपति
की कोयल रो कूक उठे।

प्रियदर्शन इतिहास कंठ में
आज ध्वनित हो काव्य बने,
वर्तमान की चित्रपटी पर
भूतकाल सम्भाव्य बने।

जहाँ-जहाँ घन-तिमिर हृदय में,
भर दो वहाँ विभा प्यारी,

दुर्बल प्राणों की नस-नस में
देव! फूँक दो चिनगारी।

ऐसा दो वरदान, कला को
कुछ भी रहे अजेय नहीं,
रजकण से ले पारिजात तक
कोई रूप अगेय नहीं।

प्रथम खिली जो मधुर ज्योति
कविता बन तमसा-कूलों में,
जो हँसती आ रही युगों से
नभ-दीपों, वनफूलों में;

सूर-सूर तुलसी-शशि जिसकी
विभा यहाँ फैलाते हैं,
जिसके बुझे कणों को पा कवि
अब खद्योत कहाते हैं;

उसकी विभा प्रदीप्त करे
मेरे उर का कोना-कोना,
छू दे यदि लेखनी, धूल भी
चमक उठे बनकर सोना।

(रेणुका, 1933)

हिमालय

मेरे नगपति! मेरे विशाल!

साकार, दिव्य, गौरव विराट्,
पौरुष के पुंजीभूत ज्वाल!
मेरी जननी के हिम-किरीट!
मेरे भारत के दिव्य भाल!
मेरे नगपति! मेरे विशाल!

युग-युग अजेय, निर्बन्ध, मुक्त,
युग-युग गर्वोन्नत, नित महान्,
निस्सीम व्योम में तान रहा
युग से किस महिमा का वितान?

कैसी अखंड यह चिर-समाधि?
यतिवर! कैसा यह अमर ध्यान?
तू महाशून्य में खोज रहा
किस जटिल समस्या का निदान?
उलझन का कैसा विषम जाल?
मेरे नगपति! मेरे विशाल!

ओ, मौन, तपस्या-लीन यती!
पल भर को तो कर दृगुन्मेष!
रे ज्वालाओं से दग्ध, विकल
है तड़प रहा पद पर स्वदेश।

सुखसिन्धु, पंचनद, ब्रह्मपुत्र,
गंगा, यमुना की अमिय-धार
जिस पुण्यभूमि की ओर बही
तेरी विगलित करुणा उदार,

जिसके द्वारों पर खड़ा क्रान्त
सीमापति! तू ने की पुकार,
'पद-दलित इसे करना पीछे
पहले ले मेरा सिर उतार।'

उस पुण्यभूमि पर आज तपी!
रे, आन पड़ा संकट कराल,
व्याकुल तेरे सुत तड़प रहे,
डँस रहे चतुर्दिक् विविध व्याल।
मेरे नगपति! मेरे विशाल!

कितनी मणियाँ लुट गईं? मिटा
कितना मेरा वैभव अशेष!
तू ध्यान-मग्न ही रहा; इधर
वीरान हुआ प्यारा स्वदेश।

किन द्रौपदियों के बाल खुले?
किन-किन कलियों का अन्त हुआ?
कह हृदय खोल चित्तौर! यहाँ
कितने दिन ज्वाल-वसन्त हुआ?

पूछे सिकता-कण से हिमपति!
तेरा वह राजस्थान कहाँ?
वन-वन स्वतन्त्रता-दीप लिये
फिरनेवाला बलवान कहाँ?

तू पूछ अवध से, राम कहाँ?
वृन्दा! बोलो, घनश्याम कहाँ?

ओ मगध! कहाँ मेरे अशोक?
वह चन्द्रगुप्त बलधाम कहाँ?

पैरों पर ही है पड़ी हुई
मिथिला भिखारिणी सुकुमारी,
तू पूछ, कहाँ इसने खोयीं
अपनी अनन्त निधियाँ सारी?

री कपिलवस्तु! कह बुद्धदेव
के वे मंगल-उपदेश कहाँ?
तिब्बत, ईरान, जापान, चीन
तक गये हुए सन्देश कहाँ?

वैशाली के भग्नावशेष से
पूछ लिच्छवी-शान कहाँ?
ओ री उदास गंडकी! बता
विद्यापति कवि के गान कहाँ?

तू तरुण देश से पूछ अरे,
गूँजा यह कैसा ध्वंस-राग?
अम्बुधि-अन्तस्तल-बीच छिपी
यह सुलग रही है कौन आग?

प्राची के प्रांगण-बीच देख,
जल रहा स्वर्ण-युग-अग्नि-ज्वाल,
तू सिंहनाद कर जाग तपी!
मेरे नगपति! मेरे विशाल!

रे, रोक युधिष्ठिर को न यहाँ,
जाने दे उनको स्वर्ग धीर,
पर, फिरा हमें गांडीव-गदा,
लौटा दे अर्जुन-भीम वीर।

कह दे शंकर से, आज करें
वे प्रलय-नृत्य फिर एक बार।
सारे भारत में गूँज उठे,
'हर-हर-बम' का फिर महोच्चार।

ले अँगड़ाई, उठ, हिले धरा,
कर निज विराट् स्वर में निनाद,
तू शैलराट्! हुंकार भरे,
फट जाय कुहा, भागे प्रमाद।

तू मौन त्याग कर सिंहनाद,
रे तपी! आज तप का न काल।
नव-युग-शंखध्वनि जगा रही,
तू जाग, जाग, मेरे विशाल!

(रेणुका, 1933)

कविता की पुकार

आज न उडु के नील-कुंज में स्वप्न खोजने जाऊँगी,
आज चमेली में न चन्द्र-किरणों से चित्र बनाऊँगी।
अधरों में मुसकान, न लाली बन कपोल में छाऊँगी,
कवि! किस्मत पर भी न तुम्हारी आँसू आज बहाऊँगी।
नालन्दा-वैशाली में तुम रुला चुके सौ बार,
धूसर भुवन-स्वर्ग—ग्रामों—में कर पायी न विहार।
आज यह राज-वाटिका छोड़, चलो कवि! वनफूलों की ओर।

चलो, जहाँ निर्जन कानन में वन्य कुसुम मुसकाते हैं,
मलयानिल भूलता, भूलकर जिधर नहीं अलि जाते हैं।
कितने दीप बुझे झाड़ी-झुरमुट में ज्योति पसार?
चले शून्य में सुरभि छोड़कर कितने कुसुम-कुमार?
कब्र पर मैं कवि! रोऊँगी, अश्रु-आरती सँजोऊँगी।

विद्युत् छोड़ दीप साजूँगी, महल छोड़ तृण-कुटी-प्रवेश,
तुम गाँवों के बनो भिखारी, मैं भिखारिणी का लूँ वेश।

स्वर्णांचला अहा! खेतों में उतरी सन्ध्या श्याम परी,
रोमन्थन करती गायें आ रहीं रौंदती घास हरी।
घर-घर से उठ रहा धुआँ, जलते चूल्हे बारी-बारी,
चौपालों में कृषक बैठ गाते "कहँ अटके बनवारी?"
पनघट से आ रही पीतवसना युवती सुकुमार,
किसी भाँति ढोती गागर-यौवन का दुर्वह भार।
बनूँगी मैं कवि! इसकी माँग, कलश, काजल, सिन्दूर, सुहाग।

वन-तुलसी की गन्ध लिये हलकी पुरवैया आती है,
मन्दिर की घंटा-ध्वनि युग-युग का सन्देश सुनाती है।
टिमटिम दीपक के प्रकाश में पढ़ते निज पोथी शिशुगण,
परदेशी की प्रिया बैठ गाती यह विरह-गीत उन्मन,
"भैया! लिख दे एक कलम खत मों बालम के जोग,
चारों कोने खेम-कुसल माँझे ठाँ मोर बियोग।"
दूतिका मैं बन जाऊँगी, सखी! सुधि उन्हें सुनाऊँगी।

पहन शुक्र का कर्णफूल है दिशा अभी भी मतवाली,
रहते रात रमणियाँ आयीं ले-ले फूलों की डाली।
स्वर्ग-स्रोत, करुणा की धारा, भारत-माँ का पुण्य तरल,
भक्ति-अश्रुधारा-सी निर्मल गंगा बहती है अविरल।
लहर-लहर पर लहराते हैं मधुर प्रभाती-गान,
भुवन स्वर्ग बन रहा, उड़े जाते ऊपर को प्राण,
पुजारिन की बन कंठ-हिलोर, भिंगो दूँगी अग-जग के छोर।

कवि! असाढ़ की इस रिमझिम में धनखेतों में जाने दो,
कृषक-सुन्दरी के स्वर में अटपटे गीत कुछ गाने दो।
दुखियों के केवल उत्सव में इस दम पर्व मनाने दो,
रोऊँगी खलिहानों में, खेतों में तो हर्षाने दो।

मैं बच्चों के संग जरा खेलूँगी दूब-बिछौने पर,
मचलूँगी मैं जरा इन्द्रधनु के रंगीन खिलौने पर।
तितली के पीछे दौड़ूँगी, नाचूँगी दे-दे ताली,
मैं मकई की सुरभि बनूँगी, पके आम-फल की लाली।

वेणु-कुंज में जुगनू बन मैं इधर-उधर मुसकाऊँगी,
हरसिंगार की कलियाँ बनकर वधुओं पर झर जाऊँगी।

सूखी रोटी खायेगा जब कृषक खेत में धरकर हल,
तब दूँगी मैं तृप्ति उसे बनकर लोटे का गंगाजल।

उसके तन का दिव्य स्वेदकण बनकर गिरती जाऊँगी।
और खेत में उन्हीं कणों-से मैं मोती उपजाऊँगी।

शस्य-श्यामता निरख करेगा कृषक अधिक जब अभिलाषा,
तब मैं उसके हृदय-स्रोत में उमड़ूँगी बनकर आशा।
अर्द्धनग्न दम्पति के गृह में मैं झोंका बन आऊँगी,
लज्जित हों न अतिथि-सम्मुख वे, दीपक तुरत बुझाऊँगी।

ऋण-शोधन के लिए दूध-घी बेच-बेच धन जोड़ेंगे,
बूँद-बूँद बेचेंगे, अपने लिए नहीं कुछ छोड़ेंगे।
शिशु मचलेंगे दूध देख, जननी उनको बहलायेगी,
मैं फाड़ूँगी हृदय, लाज से आँख नहीं रो पायेगी।

इतने पर भी धन-पतियों की उनपर होगी मार,
तब मैं बरसूँगी बन बेबस के आँसू सुकुमार।
फटेगा भू का हृदय कठोर, चलो कवि! वनफूलों की ओर।

(रेणुका, 1933)

बुद्धदेव

सिमट विश्व-वेदना निखिल बज उठी करुण अन्तर में,
देव! हुंकरित हुआ कठिन युगधर्म तुम्हारे स्वर में।
काँटों पर कलियों, गैरिक पर किया मुकुट का त्याग,
किस सुलग्न में जगा प्रभो! यौवन का तीव्र विराग?

चले ममता का बन्धन तोड़
विश्व की महामुक्ति की ओर।

तप की आग, त्याग की ज्वाला से प्रबोध-संधान किया,
विष पी स्वयं, अमृत जीवन का तृषित विश्व को दान किया।
वैशाली की धूल चरण चूमने ललक ललचाती है,
स्मृति-पूजन में तप-कानन की लता पुष्प बरसाती है।

वट के नीचे खड़ी खोजती लिये सुजाता खीर तुम्हें,
बोधिवृक्ष-तल बुला रहे कलरव में कोकिल-कीर तुम्हें।
शस्त्र-भार से विकल खोजती रह-रह धरा अधीर तुम्हें,
प्रभो! पुकार रही व्याकुल मानवता की जंजीर तुम्हें।

आह! सभ्यता के प्रांगण में आज गरल-वर्षण कैसा!
घृणा सिखा निर्वाण दिलानेवाला यह दर्शन कैसा!
स्मृतियों का अंधेर! शास्त्र का दम्भ! तर्क का छल कैसा!
दीन-दुखी असहाय जनों पर अत्याचार प्रबल कैसा!

आज दीनता को प्रभु की पूजा का भी अधिकार नहीं,
देव! बना था क्या दुखियों के लिए निठुर संसार नहीं?

धन-पिशाच की विजय, धर्म की पावन ज्योति अदृश्य हुई,
दौड़ो बोधिसत्त्व! भारत में मानवता अस्पृश्य हुई।

धूप-दीप, आरती, कुसुम ले भक्त प्रेम-वश आते हैं,
मन्दिर का पट बन्द देख 'जय' कह निराश फिर जाते हैं।
शबरी के जूठे बेरों से आज राम को प्रेम नहीं,
मेवा छोड़ शाक खाने का याद नाथ को नेम नहीं।

पर, गुलाब-जल में गरीब के अश्रु राम क्या पाएँगे?
बिना नहाये इस जल में क्या नारायण कहलाएँगे?
मनुज-मेघ के पोषक दानव आज निपट निर्द्वन्द्व हुए;
कैसे बचें दीन? प्रभु भी धनियों के गृह में बन्द हुए।
अनाचार की तीव्र आँच में अपमानित अकुलाते हैं,
जागो बोधिसत्त्व! भारत के हरिजन तुम्हें बुलाते हैं।

जागो विप्लव के वाक्! दम्भियों के इन अत्याचारों से,
जागो, हे जागो, तप-निधान! दलितों के हाहाकारों से।
जागो, गाँधी पर किए गए मानव-पशुओं के वारों से[1],
जागो, मैत्री-निर्घोष! आज व्यापक युगधर्म-पुकारों से।

जागो, गौतम! जागो, महान!
जागो, अतीत के क्रान्ति-गान!
जागो, जगती के धर्म-तत्त्व!
जागो हे! जागो बोधिसत्त्व!

(रेणुका, 1933)

1. देवघर (बिहार) में महात्मा गांधी पर किये गये प्रहार का उल्लेख।

पाटलिपुत्र की गंगा से

सन्ध्या की इस मलिन सेज पर गंगे! किस विषाद के संग,
सिसक-सिसक कर सुला रही तू अपने मन की मृदुल उमंग?
उमड़ रही आकुल अन्तर में, कैसी यह वेदना अथाह?
किस पीड़ा के गहन भार से निश्चल-सा पड़ गया प्रवाह?

मन के इस मौन मुकुल से उड़कर देवि! कौन-सी व्यथा अपार
बनकर गन्ध अनिल में मिल जाने को खोज रही लघु द्वार?
चल अतीत की रंगभूमि में स्मृति-पंखों पर चढ़ अनजान,
विकल-चित्त सुनती तू अपने चन्द्रगुप्त का क्या जय-गान?

घूम रहा पलकों के भीतर स्वप्नों-सा गत विभव विराट्?
आता है क्या याद मगध का सुरसरि! वह अशोक सम्राट्?
संन्यासिनी-समान विजन में कर-कर गत विभूति का ध्यान,
व्यथित कंठ से गाती है क्या गुप्त-वंश का गरिमा-गान?

गूँज रहे तेरे इस तट पर गंगे! गौतम के उपदेश,
ध्वनित हो रहे इन लहरों में देवि! अहिंसा के सन्देश।
उसी सत्य के गीत कुहुक गाती कोयल डाली-डाली,
वही स्वर्ण-सन्देश नित्य बन आता ऊषा की लाली।

तुझे याद है चढ़े पदों पर कितने जय-सुमनों के हार?
कितनी बार समुद्रगुप्त ने धोयी है तुझमें तलवार?

तेरे तीरों पर दिग्विजयी नृप के कितने उड़े निशान?
कितने चक्रवर्त्तियों ने हैं किये कूल पर अवभृथ-स्नान?

विजयी चन्द्रगुप्त के पद पर सैल्यूकस की वह मनुहार,
तुझे याद है देवि! मगध का वह विराट् उज्ज्वल शृंगार?
जगती पर छाया करती थी कभी हमारी भुजा विशाल,
बार-बार झुकते थे पद पर ग्रीक-यवन के उन्नत भाल।

उस अतीत गौरव की गाथा छिपी इन्हीं उपकूलों में,
कीर्त्ति-सुरभि वह गमक रही अब भी तेरे वन-फूलों में।
नियति-नटी ने खेल-कूद में किया नष्ट सारा शृंगार,
खँडहर की धूलों में सोया अपना स्वर्णोदय साकार।

तू ने सुख-सुहाग देखा है, उदय और फिर अस्त, सखी!
देख, आज निज युवराजों को भिक्षाटन में व्यस्त सखी!
एक-एक कर गिरे मुकुट, विकसित वन भस्मीभूत हुआ,
तेरे सम्मुख महासिन्धु सूखा, सैकत उद्भूत हुआ।

धधक उठा तेरे मरघट में जिस दिन सोने का संसार,
एक-एक कर लगा दहकने मगध-सुन्दरी का शृंगार,
जिस दिन जली चिता गौरव की, जय-भेरी जब मूक हुई,
जमकर पत्थर हुई न क्यों, यदि टूट नहीं दो-टूक हुई?

मन्द-मन्द बज रही मन्द्र ध्वनि मिट्टी में नक्कारों की,
गूँज रही झन-झन धूलों में मौर्यों की तलवारों की।
दायें पार्श्व पड़ा सोता मिट्टी में मगध शक्तिशाली,
वीर लिच्छवी की विधवा बायें रोती है वैशाली।

तू निज मानस-ग्रन्थ खोल दोनों की गरिमा गाती है,
वीचि-दृगों से हेर-हेर सिर धुन-धुन कर रह जाती है।
देवि! दुखद है वर्तमान की यह असीम पीड़ा सहना।
नहीं सुखद संस्मृति में भी उज्ज्वल अतीत की रत रहना।

अस्तु, आज गोधूलि-लग्न में गंगे! मन्द-मन्द बहना,
गाँवों, नगरों के समीप चल कलकल स्वर से यह कहना,
"खँडहर में सोयी लक्ष्मी का फिर कब रूप सजाओगे?
भग्न देव-मन्दिर में कब पूजा का शंख बजाओगे?"

(रेणुका, 1931)

कस्मै देवाय?

रच फूलों के गीत मनोहर, चित्रित कर लहरों के कम्पन,
कविते! तेरी विभव-पुरी में स्वर्गिक स्वप्न बना कवि-जीवन।
छाया सत्य चित्र बन उतरी, मिला शून्य को रूप सनातन,
कवि-मानस का स्वप्न भूमि पर बन आया सुरतरु-मधु-कानन।

भावुक मन था, रोक न पाया, सज आये पलकों में सावन,
नालन्दा-वैशाली के ढूहों पर बरसे पुतली के घन।
दिल्ली की गौरव-समाधि पर आँखों ने आँसू बरसाये,
सिकता में सोये अतीत के ज्योति-वीर स्मृति में उग आये।

बार-बार रोती रावी की लहरों से निज कंठ मिलाकर,
देवि! तुझे, सच, रुला चुका हूँ सूने में आँसू बरसा कर।
मिथिला में पाया न कहीं, तब ढूँढा बोधि-वृक्ष के नीचे,
गौतम का पाया न पता, गंगा की लहरों ने दृग मीचे।

मैं निज प्रियदर्शन अतीत का खोज रहा सब ओर नमूना,
सच है या मेरे दृग का भ्रम? लगता विश्व मुझे यह सूना।
छीन-छीन जल-थल की थाती संस्कृति ने निज रूप सजाया,
विस्मय है, तो भी न शान्ति का दर्शन एक पलक को पाया।

जीवन का यति-साम्य नहीं क्यों फूट सका अब तक तारों से?
तृप्ति न क्यों जगती में आयी अब तक भी आविष्कारों से?
जो मंगल-उपकरण कहाते, वे मनुजों के पाप हुए क्यों?
विस्मय है, विज्ञान बिचारे के वर ही अभिशाप हुए क्यों?

धरणी चीख कराह रही है दुर्वह शस्त्रों के भारों से,
सभ्य जगत् को तृप्ति नहीं अब भी युगव्यापी संहारों से।
गूँज रहीं संस्कृति-मंडप में भीषण फणियों की फुंकारें,
गढ़ते ही भाई जाते हैं भाई के वध-हित तलवारें।

शुभ्र वसन वाणिज्य-न्याय का आज रुधिर से लाल हुआ है,
किरिच-नोंक पर अवलम्बित व्यापार, जगत् बेहाल हुआ है।
सिर धुन-धुन सभ्यता-सुन्दरी रोती है बेबस निज रथ में,
"हाय! दनुज किस ओर मुझे ले खींच रहे शोणित के पथ में?"

दिशि-दिशि शस्त्रों की कराल ध्वनि, धन-पिशाच का भैरव-नर्त्तन,
दिशा-दिशा में कलुष-नीति, हत्या, तृष्णा, पातक-आवर्त्तन।
दलित हुए निर्बल सबलों से, मिटे राष्ट्र, उजड़े दरिद्र जन,
आह! सभ्यता आज कर रही असहायों का शोणित-शोषण।

क्रान्ति-धात्रि कविते! जागे, उठ, आडम्बर में आग लगा दे,
पतन, पाप, पाखंड जलें, जग में ऐसी ज्वाला सुलगा दे।
विद्युत् की इस चकाचौंध में देख, दीप की लौ रोती है।
अरी, हृदय को थाम, महल के लिए झोंपड़ी बलि होती है।

देख, कलेजा फाड़ कृषक दे रहे हृदय-शोणित की धारें;
बनती ही उनपर जाती हैं वैभव की ऊँची दीवारें।
धन-पिशाच के कृषक-मेध में नाच रही पशुता मतवाली,
अतिथि मग्न पीते जाते हैं दीनों के शोणित की प्याली।

उठ भूषण की भाव-रंगिणी! लेनिन के दिल की चिनगारी!
युग-मर्दित यौवन की ज्वाला! जाग-जाग, री क्रान्ति-कुमारी!
लाखों क्रौंच कराह रहे हैं, जाग, आदि कवि की कल्याणी!
फूट-फूट तू कवि-कंठों से बन व्यापक निज युग की वाणी।

बरस ज्योति बन गहन तिमिर में, फूट मूक की बनकर भाषा,
चमक अन्ध की प्रखर दृष्टि बन, उमड़ गरीबी की बन आशा।

गूँज, शान्ति की सुखद साँस-सी कलुष-पूर्ण युग-कोलाहल में,
बरस, सुधामय कनक-वृष्टि-सी ताप-तप्त जग के मरुथल में।

खींच मधुर स्वर्गीय गीत से जगती को जड़ता से ऊपर,
सुख की सरस कल्पना-सी तू छा जाये कण-कण में भू पर।
क्या होगा, अनुचर न वाष्प हो, पड़े न विद्युत्-दीप जलाना;
मैं न अहित मानूँगा, चाहे मुझे न नभ के पन्थ चलाना।

तमसा के अति भव्य पुलिन पर, चित्रकूट के छाया-तरु तर,
कहीं तपोवन के कुंजों में देना पर्णकुटी का ही घर।
जहाँ तृणों में तू हँसती हो, बहती हो सरि में इठलाकर,
पर्व मनाती हो तरु-तरु पर तू विहंग-स्वर में गा-गाकर।

कन्द, मूल, नीवार भोगकर, सुलभ इंगुदी-तैल जलाकर,
जन-समाज सन्तुष्ट रहे हिल-मिल आपस में प्रेम बढ़ाकर।
धर्म-भिन्नता हो न, सभी जन शैल-तटी में हिल-मिल जायें;
ऊषा के स्वर्णिम प्रकाश में भावुक भक्ति-मुग्ध-मन गायें,

"हिरण्यगर्भः समवर्त्तताग्रे भूतस्य जातः पतिरेक आसीत्,
स दाधार पृथिवीं द्यामुतेमाम् कस्मै देवाय हविषा विधेम?"

(रेणुका, 1931)

जागरण

[वसन्त के प्रति शिशिर की उक्ति]

मैं शिशिर-शीर्णा चली, अब जाग ओ मधुमासवाली!

खोल दृग, मधु नींद तज, तन्द्रालसे, रूपसि विजन की!
साज नव शृंगार, मधु-घट संग ले, कर सुधि भुवन की।
विश्व में तृण-तृण जगी है आज मधु की प्यास आली!
मैं शिशिर-शीर्णा चली, अब जाग ओ मधुमासवाली।

वर्ष की कविता सुनाने खोजते पिक मौन भोले,
स्पर्श कर द्रुत बौरने को आम्र आकुल बाँह खोले;
पन्थ में कोरकवती जूही खड़ी ले नम्र डाली।
मैं शिशिर-शीर्णा चली, अब जाग ओ मधुमासवाली।

लौट जाता गन्धवह सौरभ बिना फिर-फिर मलय को,
पुष्पशर चिन्तित खड़ा संसार के उर की विजय को।
मौन खग विस्मित, 'कहाँ अटकी मधुर उल्लासवाली?'
मैं शिशिर-शीर्णा चली, अब जाग ओ मधुमासवाली।

मुक्त करने को विकल है लाज की मधु-प्रीति कारा;
विश्व-यौवन की शिरा में नाचने को रक्तधारा।
चाहती छाना दृगों में आज तजकर गाल लाली।
मैं शिशिर-शीर्णा चली, अब जाग ओ मधुमासवाली।

है विकल उल्लास वसुधा के हृदय से फूटने को,
प्रात-अंचल-ग्रन्थि से नव रश्मि चंचल छूटने को।
मद्य पीने को खड़े हैं भृंग ले कर रिक्त प्याली।
मैं शिशिर-शीर्णा चली, अब जाग ओ मधुमासवाली।

इन्द्र की धनुषी बनी तितली पवन में डोलती है;
अप्सराएँ भूमि के हित पंख-पट निज खोलती हैं।
आज बन साकार छाना चाहते कवि-स्वप्न आली!
मैं शिशिर-शीर्णा चली, अब जाग ओ मधुमासवाली।

(रेणुका, 1934)

राजा-रानी

राजा वसन्त, वर्षा ऋतुओं की रानी,
लेकिन, दोनों की कितनी भिन्न कहानी!
राजा के मुख में हँसी, कंठ में माला,
रानी का अन्तर विकल, दृगों में पानी।

डोलती सुरभि राजा-घर कोने-कोने,
परियाँ सेवा में खड़ीं सजाकर दोने।
खोले अलकें रानी व्याकुल-सी आयी,
उमड़ी, जानें, क्या व्यथा, लगी वह रोने।

रानी रोओ, पोंछो न अश्रु अंचल से,
राजा अबोध खेलें कचनार-कमल से।
राजा के वन में कैसे कुसुम खिलेंगे,
सींचो न धरा यदि तुम आँसू के जल से?

लेखनी लिखे, मन में जो निहित व्यथा है,
रानी की सब दिन गीली रही कथा है।
त्रेता के राजा क्षमा करें यदि बोलूँ,
राजा-रानी की युग से यही प्रथा है।

विधु-संग-संग चाँदनी खिली वन-वन में,
सीते! तुम तो खो रहीं चरण-पूजन में।
तो भी यह अग्नि-विधान! राम निष्ठुर हैं;
रानी! जनमी थीं तुम किस अशुभ लगन में?

नृप हुए राम, तुमने विपदाएँ झेलीं;
थी कीर्त्ति उन्हें प्रिय, तुम वन गयीं अकेली।
वैदेहि! तुम्हें माना कलंकिनी प्रिय ने,
रानी! करुणा की तुम भी विषम पहेली।

रो-रो राजा की कीर्त्तिलता पनपाओ,
रानी! आयसु है, लिये गर्भ वन जाओ।
सूखो सरयू! साकेत! भस्म हो; रानी!
माँ के उर में छिप रहो, न मुख दिखलाओ।

औ' यहाँ कौन यह विधु की मलिन कला-सी,
सन्ध्या-सुहाग-सी, तेज-हीन चपला-सी?
अयि मूर्त्तिमती करुणे द्वापर की! बोलो,
तुम कौन मौन क्षीणा अलका-अबला-सी?

अयि शकुन्तले! कैसा विषाद आनन में?
रह-रह किसकी सुधि कसक रही है मन में?
प्याली थी वह विष-भरी, प्रेम में भूली,
पी गयीं जिसे भोली तुम लता-भवन में।

माधवी-कुंज की मादक प्रणय-कहानी
नयनों में है साकार आज बन पानी।
पुतली में रच तसवीर निठुर राजा की
रानी रोती फिरती वन-वन दीवानी।

राजा हँसते हैं, हँसें, तुम्हें रोना है,
मालिन्य मुकुट का भी तुमको धोना है;
रानी! विधि का अभिशाप यहाँ ऊसर में
आँसू से मोती-बीज तुम्हें बोना है।

किरणों का कर अवरोध उड़ा अंचल है,
छाया में राजा मना रहा मंगल है।

रानी! राजा को ज्ञात न, पर अनजाने,
भ्रू-इंगित पर वह घूम रहा पल-पल है।

वह नव वसन्त का कुसुम, और तुम लाली,
वह पावस-नभ, तुम सजल घटा मतवाली;
रानी! राजा की इस सूनी दुनिया में
बुनतीं स्वप्नों से तुम सोने की जाली।

सुख की तुम मादक हँसी, आह दुर्दिन की,
सुख-दुख, दोनों में, विभा इन्दु अमलिन की।
प्राणों की तुम गुंजार, प्रेम की पीड़ा,
रानी! निशि का मधु और दीप्ति तुम दिन की।

पग-पग पर झरते कुसुम, सुकोमल पथ है,
रानी! कबरी का बन्ध तुम्हारा श्लथ है।
झिलमिला रही मुसकानों से अँधियाली,
चलता अबाध, निर्भय राजा का रथ है।

छिटकी तुम विद्युत्-शिखा, हुआ उजियाला,
तम-विकल सैनिकों में संजीवन डाला;
हल्दीघाटी हुंकार उठी जब रानी!
तुम धधक उठी बनकर जौहर की ज्वाला।

राजा की स्मृति बन ज्योति खिली जौहर में,
असि चढ़ चमकी रानी की विभा समर में;
भू पर रानी जूही, गुलाब राजा है;
राजा-रानी हैं सूर्य-सोम अम्बर में।

(रेणुका, 1935 ई.)

निर्झरिणी

मधु-यामिनी-अंचल-ओट में सोई थी,
बालिका-जूही उमंग-भरी;
विधु-रंजित ओस-कणों से भरी
थी बिछी वन-स्वप्न-सी दूब हरी;
मृदु चाँदनी-बीच थी खेल रही
वन-फूलों से शून्य में इन्द्र-परी,
कविता बन शैल-महाकवि के
उर से मैं तभी अनजान झरी।

हरिणी-शिशु ने निज लास दिया,
मधु राका ने रूप दिया अपना,
कुमुदी ने हँसी, परियों ने उमंग,
चकोरी ने प्रेम में यों तपना।
नभ नील ने जन्म-घड़ी ही में नील
समुद्र का भव्य दिया सपना,
'पी कहाँ' कह प्रेमी पपीहरे ने
सिखलाया मुझे 'पी कहाँ' जपना।

गति-रोध किया गिरि ने, पर, मैं
द्रुत भाग चली घहराती हुई,
सरकी उपलों में भुजंगिनी-सी
मैं शिला से कहीं टकराती हुई;
जननी-गृह छोड़ चली, मुड़ देखा
कभी न उसे ललचाती हुई,

गिरि-शृंग से कूद पड़ी मैं अभय
'पी कहाँ?' 'पी कहाँ?' धुन गाती हुई।

वनभूमि ने दूब के अंचल में
गिरि से गिरते मुझे छान लिया,
गिरि-मल्लिका कुन्तल-बीच पिरो
मुझको निज बालिका मान लिया;
कलियों ने सुहाग के मोती दिये,
नव ऊषा ने सेंदुर-दान दिया,
जगती को हरी लख मैंने हरी-हरी
दूबों का ही परिधान लिया।

तट की हिमराशि की आरसी में
अपनी छवि देख दीवानी हुई।
प्रिय-दर्शन की मधु लालसा में
पिघली, पल में घुल पानी हुई।
टकराने चली मैं असीम के वक्ष से,
रूप के ज्वार की रानी हुई।
उनमाद की रागिनी, बेकली की
अपनी ही मैं आप कहानी हुई।

जननी-धरणी मुझे गोद लिये
थी सचेत कि मैं भग जाऊँ नहीं,
वन-जन्तुओं के शिशु आन जुटे
कि सखा बिन मैं दुख पाऊँ नहीं।
थी डरी मैं, पड़ी ममता में कहीं
इस देश में ही रह जाऊँ नहीं,
प्रिय देखे बिना झर जाऊँ न व्यर्थ,
कहीं छवि यों ही गँवाऊँ नहीं।

एक रोज उनींदी हुई जो धरा,
द्रुत भागी मैं आँख बचाती हुई,

वन-वल्लरी-अंचल-बीच कहीं
तृण-पुंज में वेश छिपाती हुई।
निकली द्रुम-कुंज की छाँह से तो
मैं चली फिर से घहराती हुई,
सिकता-से पिपासित विश्व के कंठ में
स्वर्ग-सुधा सरसाती हुई।

वनदेवि! द्रुमांचल श्याम हिला
फिरने का करो न इशारा मुझे,
उपलो! पद यों न गहो, भुज खोल
न बाँध, तू हाय! किनारा! मुझे।
किसकी ध्वनि दूर से आयी? पुकार
रहा सुन अम्बुधि प्यारा मुझे,
जननी धरणी! तिरछी हो जरा,
अरी! वेग से खींच तू धारा मुझे।

अभिसारिका मैं मिलने हूँ चली,
प्रिय-पन्थ रे, कोई बताना जरा,
किस शूली पै 'मीरा'-पिया की है सेज?
इशारों से कोई दिखाना जरा।
पथ-भूली-सी कुंज में राधिका के
हित श्याम! तू वेणु बजाना जरा,
तुझमें प्रिय! खोने को तो आ रही
पर, तू भी गले से लगाना जरा।

(रेणुका, 1933)

परदेशी

माया के मोहक वन की क्या कहूँ कहानी परदेशी?
भय है, सुनकर हँस दोगे मेरी नादानी परदेशी!
सृजन-बीच संहार छिपा, कैसे बतलाऊँ परदेशी?
सरल कण्ठ से विषम राग कैसे मैं गाऊँ परदेशी?

एक बात है सत्य कि झर जाते हैं खिलकर फूल यहाँ,
जो अनुकूल वही बन जाता दुर्दिन में प्रतिकूल यहाँ।
मैत्री के शीतल कानन में छिपा कपट का शूल यहाँ,
कितने कीटों से सेवित है मानवता का मूल यहाँ।
इस उपवन की पगडंडी पर बचकर जाना परदेशी!
यहाँ मेनका की चितवन पर मत ललचाना परदेशी!

जगती में मादकता देखी, लेकिन अक्षय तत्व नहीं,
आकर्षण में तृप्ति और सुन्दरता में अमरत्व नहीं।
यहाँ प्रेम में मिली विकलता, जीवन में परितोष नहीं,
बाल-युवतियों के आलिङ्गन में पाया सन्तोष नहीं।
हमें प्रतीक्षा में न तृप्ति की मिली निशानी परदेशी!
माया के मोहक वन की क्या कहूँ कहानी परदेशी?

महाप्रलय की ओर सभी को इस मरु में चलते देखा,
किससे लिपट जुड़ता? सबको ज्वाला में जलते देखा।
अन्तिम बार चिता-दीपक में जीवन को बलते देखा;
चलते समय सिकन्दर-से विजयी को कर मलते देखा।
सबने देकर प्राण मौत की कीमत जानी परदेशी!
माया के मोहक वन की क्या कहूँ कहानी परदेशी?

रोते जग की अनित्यता पर सभी विश्व को छोड़ चले,
कुछ तो चढ़े चिता के रथ पर, कुछ कब्रों की ओर चले।
रुके न पल-भर मित्र, पुत्र, माता से नाता तोड़ चले,
लैला रोती रही किन्तु, कितने मजनूँ मुँह मोड़ चले।

जीवन का मधुमय उल्लास,
औ' यौवन का हास-विलास,
रूप-राशि का यह अभिमान,
एक स्वप्न है, स्वप्न अजान।

मिटता लोचन-राग यहाँ पर,
मुरझाती सुन्दरता प्यारी,
एक-एक कर उजड़ रही है
हरी-हरी कुसुमों की क्यारी।

मैं न रुकूँगा इस भूतल पर
जीवन, यौवन, प्रेम गँवाकर;
वायु, उड़ाकर ले चल मुझको
जहाँ-कहीं इस जग से बाहर।

मरते कोमल वत्स यहाँ, बचती न जवानी परदेशी!
माया के मोहक वन की क्या कहूँ कहानी परदेशी?

(रेणुका, 1932)

आलोकधन्वा

ज्योतिर्धर कवि मैं ज्वलित सौर-मंडल का,
मेरा शिखंड अरुणाभ, किरीट अनल का।
रथ में प्रकाश के अश्व जुते हैं मेरे
किरणों में उज्ज्वल गीत गुँथे हैं मेरे!

मैं उदय-प्रान्त का सिंह प्रदीप्त विभा से,
केसर मेरे बलते हैं कनक-शिखा से।
ज्योतिर्मयि अन्तःशिखा अरुण है मेरी,
हैं भाव अरुण, कल्पना अरुण है मेरी।

पाया निसर्ग ने मुझे पुण्य के फल-सा,
तम के सिर पर निकला मैं कनक-कमल-सा।
हो उठा दीप्त धरती का कोना-कोना,
जिसको मैंने छू दिया हुआ वह सोना।

रँग गई घास पर की शबनम की प्याली,
हो गई लाल कुहरे की झीनी जाली।
मेरे दृग का आलोक अरुण जब छलका,
बन गईं घटाएँ बिम्ब उषा-अंचल का।

उदयाचल पर आलोक-शरासन ताने,
आया मैं उज्ज्वल गीत विभा के गाने।
ज्योतिर्धनु की शिंजिनी बजा गाता हूँ,
टंकार-लहर अम्बर में फैलाता हूँ।

किरणों के मुख में विभा बोलती मेरी,
लोहिनी कल्पना उषा खोलती मेरी।
मैं विभा पुत्र, जागरण गान है मेरा,
जग को अक्षय आलोक-दान है मेरा।

कोदंड-कोटि पर स्वर्ग लिए चलता हूँ,
कर-गत दुर्लभ अपवर्ग किए चलता हूँ।
आलोक-विशिख से बेध जगा जन-जन को,
सजता हूँ नूतन शिखा जला जीवन को!

जड़ को उड़ने की पाँख दिए देता हूँ,
चेतन के मन को आँख दिए देता हूँ।
दौड़ा देता हूँ तरल अग्नि नस-नस में,
रहने देता बल को न बुद्धि के बस में।

स्वर को कराल हुंकार बना देता हूँ,
यौवन को भीषण ज्वार बना देता हूँ।
शूरों के दृग अंगार बना देता हूँ,
हिम्मत को ही तलवार बना देता हूँ।

लोहू में देता हूँ वह तेज रवानी,
जूझती पहाड़ों से हो अभय जवानी।
मस्तक में भर अभिमान दिया करता हूँ,
पतनोन्मुख को उत्थान दिया करता हूँ।

म्रियमाण जाति को प्राण दिया करता हूँ,
पीयूष-प्रभा-मय गान दिया करता हूँ।
जो कुछ ज्वलन्त हैं भाव छिपे नर-नर में,
है छिपी विभा उनकी मेरे खर शर में।

किरणें आती हैं समय-वक्ष से कढ़ के,
जाती है अपनी राह धनुष पर चढ़ के।

हूँ जगा रहा आलोक अरुण बाणों से,
मरघट में जीवन फूँक रहा गानों से।

मैं विभा-पुत्र, जागरण गान है मेरा,
जग को अक्षय आलोक दान है मेरा।

(हुंकार, 1940)

हाहाकार

दिव की ज्वलित शिखा-सी उड़ तुम जबसे लिपट गई जीवन में,
तृषावन्त मैं घूम रहा कविते! तब से व्याकुल त्रिभुवन में।

उर में दाह, कंठ में ज्वाला, सम्मुख यह प्रभु का मरुथल है,
जहाँ पथिक जल की झाँकी में एक बूँद के लिए विकल है!

घर-घर देखा धुआँ धरा पर, सुना, विश्व में आग लगी है,
'जल-ही-जल' जन-जन रटता है, कंठ-कंठ में प्यास जगी है।

सूख गया रस श्याम गगन का एक घूँट विष जग का पीकर;
ऊपर-ही-ऊपर जल जाते सृष्टि-ताप से पावस-सीकर।

मनुज-वंश के अश्रु-योग से जिस दिन हुआ सिन्धु-जल खारा!
गिरि ने चीर लिया निज उर, मैं ललक पड़ा लख जल की धारा!

पर विस्मित रह गया, लगी पीने जब वही मुझे सुधि खोकर,
कहती—'गिरि को फाड़ चली हूँ मैं भी बड़ी पिपासित होकर।'

यह वैषम्य नियति का मुझपर, किस्मत बड़ी धन्य उन कवि की,
जिनके हित कविते! बनतीं तुम झाँकी नग्न अनावृत छवि की।

दुखी विश्व से दूर जिन्हें लेकर आकाश-कुसुम के वन में,
खेल रहीं तुम अलस जलद-सी किसि दिव्य नन्दन-कानन में।

भूषण-वसन जहाँ कुसुमों के, कहीं कुलिश का नाम नहीं है,
दिन भर सुमन-हार-गुम्फन को छोड़ दूसरा काम नहीं है।

वही धन्य, जिसको लेकर तुम बसीं कल्पना के शतदल पर,
जिनका स्वप्न तोड़ पाती है मिट्टी नहीं चरण-तल बजकर।

मेरी भी यह चाह, विलासिनि! सुन्दरता को शीश झुकाऊँ,
जिधर-जिधर मधुमयी बसी हो, उधर वसन्तानिल बन धाऊँ।

एक चाह कवि की यह देखूँ, छिपकर कभी पहुँच मालिनि-तट,
किस प्रकार चलती मुनि-बाला यौवनवती लिए कटि पर घट।

झाँकूँ उस माधवी-कुंज में, जो बन रहा स्वर्ग कानन में,
प्रथम परस की जहाँ लालिमा सिहर रही तरुणी-आनन में।

जनारण्य से दूर स्वप्न में मैं भी निज संसार बसाऊँ,
जग का आर्त्तनाद सुन अपना हृदय फाड़ने से बच जाऊँ।

मिट जाती ज्यों किरण बिहँस सारा दिन कर लहरों पर झिलमिल,
खो जाऊँ त्यों हर्ष मनाता, मैं भी निज स्वप्नों से हिलमिल।

पर, नभ में न कुटी बन पाती, मैंने कितनी युक्ति लगाई,
आधी मिटती कभी कल्पना, कभी उजड़ती बनी-बनाई।

रह-रह पंखहीन खग-सा मैं गिर पड़ता भू की हलचल में,
झटिका एक बहा ले जाती स्वप्न-राज्य आँसू के जल में।

कुपित देव की शाप-शिखा जब विद्युत् बन सिर पर छा जाती,
उठता चीख हृदय विद्रोही, अन्ध भावनाएँ जातीं।

निरख प्रतीची-रक्त-मेघ में अस्त-प्राय रवि का मुख-मंडल,
पिघल-पिघल कर चू पड़ता है दृग से क्षुभित, विवश अन्तस्तल।

रणित विषम रागिनी मरण की आज विकट हिंसा-उत्सव में;
दबे हुए अभिशाप मनुज के लगे उदित होने फिर भव में।

शोणित से रंग रही शुभ्र पट संस्कृति निठुर लिए करवालें,
जला रही निज सिंहपौर पर दलित-दीन की अस्थि-मशालें।

घूम रही सभ्यता दानवी, 'शान्ति! शान्ति' करती भूतल में,
पूछे कोई, भिंगो रही वह क्यों अपने विष-दन्त गरल में।

टाँक रही हो सुई चर्म, पर, शान्त रहें हम तनिक न डोलें;
यही शान्ति, गरदन कटती हो, पर, हम अपनी जीभ न खोलें?

बोलें कुछ मत क्षुधित, रोटियाँ श्वान छीन खाएँ यदि कर से;
यही शान्ति, जब वे आएँ, हम निकल जाएँ चुपके निज घर से?

हब्शी पढ़ें पाठ संस्कृति के खड़े गोलियों की छाया में;
यही शान्ति, वे मौन रहें जब आग लगे उनकी काया में।

चूस रहे हों दनुज रक्त, पर, हों मत दलित प्रबुद्ध कुमारी?
हो न कहीं प्रतिकार पाप का, शान्ति या कि यह युद्ध कुमारी!

जेठ हो कि हो पूस, हमारे कृषकों को आराम नहीं है;
छूटे कभी संग बैलों का, ऐसा कोई याम नहीं है।

मुख में जीभ, शक्ति भुज में, जीवन में सुख का नाम नहीं है,
वसन कहाँ? सूखी रोटी भी मिलती दोनों शाम नहीं है।

विभव-स्वप्न से दूर, भूमि पर यह दुखमय संसार कुमारी!
खलिहानों में जहाँ मचा करता है हाहाकार कुमारी!

बैलों के ये बन्धु, वर्ष भर क्या जानें, कैसे जीते हैं?
बंधी जीभ, आँखें विषण्ण, गम खा, शायद, आँसू पीते हैं!

पर, शिशु का क्या हाल, सीख पाया न अभी जो आँसू पीना?
चूस-चूस सूखा स्तन माँ का सो जाता रो-विलप नगीना।

विवश देखती माँ, अंचल से नन्हीं जान तड़प उड़ जाती;
अपना रक्त पिला देती यदि फटती आज वज्र की छाती।

कब्र-कब्र में अबुध बालकों की भूखी हड्डी रोती है;
"दूध, दूध!" की कदम-कदम पर सारी रात सदा होती है।

"दूध, दूध!" ओ वत्स! मन्दिरों में बहरे पाषाण यहाँ हैं;
"दूध, दूध!" तारे, बोलो, इन बच्चों के भगवान् कहाँ हैं?

"दूध, दूध!" दुनिया सोती है, लाऊँ दूध कहाँ, किस घर से?
"दूध, दूध!" हे देव गगन के! कुछ बूँदें टपका अम्बर से।

"दूध, दूध!" गंगा, तू ही अपने पानी को दूध बना दे।
"दूध, दूध!" उफ़! है कोई, भूखे मुर्दों को जरा मना दे?

"दूध, दूध!" फिर "दूध!" अरे, क्या याद दूध की खो न सकोगे?
''दूध, दूध!'' मरकर भी क्या तुम बिना दूध के सो न सकोगे?

वे भी यहीं, दूध से जो अपने श्वानों को नहलाते हैं!
ये बच्चे भी यहीं, कब्र में "दूध-दूध"! जो चिल्लाते हैं!

बेकसूर, नन्हें देवों का शाप विश्व पर पड़ा हिमालय!
हिला चाहता मूल सृष्टि का, देख रहा क्या खड़ा हिमालय?

"दूध, दूध!" फिर सदा कब्र की, आज दूध लाना ही होगा;
जहाँ दूध के घड़े मिलें, उस मंजिल पर जाना ही होगा।

जय मानव की धरा साक्षिणी! जय विशाल अम्बर की जय हो!
जय गिरिराज! विन्ध्य-गिरि, जय-जय! हिन्द महासागर की जय हो!

हटो व्योम के मेघ! पंथ से, स्वर्ग लूटने हम आते हैं,
"दूध, दूध..." ओ वत्स! तुम्हारा दूध खोजने हम जाते हैं।

(हुंकार, 1937)

दिगम्बरि!

उदय-गिरि पर पिनाकी का कहीं टंकार बोला;
दिगम्बरि! बोल, अम्बर में किरण का तार बोला।

[1]

तिमिर के भाल पर चढ़कर विभा के बाणवाले;
खड़े हैं मुन्तज़िर कब से नए अभियानवाले।
प्रतीक्षा है, सुनें कब व्यालिनि! फुंकार तेरा;
विदारित कब करेगा व्योम को हुंकार तेरा?
दिशा के बन्ध से झंझा विकल है छूटने को;
धरा के वक्ष से आकुल हलाहल फूटने को।
कलेजों से लगी बत्ती कहीं कुछ जल रही है;
हवा की साँस पर बेताब-सी कुछ चल रही है।
धराधर को हिला गूँजा धरणि में राग कोई,
तलातल से उभरती आ रही है आग कोई।
क्षितिज के भाल पर नव सूर्य के सप्ताश्व बोले।
चतुर्दिक् भूमि के उत्ताल पारावार बोला!
नए युग की भवानी, आ गई वेला प्रलय की,
दिगम्बरि! बोल, अम्बर में किरण का तार बोला।

[2]

थकी बेड़ी क़फ़स की हाथ में सौ बार बोली,
हृदय पर झनझनाती टूटकर तलवार बोली।
कलेजा मौत ने जब-जब टटोला इम्तिहाँ में,

ज़माने को तरुण की टोलियाँ ललकार बोलीं।
पुरातन और नूतन वज्र का संघर्ष बोला;
विभा-सा कौंधकर भू का नया आदर्श बोला;
नवागम-रोर से जागी बुझी-ठंडी चिता भी,
नई शृंगी उठाकर वृद्ध भारतवर्ष बोला।
दरारें हो गईं प्राचीर में बन्दी-भवन के,
हिमालय की दरी का सिंह भीमाकार बोला।
नए युग की भवानी, आ गई वेला प्रलय की,
दिगम्बरि! बोल, अम्बर में किरण का तार बोला।

[3]

लगी है धूल को परवाज़, उड़ती छा रही है,
कड़कती दामिनी, झंझा कहीं से आ रही है।
घटा-सी दीखती जो, वह उमड़ती आह मेरी,
खड़ी जो विश्व का पथ रोक, है वह चाह मेरी।
सजीं चिनगारियाँ, निर्भय प्रभंजन मग्न आया,
कयामत की घड़ी आई, प्रलय का लग्न आया।
दिशा गूँजी, बिखरता व्योम में उल्लास आया,
नए युगदेव का नूतन कटक लो पास आया।
पहन द्रोही-कवच रण में युगों के मौन बोले,
ध्वजा पर चढ़ अनागत धर्म का हुंकार बोला।
नए युग की भवानी, आ गई वेला प्रलय की।
दिगम्बरि! बोल, अम्बर में किरण का तार बोला।

[4]

हृदय का लाल रस हम वेदिका में दे चुके हैं!
बिहँसकर विश्व का अभिशाप सिर पर ले चुके हैं!
परीक्षा में रुचे, वह कौन हम उपहार लायें?
बता, इस बोलने का मोल हम कैसे चुकाएँ?
युगों से हम अनय का भार ढोते आ रहे हैं;
न बोली तू मगर, हम रोज मिटते जा रहे हैं।
पिलाने को कहाँ से रक्त लायें दानवों को?

नहीं क्या स्वत्व है प्रतिशोध का हम मानवों को?
जरा तू बोल तो, सारी धरा हम फूँक देंगे;
पड़ा जो पंथ में गिरि, कर उसे दो टूक देंगे।
कहीं कुछ पूछने बूढ़ा विधाता आज आया;
कहेंगे, हाँ, तुम्हारी सृष्टि को हमने मिटाया।
जिला फिर पाप को, टूटी धरा यदि जोड़ देंगे;
बनेगा जिस तरह, उस सृष्टि को हम फोड़ देंगे।
हृदय की वेदना बोली लहू बन लोचनों में;
उठाने मृत्यु का घूँघट हमारा प्यार बोला।
नए युग की भवानी, आ गई वेला प्रलय की;
दिगम्बरि! बोल, अम्बर में किरण का तार बोला।

(हुंकार, 1939)

अनल-किरीट

लेना अनल-किरीट भाल पर ओ आशिक होनेवाले!
कालकूट पहले पी लेना, सुधा-बीज बोनेवाले!

[1]

धर कर चरण विजित शृंगों पर झंडा वही उड़ाते हैं,
अपनी ही उँगली पर जो खंजर की जंग छुड़ाते हैं।

पड़ी समय से होड़, खींच मत तलवों से काँटें रुककर,
फूँक-फूँक चलती न जवानी चोटों से बचकर, झुककर,

नींद कहाँ उनकी आँखों में जो धुन के मतवाले हैं?
गति की तृषा और बढ़ती, पड़ते पद में जब छाले हैं।

जागरूक की जय निश्चित है, हार चुके सोनेवाले;
लेना अनल-किरीट भाल पर जो आशिक़ होनेवाले!

[2]

जिन्हें देखकर डोल गई हिम्मत दिलेर मरदानों की;
उन मौजों पर चली जा रही किश्ती कुछ दीवानों की।

बेफ़िक्री का समाँ कि तूफाँ में भी एक तराना है,
दाँतों उँगली धरे खड़ा अचरज से भरा ज़माना है।

अभय बैठ ज्वालामुखियों पर अपना मन्त्र जगाते हैं,
ये हैं वे, जिनके जादू पानी में आग लगाते हैं!

रूह ज़रा पहचान रखें इनकी जादू-टोनेवाले,
लेना अनल-किरीट भाल पर ओ आशिक़ होनेवाले!

[3]

तीनों लोक चकित सुनते हैं, घर-घर यही कहानी है,
खेल रही नेज़ों पर चढ़कर रस से भरी जवानी है।

भू सँभले, हो सजग स्वर्ग, यह दोनों की नादानी है।
मिट्टी का नूतन पुतला यह अल्हड़ है, अभिमानी है।

अचरज नहीं, खींच ईंटें यह सुरपुर को बर्बाद करे।
अचरज नहीं, लूट जन्नत वीरानों को आबाद करे।

तेरी आस लगा बैठे हैं पा-पाकर खोनेवाले।
लेना अनल-किरीट भाल पर ओ आशिक़ होनेवाले!

[4]

सँभले जग, खिलवाड़ नहीं अच्छा चढ़ते-से पानी से,
याद हिमालय को, भिड़ना कितना है कठिन जवानी से।

ओ महादेश! बुरा फल है शूरों के शोणित पीने का;
देना होगा तुम्हें एक दिन गिन-गिन मोल पसीने का।

कल होगा इंसाफ़, यहाँ किसने क्या किस्मत पाई है।
अभी नींद से जाग रहा युग, यह पहली अँगड़ाई है।

मंजिल दूर नहीं अपनी, दुख का बोझा ढोनेवाले!
लेना अनल-किरीट भाल पर ओ आशिक़ होनेवाले।

(हुंकार, 1938)

शहीद-स्तवन

कलम, आज उनकी जय बोल।

जला अस्थियाँ बारी-बारी,
छिटकायी जिनने चिनगारी,
जो चढ़ गए पुण्य-वेदी पर लिये बिना गरदन का मोल।
कलम, आज उनकी जय बोल।

जो अगणित लघु दीप हमारे
तूफानों में एक किनारे,
जल-जल कर बुझ गये, किसी दिन माँगा नहीं स्नेह मुँह खोल।
कलम, आज उनकी जय बोल।

पीकर जिनकी लाल शिखाएँ
उगल रहीं लू-लपट दिशाएँ,
जिनके सिंहनाद से सहमी धरती रही अभी तक डोल।
कलम, आज उनकी जय बोल।

अन्धा, चकाचौंध का मारा,
क्या जाने इतिहास बिचारा?
साखी हैं उनकी महिमा के सूर्य, चन्द्र, भूगोल, खगोल।
कलम, आज उनकी जय बोल।

(हुंकार)

मेघ-रन्ध्र में बजी रागिनी

सावधान हों निखिल दिशाएँ, सजग व्योमवासी सुरगण!
बहने चले आज खुल-खुलकर लंका के उनचास पवन।

हे अशेषफण शेष! सजग हो, थामो धरा, धरो भूधर,
मेघ-रन्ध्र में बजी रागिनी, टूट न पड़े कहीं अम्बर।

गूँजे तुमुल विषाण गगन में, गाओ, हे गाओ किन्नर!
उतरो भावुक प्रलय! भूमि पर आओ शिव! आओ सुन्दर!

बजे दीप्ति का राग गगन में, बजे किरण का तार बजे।
अघ पीनेवाली भीषण ज्वालाओं का त्यौहार सजे।

हिले 'आल्प्स' का मूल, हिले 'राकी', छोटा जापान हिले,
मेघ-रन्ध्र में बजी रागिनी, अब तो हिन्दुस्तान हिले।

चोट पड़ी भूमध्य-सिन्धु में, नील तटी में शोर हुआ;
मर्कट चढ़े कोट पर देखो, उठो, 'सिलासी'! भोर हुआ;

हुआ विधाता वाम, 'जिनेवा' बीच सुधी चकराते हैं।
बुझा रहे ज्वाला साँसों से, कर से आँच लगाते हैं।

'राइन'-तट पर खिली सभ्यता, 'हिटलर' खड़ा कौन बोले?
सस्ता खून यहूदी का है, 'नाजी' निज 'स्वस्तिक' धो ले।

ले हिलोर 'अतलान्त' भयंकर, जाग, प्रलय का बाण चला;
जाग प्रशान्त, कौन बोले, किस ओर आज तूफान चला?

'दजला'! चेत, 'फुरात' सजग हो, जाग-जाग ओ शांघाई!
लाल सिन्धु बोले, किसपर यह घटा घुमड़ छाने आई।

बर्फों की दीवार खड़ी, ऊँचे-नीचे पर्वत ढालू,
तो भी पंजा बजा रहा है साइबेरिया का भालू।

काबुल मूक, दूर 'यूरल' है, क्या भोली 'आमू' बोले?
उद्वेलित 'भूमध्य', स्वेज का मुख इटली कैसे खोले?

श्वेतानन स्वर्गीय देव हम! ये हब्शी रेगिस्तानी!
ईसा साखी रहें, ईसाई दुनिया ने बर्छी तानी।*

(हुंकार, 1935)

---

* सन् 1935 ई. में रक्तपिपासु इटैलियन फासिस्टों के अबीसीनिया पर आक्रमण के अवसर पर लिखित।

दिल्ली

यह कैसी चाँदनी अमा के मलिन तमिस्र गगन में!
कूक रही क्यों नियति व्यंग्य से इस गोधूलि-लगन में?
मरघट में तू साज रही दिल्ली! कैसे शृंगार?
यह बहार का स्वांग अरी, इस उजड़े हुए चमन में!

इस उजाड़, निर्जन खँडहर में,
छिन्न-भिन्न उजड़े इस घर में,
तुझे रूप सजाने की सूझी
मेरे सत्यानाश-प्रहर में!

डाल-डाल पर छेड़ रही कोयल मर्सिया-तराना,
और तुझे सूझा इस दम ही उत्सव हाय, मनाना;
हम धोते हैं घाव इधर सतलज के शीतल जल से,
उधर तुझे भाता है इनपर नमक हाय, छिड़काना!

महल कहाँ? बस, हमें सहारा
केवल फूस-फाँस, तृणदल का;
अन्न नहीं, अवलम्ब प्राण को
गम, आँसू या गंगाजल का;

यह विहगों का झुंड लक्ष्य है
आजीवन वधिकों के फल का;
मरने पर भी हमें कफन है
माता शैव्या के अंचल का।

गुलचीं निष्ठुर फेंक रहा कलियों को तोड़ अनल में,
कुछ सागर के पार और कुछ रावी-सतलज-जल में;
हम मिटते जा रहे, न ज्यों, अपना कोई भगवान्।
यह अलका-छवि कौन भला देखेगा इस हलचल में?

बिखरी लट, आँसू छलके हैं,
देख, वन्दिनी है बिलखाती,
अश्रु पोंछने हम जाते हैं
दिल्ली! आह! कलम रुक जाती।

अरी, विवश हैं, कहो, करें क्या?
पैरों में जंजीर हाय! हाथों—
में हैं कड़ियाँ कस जातीं।

और कहें क्या? धरा न धँसती,
हुंकारता न्र गगन संघाती;
हाय, वन्दिनी माँ के सम्मुख
सुत की निष्ठुर बलि चढ़ जाती।

तड़प-तड़प हम कहो करें क्या?
'बहै न हाथ, दहै रिसि छाती,'
अन्तर ही अन्तर घलते हैं,
'भा कुठार कुंठित रिपुघाती।'

अपनी गरदन रेत-रेत असि की तीखी धारों पर
राजहंस बलिदान चढ़ाते माँ के हुंकारों पर।
पगली! देख, जरा कैसी मर मिटने की तैयारी?
जादू चलेगा न धुन के पक्के इन बनजारों पर।

तू वैभव-मद में इठलाती,
परकीया-सी सैन चलाती,

 री ब्रिटेन की दासी! किसको
इन आँखों पर है ललचाती?

हमने देखा यहीं पांडु-वीरों का कीर्त्ति-प्रसार,
वैभव का सुख-स्वप्न, कला का महास्वप्न-अभिसार।
यहीं कभी अपनी रानी थी, तू ऐसे मत भूल,
अकबर, शाहजहाँ ने जिसका किया स्वयं शृंगार।

तू न ऐंठ मदमाती दिल्ली!
मत फिर यों इतराती दिल्ली!
अविदित नहीं हमें, तेरी
कितनी कठोर है छाती दिल्ली!

हाय! छिनी भूखों की रोटी,
छिना नग्न का अर्द्ध वसन है;
मजदूरों के कौर छिने हैं,
जिन पर उनका लगा दसन है;

छिनी सजी-साजी वह दिल्ली
अरी! बहादुरशाह 'ज़फ़र' की;
और छिनी गद्दी लखनऊ की
वाजिद अली शाह 'अख़्तर' की।

छिना मुकुट प्यारे 'सिराज' का,
छिना अरी, आलोक नयन का;
नीड़ छिना, बुलबुल फिरती है
वन-वन लिए चंचु में तिनका।

आहें उठीं दीन कृषकों की,
मजदूरों की तड़प पुकारें,
अरी! गरीबों के लोहू पर
खड़ी हुईं तेरी दीवारें।

अंकित है कृषकों के दृग में तेरी निठुर निशानी,
दुखियों की कुटिया रो-रो कहती तेरी मनमानी;
औ' तेरा दृग-मद यह क्या है? क्या न खून बेकस का?
बोल, बोल, क्यों लजा रही, ओ कृषक-मेध की रानी?

वैभव की दीवानी दिल्ली!
कृषक-मेध की रानी दिल्ली!
अनाचार, अपमान, व्यंग्य की
चुभती हुई कहानी दिल्ली!

अपने ही पति की समाधि पर
कुलटे! तू छवि में इतराती;
परदेसी-संग गलबाँही दे
मन में है फूली न समाती!

दो दिन ही के 'बाल-डांस' में
नाच हुई बेपानी दिल्ली!
कैसी यह निर्लज्ज नग्नता!
यह कैसी नादानी दिल्ली!

अरी हया कर, है ज़ईफ़ यह खड़ा क़ुतुब-मीनार,
इबरत की माँ जामा भी है यहीं अरी! हुशियार!
इन्हें देखकर भी तो दिल्ली! आँखें हाय फिरा ले,
गौरव के गुरु रो न पड़ें, हा, घूँघट जरा गिरा ले!

अरी, हया कर, हया अभागी!
मत फिर लज्जा को ठुकराती;
चीख न पड़ें कब्र में अपनी,
फट न जाए अकबर की छाती;

हूक न उठे कहीं, 'दारा' को
कूक न उठे कब्र मदमाती!

गौरव के गुरु को रो न पड़ें, हा,
दिल्ली घूँघट क्यों न गिराती?
बाबर है, औरंग यहीं है,
मदिरा औ' कुलटा का द्रोही,
बक्सर[1] पर मत भूल, यहीं है
विजयी शेरशाह निर्मोही।

अरी! सँभल, यह कब्र न फटकर कहीं बना दे द्वार!
निकल न पड़े क्रोध में लेकर शेरशाह तलवार!
समझायेगा कौन उसे फिर? अरी! सँभल नादान!
इस घूँघट पर आज कहीं मच जाए न फिर संहार!

जरा गिरा ले घूँघट अपना,
और याद कर वह सुख-सपना,
नूरजहाँ की प्रेम-व्यथा में
दीवाने सलीम का तपना;
गुम्बद पर प्रेमिका कपोती
के पीछे कपोत का उड़ना,
जीवन की आनन्द-घड़ी में
जन्नत की परियों का जुड़ना।

ज़रा याद कर, यहीं नहाती
थी मेरी मुमताज़ अतर में।
तुझ-सी तो सुन्दरी खड़ी
रहती थी पैमाना ले कर में।

सुख, सौरभ, आनन्द बिछे थे
गली, कूच, वन, वीथि, नगर में;
कहती जिसे इन्द्रपुर तू वह
तो था प्राप्य यहाँ घर-घर में।

---

1. अंग्रेजों की अंतिम जीत बक्सर में हुई थी।

आज आँख तेरी बिजली से कौंध-कौंध जाती है!
हमें याद उस स्नेह-दीप की बार-बार आती है।

खिलें फूल, पर, मोह न सकती
हमें अपरिचित छटा निराली;
इन आँखों में घूम रही
अब भी मुरझे गुलाब की लाली।

उठा कसक दिल में लहराता है यमुना का पानी,
पलकें जुगा रहीं बीते वैभव की एक निशानी,
दिल्ली! तेरे रूप-रंग पर कैसे हृदय फँसेगा?
बाट जोहती खँडहर में हम कंगालों की रानी।

(हुंकार, 1933)

विपथगा

झन-झन-झन-झन-झन-झनन-झनन।
झन-झन-झन-झन-झन-झनन-झनन।
मेरी पायल झनकार रही तलवारों की झनकारों में,
अपनी आगमनी बजा रही मैं आप क्रुद्ध हुंकारों में;
मैं अहंकार-सी कड़क ठठा हँसती विद्युत् की धारों में,
बन काल-हुताशन खेल रही पगली मैं फूट पहाड़ों में;
अँगड़ाई में भूचाल, साँस में लंका के उनचास पवन।
झन-झन-झन-झन-झन-झनन-झनन।

मेरे मस्तक के आतपत्र खर-काल-सर्पिणी के शत फण;
मुझ चिर-कुमारिका के ललाट में नित्य नवीन रुधिर-चन्दन;
आँजा करती हूँ चिता–धूम का दृग में अन्ध तिमिर-अंजन,
संहार-लपट का चीर पहन नाचा करती मैं छूम-छुनन;
झन-झन-झन-झन-झन-झनन-झनन।

पायल की पहली झनक, सृष्टि में कोलाहल छा जाता है;
पड़ते जिस ओर चरण मेरे, भूगोल उधर दब जाता है;
लहराती लपट दिशाओं में, खलभल खगोल अकुलाता है;
परकटे विहग-सा निरवलम्ब गिर स्वर्ग-नरक जल जाता है;
गिरते दहाड़ कर शैल-शृंग मैं जिधर फेरती हूँ चितवन।
झन-झन-झन-झन-झन-झनन-झनन।

रस्सों से कसे जवान पाप-प्रतिकार न जब कर पाते हैं,
बहनों की लुटती लाज देख कर काँप-काँप रह जाते हैं।
शस्त्रों के भय से जब निरस्त्र आँसू भी नहीं बहाते हैं,
पी अपमानों के गरल-घूँट शासित जब होठ चबाते हैं,

जिस दिन रह जाता क्रोध मौन, मेरा वह भीषण जन्म-लगन।
झन-झन-झन-झन-झन-झनन-झनन।

पौरुष को बेड़ी डाल पाप का अभय रास जब होता है,
ले जगदीश्वर का नाम खड्ग कोई दिल्लीश्वर धोता है।
धन के विलास का बोझ दुखी, दुर्बल, दरिद्र जब ढोता है,
दुनिया को भूखों मार भूप जब सुखी महल में सोता है,
सहती सब कुछ मन मार प्रजा, कसमस करता मेरा यौवन।
झन-झन-झन-झन-झन-झनन-झनन।

श्वानों को मिलते दूध-वस्त्र, भूखे बालक अकुलाते हैं,
माँ की हड्डी से चिपक, ठिठुर जाड़ों की रात बिताते हैं,
युवती के लज्जा-वसन बेच जब ब्याज चुकाए जाते हैं,
मालिक जब तेल-फुलेलों पर पानी-सा द्रव्य बहाते हैं;
पापी महलों का अहंकार देता मुझको तब आमन्त्रण।
झन-झन-झन-झन-झन-झनन-झनन।

डरपोक हुकूमत जुल्मों से लोहा जब नहीं बजाती है,
हिम्मतवाले कुछ कहते हैं, तब जीभ तराशी जाती है।
उलटी चालें ये देख देश में हैरत-सी छा जाती है,
भट्ठी की ओदी आँच छिपी तब और अधिक धुँधुआती है;
सहसा चिंग्घार खड़ी होती दुर्गा मैं करने दस्यु-दलन।
झन-झन-झन-झन-झन-झनन-झनन।

चढ़कर जुनून-सी चलती हूँ मृत्युंजय वीर कुमारों पर;
आतंक फैल जाता कानूनी पार्लमेंट, सरकारों पर;
'नीरो' के जाते प्राण सूख मेरे कठोर हुंकारों पर;
कर अट्टहास इठलाती हूँ जारों के हाहाकारों पर;
झंझा-सी पकड़ झकोर हिला देती दम्भी के सिंहासन।
झन-झन-झन-झन-झन-झनन-झनन।

मैं निस्तेजों का तेज, युगों के मूक-मौन की बानी हूँ;
दिल-जले शासितों के दिल की मैं जलती हुई कहानी हूँ;

सदियों की जब्ती तोड़ जगी, मैं उस ज्वाला की रानी हूँ;
मैं जहर उगलती फिरती हूँ; मैं विष से भरी जवानी हूँ;
भूखी बाघिन की घात क्रूर, आहत भुजंगिनी का दंशन।
झन-झन-झन-झन-झन-झनन-झनन।

जब हुई हुकूमत आँखों पर, जनमी चुपके मैं आहों में,
कोड़ों की खाकर मार पली पीड़ित की दबी कराहों में;
सोने-सी निखर जवान हुई तप कड़े दमन के दाहों में;
ले जान हथेली पर निकली मैं मर-मिटने की चाहों में।
मेरे चरणों में खोज रहे भय-कम्पित तीनों लोक शरण।
झन-झन-झन-झन-झन-झनन-झनन।

असि की नोकों से मुकुट जीत अपने सिर उसे सजाती हूँ;
ईश्वर का आसन छीन, कूद मैं आप खड़ी हो जाती हूँ;
थर-थर करते कानून-न्याय, इंगित पर जिन्हें नचाती हूँ।
भयभीत पातकी धर्मों से अपने पग मैं धुलवाती हूँ।
सिर झुका घमंडी सरकारें करतीं मेरा अर्चन-पूजन।
झन-झन-झन-झन-झन-झनन-झनन।

मुझ विपथगामिनी को न ज्ञात, किस रोज किधर से आऊँगी,
मिट्टी से किस दिन जाग क्रुद्ध अम्बर में आग लगाऊँगी।
आँखें अपनी कर बन्द देश में जब भूकम्प मचाऊँगी,
किसका टूटेगा शृंग, न जानें, किसका महल गिराऊँगी।
निर्बन्ध, क्रूर, निर्मोह सदा मेरा कराल नर्तन-गर्जन।
झन-झन-झन-झन-झन-झनन-झनन।

अब की अगस्त की बारी है, पापों के पारावार! सजग;
बैठे 'विसूवियस' के मुख पर भोले, अबोध संसार! सजग।
रेशों का रक्त कृशानु हुआ, ओ जुल्मी की तलवार! सजग।
दुनिया के 'नीरो', सावधान! दुनिया के पापी 'जार'! सजग।
जानें, किस दिन फुंकार उठें पद-दलित काल सर्पों के फन।
झन-झन-झन-झन-झन-झनन-झनन।

(हुंकार, 1938)

परिचय

सलिल-कण हूँ कि पारावार हूँ मैं?
स्वयं छाया, स्वयं आभार हूँ मैं।
बँधा हूँ, स्वप्न है, लघु वृत्त में हूँ,
नहीं तो व्योम का विस्तार हूँ मैं।

समाना चाहती जो बीन-उर में,
विकल वह शून्य की झंकार हूँ मैं।
भटकता, खोजता हूँ ज्योति तम में,
सुना है, ज्योति का आगार हूँ मैं।

जिसे निशि खोजती तारे जलाकर,
उसी का कर रहा अभिसार हूँ मैं।
जनम कर मर चुका सौ बार लेकिन,
अगम का पा सका क्या पार हूँ मैं?

कली की पंखड़ी पर ओस-कण में
रँगीले स्वप्न का संसार हूँ मैं;
मुझे क्या, आज ही या कल मरूँ मैं?
सुमन हूँ, एक लघु उपहार हूँ मैं।

जलद हूँ, दर्द हूँ, दिल की कसक हूँ,
किसी का हाय, खोया प्यार हूँ मैं।
गिरा हूँ भूमि पर नन्दन-विपिन से,
अमर-तरु का सुमन सुकुमार हूँ मैं।

मधुर जीवन हुआ कुछ प्राण! जब से
लगा ढोने व्यथा का भार हूँ मैं,
रुदन ही एक पथ प्रिय का, इसी से,
पिरोता आँसुओं का हार हूँ मैं।

मुझे क्या गर्व हो अपनी विभा का?
चिता का धूलि-कण हूँ, क्षार हूँ मैं;
पता मेरा तुम्हें मिट्टी कहेगी,
समा जिसमें चुका सौ बार हूँ मैं।

न देखे विश्व पर मुझको घृणा से,
मनुज हूँ, सृष्टि का शृंगार हूँ मैं।
पुजारिन! धूलि से मुझको उठा लो,
तुम्हारे देवता का हार हूँ मैं।

सुनूँ क्या सिन्धु! मैं गर्जन तुम्हारा?
स्वयं युग-धर्म का हुंकार हूँ मैं;
कठिन निर्घोष हूँ भीषण अशनि का,
प्रलय-गांडीव की टंकार हूँ मैं।

दबी-सी आग हूँ भीषण क्षुधा की,
दलित का मौन हाहाकार हूँ मैं;
सजग संसार, तू निज को सँभाले,
प्रलय का क्षुब्ध पारावार हूँ मैं।

बँधा तूफान हूँ, चलना मना है;
बँधी उद्दाम निर्झर-धार हूँ मैं;
कहूँ क्या, कौन हूँ? क्या आग मेरी?
बँधी है लेखनी, लाचार हूँ मैं।

(हुंकार, 1935)

गीत-शिशु

आशीर्वचन कहो मंगलमयि, गायन चले हृदय से,
दूर्वासन दो अवनि! किरण मृदु, उतरो नील निलय से।
बड़े यत्न से जिन्हें छिपाया, ये वे मुकुल हमारे,
जो अब तक बच रहे किसी विधि ध्वंसक इष्ट-प्रलय से।

ये अबोध कल्पक के शिशु क्या रीति जगत की जानें?
कुछ फूटे रोमांच-पुलक से, कुछ अस्फुट विस्मय से।
निज मधु-चक्र निचोड़ लगन से पाला इन्हें हृदय ने,
बड़े नाज से, बड़ी साध से, ममता, मोह प्रणय से।

चुन अपरूप विभूति सृष्टि की मैंने रूप सँवारा,
उडु से द्युति, गति बाल लहर से, सौरभ रुचिर मलय से।
सोते-जगते मृदुल स्वप्न में सदा किलकते आये,
नहीं उतारा कभी अंक से कठिन भूमि के भय से।

नन्हे अरुण चरण ये कोमल, क्षिति की परुष प्रकृति है,
मुझे सोच, पड़ जाय कहीं पाला न कुलिश निर्दय से।
अर्जित किया ज्ञान कब इनने, जीवन-दुख कब झेला?
अभी अबुध ये खेल रहे थे रजकण के संचय से।

सीख न पाये रेणु-रत्न का भेद अभी ये भोले,
मुट्ठी भर मिट्टी बदलेंगे कंचन-रचित वलय से।
कुछ न सीख पाये, तो भी रुक सके न पुण्य-प्रहर में,
घुटनों बल चल पड़े, पुकारा तुमने देवालय से।

रुन-झुन-झुन पैंजनी चरण में, केश कुटिल घुँघराले,
नील नयन देखो माँ! इनके दाँत धुले हैं पय से।
देख रहे अति चकित रत्न-मणियों के हार तुम्हारे,
विस्फारित निज नील नयन से, कौतुक-भरे हृदय से।

कुछ विस्मय, कुछ शील दृगों में, अभिलाषा कुछ मन में,
पर, न खोल पाते मुख लज्जित प्रथम-प्रथम परिचय से।
निपुण गायकों की रानी, इनकी भी एक कथा है,
सुन लो, क्या कहने आये हैं ये तुतली-सी लय से।

छूकर भाल वरद कर से, मुख चूम बिदा दो इनको;
आशिष दो, ये सरल गीत-शिशु विचरें अजर-अजय-से।
दिशि-दिशि विविध प्रलोभन जग में, मुझे चाह बस इतनी,
कभी निनादित द्वार तुम्हारा हो इनकी जय-जय से।

(रसवन्ती, 1939)

गीत-अगीत

गीत, अगीत, कौन सुन्दर है?

[1]

गाकर गीत विरह के तटिनी
वेगवती बहती जाती है,
दिल हलका कर लेने को
उपलों से कुछ कहती जाती है।
तट पर एक गुलाब सोचता,
"देते स्वर यदि मुझे विधाता,
अपने पतझर के सपनों का
मैं भी जग को गीत सुनाता।"
गा-गा कर बह रही निर्झरी,
पाटल मूक खड़ा तट पर है।
गीत, अगीत कौन सुन्दर है?

[2]

बैठा शुक उस घनी डाल पर
जो खोंते पर छाया देती,
पंख फूला नीचे खोंते में
शुकी बैठ अंडे है सेती।
गाता शुक जब किरण बसन्ती
छूती अंग पर्ण से छन कर,

किन्तु, शुकी के गीत उमड़कर
रह जाते सनेह में सनकर।

गूँज रहा शुक का स्वर, वन में,
फूला मग्न शुकी का पर है।
गीत, अगीत कौन सुन्दर है?

[3]

दो प्रेमी हैं यहाँ, एक जब
बड़े साँझ आल्हा गाता है,
पहला स्वर उसकी राधा को
घर से यहाँ खींच लाता है।
चोरी-चोरी खड़ी नीम की
छाया में छिपकर सुनती है,
'हुई न क्यों मैं कड़ी गीत की
बिधना?', यों मन में गुनती है।

वह गाता, पर किसी वेग से
फूल रहा इसका अन्तर है।
गीत, अगीत, कौन सुन्दर है?

(रसवन्ती, 1937)

बालिका से वधू

माथे में सेंदुर पर छोटी दो बिन्दी चमचम-सी,
पपनी पर आँसू की बूँदें मोती-सी, शबनम-सी।
लदी हुई कलियों से मादक टहनी एक नरम-सी,
यौवन की विनती-सी भोली, गुमसुम खड़ी शरम-सी।

पीला चीर, कोर में जिसकी चकमक गोटा-जाली,
चली पिया के गाँव उमर के सोलह फूलों वाली।
पी चुपके आनन्द, उदासी भरे सजल चितवन में,
आँसू में भींगी माया चुपचाप खड़ी आँगन में।

आँखों में दे आँख हेरती हैं उसको जब सखियाँ,
मुस्की आ जाती मुख पर, हँस देतीं रोती अँखियाँ।
पर, समेट लेती शरमाकर बिखरी-सी मुसकान,
मिट्टी उकसाने लगती है अपराधिनी-समान।

भींग रहा मीठी उमंग से दिल का कोना-कोना,
भीतर-भीतर हँसी देख लो, बाहर-बाहर रोना।
तू वह, जो झुरमुट पर आई हँसती कनक-कली-सी,
तू वह, जो फूटी मदिरा की निर्झरिणी पतली-सी।

तू वह, रच कर जिसे प्रकृति ने अपना किया सिंगार,
तू वह जो धूस में आई सबुज रंग की धार।
माँ की ढीठ दुलार! पिता की ओ लजवन्ती भोली,
ले जाएगी हिया की मणि को अभी पिया की डोली।

कहो, कौन होगा इस घर की तब शीतल उजियारी?
किसे देख हँस-हँस कर फूलेगी सरसों की क्यारी?
वृक्ष रीझ कर किसे करेंगे पहला फल अर्पण-सा?
झुकते किसको देख पोखरा चमकेगा दर्पण-सा?

किसके बाल ओज भर देंगे खुलकर मन्द पवन में?
पड़ जाएगी जान देखकर किसको चन्द्र-किरण में?
मँह-मँह कर मंजरी गले से मिल किसको चूमेगी?
कौन खेत में खड़ी फसल की देवी-सी झूमेगी?

बनी फिरेगी कौन बोलती प्रतिमा हरियाली की?
कौन रूह होगी इस धरती फल-फूलों वाली की?
हँसकर हृदय पहन लेता जब कठिन प्रेम-जंजीर,
खुलकर तब बजते न सुहागिन, पाँवों के मंजीर।

घड़ी गिनी जाती तब निशिदिन उँगली की पोरों पर,
प्रिय की याद झूलती है साँसों के हिंडोरों पर।
पलती है उर का रस पीकर सबसे प्यारी पीर,
बनती और बिगड़ती रहती पुतली में तसवीर।

पड़ जाता चस्का जब मोहक प्रेम-सुधा पीने का,
सारा स्वाद बदल जाता है दुनिया में जीने का।
मंगलमय हो पंथ सुहागिन, यह मेरा वरदान।
हरसिंगार की टहनी-से फूलें तेरे अरमान।

जगे हृदय को शीतल करने-वाली मीठी पीर,
निज को डुबो सके निज में, मन हो इतना गम्भीर।
छाया करती रहे सदा तुझको सुहाग की छाँह,
सुख-दुख में ग्रीवा के नीचे हो प्रियतम की बाँह।

पल-पल मंगल-लग्न, जिन्दगी के दिन-दिन त्योहार,
उर का प्रेम फूटकर हो आँचल में उजली धार।

(रसवन्ती, 1938)

नारी

खिली भू पर जब से तुम नारि,
कल्पना-सी विधि की अम्लान,
रहे फिर तब से अनु-अनु देवि!
लुब्ध भिक्षुक-से मेरे गान।

तिमिर में ज्योति-कली को देख
सुविकसित, वृन्तहीन, अनमोल;
हुआ व्याकुल सारा संसार,
किया चाहा माया का मोल।

हो उठी प्रतिभा सजग, प्रदीप्त,
तुम्हारी छवि ने मारा बाण;
बोलने लगे स्वप्न निर्जीव,
सिहरने लगे सुकवि के प्राण।

लगे रचने निज उर को तोड़
तुम्हारी प्रतिमा प्रतिमाकार,
नाचने लगी कला चहुँ ओर
भाँवरी दे-दे विविध प्रकार।

ज्ञानियों ने देखा सब ओर
प्रकृति की लीला का विस्तार;
सूर्य, शशि, उडु जिनकी नख-ज्योति,
पुरुष उन चरणों का उपहार।

अगम ‘आनन्द’-जलधि में डूब
तृषित ‘सत्-चित्’ ने पाई पूर्त्ति;
सृष्टि के नाभि-पद्म पर नारि!
तुम्हारी मिली मधुर रस-मूर्त्ति।

कुशल विधि-मानस का नवनीत,
एक लघु दिव-सी हो अवतीर्ण,
कल्पना-सी, माया-सी, दिव्य
विभा-सी भू पर हुई विकीर्ण।

दृष्टि तुमने फेरी जिस ओर
गयी खिल कमल-पंक्ति अम्लान;
हिंस्र मानव के कर से स्रस्त
शिथिल गिर गए धनुष औ' बाण।

हो गया मदिर दृगों को देख
सिंह-विजयी बर्बर लाचार,
रूप के एक तन्तु में नारि,
गया बँध मत्त गयन्द-कुमार

एक चितवन के शर ने देवि!
सिन्धु को बना दिया परिमेय,
विजित हो दृग-मद से सुकुमारि!
झुका पद-तल पर पुरुष अजेय।

कर्मियों ने देखा जब तुम्हें,
टूटने लगे शम्भु के चाप।
बेधने चला लक्ष्य गांडीव,
पुरुष के खिलने लगे प्रताप।

हृदय निज फरहादों ने चीर
बहा दी पय की उज्ज्वल धार,

आरती करने को सुकुमारि!
इन्दु को नर ने लिया उतार!

एक इंगित पर दौड़े शूर
कनक-मृग पर होकर हत-ज्ञान,
हुई ऋषियों के तप का मोल
तुम्हारी एक मधुर मुस्कान।

विकल उर को मुरली में फूँक
प्रियक-तरु-छाया में अभिराम,
बजाए हमने कितनी बार
तुम्हारा मधुमय 'राधा' नाम।

कढ़ीं यमुना से कर तुम स्नान,
पुलिन पर खड़ी हुईं कच खोल,
सिक्त कुन्तल से झरते देवि!
पिये हमने सीकर अनमोल!

तुम्हारे अधरों का रस प्राण!
वासना-तट पर पिया अधीर;
अरी ओ माँ, हमने है पिया
तुम्हारे स्तन का उज्ज्वल क्षीर।

पिया शैशव ने रस-पीयूष,
पिया यौवन ने मधु-मकरन्द;
तृषा प्राणों की पर, हे देवि!
एक पल को न सकी हो मन्द।

पुरुष पँखुड़ी को रहा निहार
अयुत जन्मों से छवि पर भूल,
आज तक जान न पाया नारि!
मोहिनी इस माया का मूल!

न छू सकते जिसको हम देवि!
कल्पना वह तुम अगुण, अमेय;
भावना अन्तर की वह गूढ़,
रही जो युग-युग अकथ, अगेय।

तैरतीं स्वप्नों में दिन-रात
मोहिनी छवि-सी तुम अम्लान,
कि जिसके पीछे-पीछे नारि!
रहे फिर मेरे भिक्षुक गान।

(रसवन्ती, 1936)

अगुरु-धूम

कल मुझे पूज कर चढ़ा गया,
अलि, कौन अपरिचित हृदय-हार?
मैं समझ न पायी गूढ़ भेद,
भर गया अगुरु का अन्धकार।

[1]

श्रुति को इतना भर याद, भिक्षु
गुनगुना रहा था मर्म-गान,
"आ रहा दूर से मैं निराश,
तुम दे पाओगी तृप्ति-दान?
यह प्रेम-बुद्ध के लिए भीख,
चाहिए नहीं धन, रूप, देह,
मैं याच रहा बलिदान पूर्ण,
है यहाँ किसी में सत्य स्नेह?
पुरनारि! तुम्हारे ग्राम-बीच
भगवान पड़े हैं निराहार।"
मैं समझ न पायी गूढ़ भेद,
भर गया अगुरु का अन्धकार।

[2]

सिहरा जानें क्यों मुझे देख,
बोला, "पूजेगी आज आस;
पहचान गया मैं सिद्धि देवि!

हो तुम्हीं यज्ञ का शुचि हुताश।
मैं अमित युगों से हेर रहा,
देखी न कभी यह विमल कान्ति,
ऐसी स्व-पूर्ण भ्रू-बँधी तरी,
ऐसी अमेय, निर्मोघ शान्ति।
नभ-सदृश चतुर्दिक् तुम्हें घेर
छा रहे प्रेम-प्रभु निराकार।"
मैं समझ न पायी गूढ़ भेद,
भर गया अगुरु का अन्धकार।

[3]

अपनी छवि में मैं आप लीन
रह गयी विमुख करते विचार,
'वाणी प्रशस्ति की नयी सीख
आया फिर कोई चाटुकार।'
पर, वीतराग-निभ चला भिक्षु
रचकर मेरा अर्चन-विधान;
कह, "चढ़ा चुका मैं पुष्प, अधिक
अब और सिद्धि क्या मूल्यवान?
फिर कभी खोजने आऊँगा, पद
पर जो रख जा रहा प्यार।"
मैं समझ न पाई गूढ़ भेद,
भर गया अगुरु का अन्धकार।

[4]

"अब और सिद्धि क्या मूल्यवान?"
मैं चौंक उठी सहसा अधीर;
फट गया गहन मन का प्रमाद,
आ लगा वह्नि का प्रखर तीर।
उठ विकल धूम के बीच दौड़
बोलूँ जबतक, "ठहरो किशोर!"

तब तक स्व-सिद्धि को शिला जान
था चला गया साधक कठोर।
मैंने देखा वह धूम-जाल,
मैंने पाया वह सुमन-हार;
पर, देख न पायी उन्हें सजनि!
भर गया अगुरु का अन्धकार।

[5]

तुम तो पथ के चिर-पथिक देव!
कब ले सकते किस घर विराम?
मैं ही न हाय,. पहचान सकी
करगत जीवन का स्वर्ण-याम।
है तृषित कौन? है जलन कहाँ?
मेघों को इसका नहीं ध्यान;
यह तो मिट्टी का भाग्य, कभी
मिल जाता उसको अमृत-दान।
फिरता न कभी मधुमास वही,
शत हृदय खिलाकर एक बार;
मैं समझ न पायी गूढ़ भेद,
भर गया अगुरु का अन्धकार।

[6]

चरणों पर कल जो चढ़ा गये
तुम देव! हृदय का मधुर प्यार,
मन में, पुतली में उसे सजा
मैं आज रही धो बार-बार;
जो तुम्हें एक दिन देख नहीं
पायी अपने भ्रम में विभोर,
आकर सुन लो टुक आज उसी
पाषाणी का क्रन्दन किशोर!
छिपकर तुम पूज गये उस दिन,
छिपकर उस दिन मैं गयी हार;

पर छिपा सकेगा अश्रु-ज्योति
क्या आज अगुरु का अन्धकार?

[7]

कल छोड़ गये जो दीप द्वार पर,
उर पर वह आसीन आज;
साधना-चरण की रेणु-हेतु
है विकल सिद्धि अति दीन आज।
मन की देवी को फूल चढ़ा,
चाहिए तुम्हें कुछ नहीं और;
पर, विजित सिद्धि के लिए कहाँ
साधक-चरणों के सिवा ठौर?
मैं भेद न सकती तिमिर-पुंज,
तुम सुन सकते न करुण पुकार;
साधना-सिद्धि के बीच हाय,
छा रहा अगुरु का अन्धकार।

[8]

मैं रह न गयी मानवी आज,
देवी कह तुमने की न भूल;
अन्तर का कंचन चमक उठा,
जल गयी मैल, झर गई धूल।
नव दीप्ति लिये नारीत्व जगा
यह पहन तुम्हारी विजय-माल;
कुछ नयी विभा ले फूल उठी
जीवन-विटपी की डाल-डाल।
देखे जग मुझमें आज स्त्रीत्व
का महामहिम पूर्णावतार,
मैं खड़ी चतुर्दिक् मुझे घेर
छा रहा अगुरु का अन्धकार।

[9]

कल सौंप गए जो मुझे प्रेम,
देखो उसका शृंगार आज;
मैं कनक-थाल भर खड़ी, बुद्ध-
हित ले जाओ उपहार आज;
सब भूल गयी, कुछ याद नहीं
तरुणी के मद की बात आज;
आओ, पग छू हो जाऊँगी
रमणी मैं रातों-रात आज।

माँ की ममता, तरुणी का व्रत,
भगिनी का लेकर मधुर प्यार,
आरती त्रिवर्तिक सजा करूँगी
भिन्न अगुरु का अन्धकार।

बह रही हृदय-यमुना अधीर
भर, उमड़ लबालब कोर-कोर,
आओ, कर लो नौका-विहार,
लौटो भिक्षुक, लौटो किशोर!

(रसवन्ती, 1939)

रास की मुरली

अभी तक कर पाई न सिंगार,
रास की मुरली उठी पुकार!

[1]

गई सहसा किस रस में भींग
वकुल-वन में कोकिल की तान?
चाँदनी में उमड़ी सब ओर
कहाँ के मद की मधुर उफान?
गिरा चाहता भूमि पर इन्दु
शिथिलवसना रजनी के संग;
सिहरते पग सकता न सँभाल
कुसुम-कलियों पर स्वयं अनंग।
ठगी-सी रुकी नयन के पास
लिए अंजन उँगली सुकुमार।
अचानक लगे नाचने मर्म,
रास की मुरली उठी पुकार।

[2]

रास की मुरली उठी पुकार।
साँझ तक तो पल गिनती रही,
कहीं तब डूब सका दिनमान;
आँजने जिस क्षण बैठी आँख,

मधुर वेला पहुँची यह आन।
सुहागिनियों में चुनकर एक
मुझे ही भूल गए क्या श्याम?
बुलाने को न बजाया आज
बाँसुरी में दुखिया का नाम।
बिताऊँ आज रैन किस भाँति?
पिन्हाऊँ किसे यूथिका-हार!
धरूँ कैसे घर बैठे धीर?
रास की मुरली उठी पुकार।

[3]

रास की मुरली उठी पुकार।
उठी उर में कोमल हिल्लोल
मोहिनी मुरली का सुन नाद,
लगा करने कैसे तो हृदय,
पड़ी, जानें, कैसी कुछ याद!
सकूँगी कैसे स्वयं सँभाल
तरंगित यौवन का रसवाह?
ग्रन्थि के ढीले कर सब बन्ध
नाचने को आकुल है चाह।
डोलती श्लथ कटि-पट के संग,
खुली रशना करती झनकार,
न दे पाई कंकन में कील,
रास की मुरली उठी पुकार।

[4]

साज-शृंगार?
छोड़ दौड़ो सब साज-सिंगार,
रास की मुरली रही पुकार।
अरी भोली मानिनि! इस रात
विनय-आदर का नहीं विधान,

अनामन्त्रित अर्पण कर देह
पूर्ण करना होगा बलिदान।

आज द्रोही जीवन का पर्व,
नगन उल्लासों का त्यौहार;
आज केवल भावों का लग्न,
आज निष्फल सारे श्रृंगार।

अलक्तक-पद का आज न श्रेय,
न कुंकुम की बेंदी अभिराम,
न सोहेगा अधरों में राग,
लोचनों में अंजन घनश्याम।

हृदय का संचित रंग उँड़ेल
सजा नयनों में अनुपम राग,
भींगकर नख-शिख तक सुकुमारि,
आज कर लो निज सुफल सुहाग।

पहन कर केवल मादक रूप
किरण-वसना परियों-सी नग्न,
नीलिमा में हो जाओ बाल,
तारिकामयी प्रकृति-सी मग्न।

यूथिका के ये फूल बिखेर
पुजारिन! बनो स्वयं उपहार,
पिन्हा बाँहों के मृदुल मृणाल
देवता की ग्रीवा का हार।

खोल बाँहें आलिंगन-हेतु
खड़ा संगम पर प्राणाधार;
तुम्हें कंकन-कुंकुम का मोह,
और यह मुरली रही पुकार।

[5]

रास की मुरली रही पुकार!

महालय का यह मंगल-काल,
आज भी लज्जा का व्यवधान?
तुम्हें तनु पर यदि नहीं प्रतीति,
भेज दो अपने आकुल प्रान।

कहीं हो गया द्विधा में शेष
आज मोहन का मादक रास,
सफल होगा फिर कब सुकुमारि!
तुम्हारे यौवन का मधुमास?

रही बज आमन्त्रण के राग
श्याम की मुरली नित्य-नवीन,
विकल-सी दौड़-दौड़ प्रति काल
सरित हो रही सिन्धु में लीन।

रहा उड़ तज फेनिल अस्तित्व
रूप पल-पल अरूप की ओर,
तीव्र होता ज्यों-ज्यों जय-नाद,
बढ़ा जाता मुरली का रोर।

सनातन महानन्द में आज
बाँसुरी-कंकन एकाकार,
बहा जा रहा अचेतन विश्व,
रास की मुरली रही पुकार।

(रसवन्ती, 1937)

पुरुष-प्रिया

मैं तरुण भानु-सा अरुण भूमि पर उतरा रुद्र-विषाण लिये,
सिर पर ले वह्नि-किरीट, दीप्ति का तेजवन्त धनु-बाण लिये।
स्वागत में डोली भूमि, त्रस्त भूधर ने हाहाकार किया,
वन की विशीर्ण अलकें झकोर झंझा ने जयजयकार किया।

नाचती चतुर्दिक् घूर्णि चली, मैं जिस दिन चला विजय-पथ पर,
नीचे धरती निर्वाक् हुई, सिहरा अशब्द ऊपर अम्बर।
मुक्ता ले सिन्धु शरण आया, मैंने जब किया सलिल-मन्थन।
मेरे इंगित पर उगल दिये भू ने उर के फल, फूल, रतन।

दिग्विदिक् सृष्टि के पर्ण-पर्ण पर मैंने निज इतिहास लिखा,
दिग्विदिक् लगी करने प्रदीप्त मेरे पौरुष की अरुण शिखा।
मैं स्वर्ग-देश का जयी वीर, भू पर छाया शासन मेरा;
हाँ, किया वहन नतभाल, दमित मृगपति ने सिंहासन मेरा।

कर दलित चरण से अद्रि-भाल, चीरते विपिन का मर्म सघन,
मैं विकट, धनुर्धर, जयी वीर, था घूम रहा निर्भय रण-वन!
उर के मन्थन की दर्द-भरी घड़ियों से थी पहचान नहीं।
सुमनों से हारे भीम शैल, तबतक था इतना ज्ञान नहीं।

चूमे जिसको झुक अहंकार, वह कली, स्यात्, तबतक न खिली;
लज्जित हो अनल-किरीट, चाँदनी तबतक थी ऐसी न मिली।
सहसा आई तुम मुझ अजेय को हंसकर जय करनेवाली,
आधी मधु, आधी सुधा-सिक्त चितवन का शर भरनेवाली।

मैं युवा सिंह से खेल रहा था एक प्रात निर्झर-तट पर,
तुम उगी तीर पर माया-सी लघु कनक-कुम्भ साजे कटि पर।
लघु कनक-कुम्भ कटि पर साजे, दृग-बीच तरल अनुराग लिये;
चरणों में ईषत् अरुण, क्षीण, जलधौत अलक्तक-राग लिए।

सद्यःस्नाता, मद-भरित, सिक्त सरसीरुह की अम्लान कली,
अक्षता, सद्य, पाताल-जनित मदिरा की निर्झरिणी पतली।
मैं चकित देखने लगा तुम्हें, तुमने विस्मित मुझको देखा;
पल-भर हम पढ़ते रहे पूर्व युग का विस्मृत, धूमिल लेखा।

तुम नयी किरण-सी लगी, मुझे सहसा अभाव का ध्यान हुआ,
जिस दिन देखा यह हरित स्रोत, अपने ऊसर का ज्ञान हुआ।
मैं रहा देखता निर्निमेष, तुम खड़ी रही अपलक-चितवन,
नस-नस जृम्भा संचरित हुई, संत्रस्त, शिथिल उर के बन्धन।

सहसा बोली, 'प्रियतम!' अधीर, श्लथ कटि से गिरा कलस तेरा,
गिर गये बाण, गिर गया धनुष, सिहरा यौवन का रस मेरा।
'प्रियतम', 'प्रियतम', रसकूक मधुर कब की श्रुत-सी, कुछ जानी-सी,
'प्रियतम', 'प्रियतम', रूपसी कौन तुम युग-युग की पहचानी-सी?

उमड़ा व्याकुल यौवन विबन्ध, उर की तन्त्री झनकार उठी;
सब ओर सृष्टि में निकट-दूर 'प्रियतम' की मधुर पुकार उठी।
तुम अर्द्ध चेतना में बोली, "मैं खोज थकी, तुम आ न सके,
लद गई कुसुम से डाल, किन्तु, अबतक तुम हृदय लगा न सके।

"सीखा यह निर्दय खेल कहाँ? तुम तो न कभी थे निठुर पिया।"
मैं चकित, भ्रमित कुछ कह न सका, मुख से निकले दो वर्ण, 'प्रिया'।
दो वर्ण 'प्रिया', यह मधुर नाम रसना की प्रथम ऋचा निर्मल,
उल्लसित हृदय की प्रथम वीचि, सुरसरि का बिन्दु प्रथम उज्ज्वल।

नर की यह चकित पुकार 'प्रिया', जब पहली दृष्टि पड़ी रानी,
जिस दिन मन की कल्पना उतर भू पर हो गयी खड़ी रानी।

विस्मय की चकित पुकार 'प्रिया', जब तुम नीलिमा गगन की थी;
जब कर-स्पर्श से दूर अगुण रस-प्रतिमा स्वप्न-मगन की थी;

जब पुरुष-नयन में वह्नि नहीं, था विस्मय-जड़ित कुतुक केवल;
जब तुम अचुम्बिता, दूर-ध्वनित थी किसी सुरा का मद-कलकल।
विस्मय की चकित पुकार 'प्रिया', जिस दिन तुम थी केवल नारी;
नर की ग्रीवा का हार नहीं भुजबँधी वल्लरी सुकुमारी।

दो वर्ण 'प्रिया', यह नाद उषा सुनती शिखरों पर प्रथम उतर;
दो वर्ण 'प्रिया', कुछ मन्द-मन्द इस ध्वनि से ध्वनित गहन अम्बर।
दो वर्ण 'प्रिया', संध्या सुनती झुक अतल मौन सागर-तल में;
सुन-सुन कर हृदय पिघल जाता इसका गुंजन दृग के जल में।

सुन रहीं दिशाएँ मौन खड़ी, सुन रही मग्न नभ की बाला;
सुन रहे चराचर, किन्तु एक सुनता न पुरुष कहनेवाला।
अकलंक प्राण का सम्बोधन सुनते जो कर्ण अजान प्रिये,
तो पुरुष-प्रिया के बीच आज मिलता न एक व्यवधान प्रिये।

व्यवधान वासना का कराल, जगते जो आग लगाती है;
जो तप्त शाप-विष फूँक सरल नयनों को हिंस्र बनाती है।
उन आँखों का व्यवधान, ज्ञात जिनको न रहस्यों का गोपन,
देखा कुछ कहीं कि कह आतीं सब कुछ प्राणों के भवन-भवन।

उत्सुक नर का व्यवधान, शृंग लख जिसे सूझता आरोहण
जल-राशि देख संतरण और वन सघन देख कर अन्वेषण।
अम्बर का देख वितान उड़ा, 'यह नील-नील ऊपर क्या है?'
मिट्टी खोदी यह सोच, "गुप्त इस वसुधा के भीतर क्या है?"

जिस दिवस अवारित प्रेम-सदन में विस्मित, चकित पुरुष आया,
माणिक्य देख धीरता तजी, मुक्ता-सुवर्ण पर ललचाया।
क्या ले, क्या छोड़े रत्नराशि का भेद नहीं लघु जान सका,
वह लिया कि जिसमें तृप्ति नहीं, पाना था जो वह पा न सका।

पा सका न मन का द्वार, लुब्ध भग चला कुसम का तन लेकर,
ग्रीवा-विलसित मन्दार-हार का दलन किया चुम्बन ले कर।
जीवन पर प्रसरित खिली चाँदनी को पीने की चाह इसे,
शशि का रस सकल निचोड़ बुझे, वह कठिन, चिरन्तन दाह इसे।

तरुणी-उर को कर चूर्ण खोजने लगा सुरभि का कोष कहाँ?
प्रतिमा विदीर्ण कर ढूँढ़ रहा, वरदान कहाँ? सन्तोष कहाँ?
खोजते मोह का उत्स पुरुष ने सारी आयु वृथा खोई;
इससे न अधिक कुछ जान सका, तुम-सा न कहीं सुन्दर कोई।

सब ओर तीव्र-गति घूम रहा युग-युग से व्यग्र पुरुष चंचल,
तुम चिर-चंचल के बीच खड़ी प्रतिमा-सी सस्मित, मौन, अचल।
सुन्दर थी तुम जब पुरुष चला, सुन्दर अब भी जब कल्प गया;
जा रहा सकल श्रम व्यर्थ, नहीं मिलता आगे कुछ ज्ञान नया।

जब-जब फिर आता पुरुष श्रान्त, तब तुम कहती रसमग्न 'प्रिया!'
मिलती न उसे फिर बात नयी, मुख से कढ़ते दो वर्ण 'प्रिया!'

(रसवन्ती, 1939)

आश्वासन

[1]

तृषित! धर धीर मरु में
कि जलती भूमि के उर में
कहीं प्रच्छन्न जल हो।
न रो यदि आज तरु में
सुमन की गन्ध तीखी,
स्यात, कल मधुपूर्ण फल हो।

[2]

नए पल्लव सजीले,
खिले थे जो वनश्री को
मसृण परिधान देकर;
हुए वे आज पीले,
प्रभंजन भी पधारा कुछ
नया वरदान लेकर।

[3]

दुखों की चोट खाकर
हृदय जो कूप-सा जितना
अधिक गंभीर होगा;
उसी में वृष्टि पा कर
कभी उतना अधिक संचित
सुखों का नीर होगा।

[4]

सुधा यह तो विपिन की,
गरजती निर्झरी जो आ
रही पर्वत-शिखर से।
वृथा यह भीति घन की,
दया-घन का कहीं तुझ
पर शुभाशीर्वाद बरसे।

[5]

करें क्या बात उसकी,
कड़क उठता कभी जो
व्योम में अभिमान बनकर?
कृपा पर, ज्ञात उसकी,
उतरता वृष्टि में जो सृष्टि
का कल्याण बनकर।

[5]

सदा आनन्द लूटें,
पुलक-कलिका चढ़ा या
अश्रु से पद-पद्म धोकर;
तुम्हारे बाण छूटें,
झुके हैं हम तुम्हारे हाथ
में कोदण्ड होकर।

(रसवन्ती, 1936)

कवि

ऊषा थी युग से खड़ी लिये प्राची में सोने का पानी,
सर में मृणाल-तूलिका, तटी में विस्तृत दूर्वा-पट धानी।
खींचता चित्र पर कौन? छेड़ती राका की मुसकान किसे?
बिम्बित होते सुख-दुख, ऐसा अन्तर था मुकुर-समान किसे?

दन्तुरित केतकी की छवि पर था कौन मुग्ध होनेवाला?
रोती कोयल थी खोज रही स्वर मिला संग रोनेवाला।
अलि की जड़ सुप्त शिराओं को थी कली विकल उकसाने को,
आकुल थी मधु वेदना विश्व की अमर गीत बन जाने को।

थी व्यथा किसे प्रिय? कौन मोल करता आँखों के पानी का?
नयनों को था अज्ञात अर्थ तब तक नयनों की वाणी का।
उर के क्षत का शीतल प्रलेप कुसुमों का था मकरन्द नहीं;
विहगों के आँसू देख फूटते थे मनुजों के छन्द नहीं।

मृगदृगी वन्य-कन्या कर पायी थी मृगियों से प्यार नहीं,
हाँ, प्रकृति-पुरुष तब तक मिल हो पाये थे एकाकार नहीं।
शैथिल्य देख कलियाँ रोयीं, अन्तर से सुरभित आह उठी;
ऊसर ने छोड़ी साँस, एक दिन धरणी विकल कराह उठी।

यों विधि-विधान को दुखी देख वाणी का आनन म्लान हुआ;
उर को स्पन्दित करनेवाले कवि के अभाव का ज्ञान हुआ।
आह टकरायी सुर-तरु में, पुष्प आ गिरा विश्व-मरु में।

कवि! पारिजात के छिन्न कुसुम तुम स्वर्ग छोड़ भू पर आये,
उर-पद्म-कोष में छिपा दिव्य नन्दनवन का सौरभ लाये।

जिस दिन तमसा-तट पर तुमने दी फूँक बाँसुरी अनजाने,
शैलों की श्रुतियाँ खुलीं, लगे नीड़ों में खग उठ-उठ गाने।

फूलों को वाणी मिली, चेतना पा हरियाली डोल गई,
पुलकातिरेक में कली भ्रमर से व्यथा हृदय की बोल गई।
प्राणों में कम्पन हुआ, विश्व की सिहर उठी प्रत्येक शिरा;
तुम से कुछ कहने लगी स्वयं तृण-तृण में हो साकार गिरा।

निर्झर-मुख पर चढ़ गया रंग सुनहरी उषा के पानी का;
उग गया चित्र हिम-बिन्दु-पूर्ण किसलय पर प्रणय-कहानी का।
अंकुरित हुआ नव प्रेम, कंटकित काँप उठीं युवती वसुधा;
रस-पूर्ण हुआ उर-कोष, दृगों में छलक पड़ी सौन्दर्य-सुधा।

कवि! तुम अनंग बनकर आये फूलों के मृदु-शर-चाप लिये,
चिर-दुखी विश्व के लिए प्रेम का एक और संताप लिये।
सीखी जगती ने जलन, प्रेम पर जब से वलि होना सीखा;
फूलों ने बाहर हँसी और भीतर-भीतर रोना सीखा।

उच्छ्वासों से गल मोम हुई ऊसर की पाषाणी कारा;
सींचने चली संसार तुम्हारे उर की सुधा-मधुर धारा।
तुमने जो सुर में भरा, शिशिर-क्रन्दन में भी आनन्द मिला;
रसवती हुई वेदना, आँसुओं में जग को मकरन्द मिला।

मेघों पर चढ़ कर प्रिया पास प्रेमी की व्याकुल आह चली;
वन-वन दमयन्ती विकल खोजती निर्मोही की राह चली।
कवि! स्वर्ग-दूत या चरम स्वप्न विधि का तुमको सुकुमार कहें?
नन्दन-कानन का पुष्प, व्यथा जग का या राजकुमार कहें?

विधि ने भूतल पर स्वर्ग-लोक रचने का दे सामान तुम्हें;
अपनी त्रुटि को पूरी करने का दिया दिव्य वरदान तुम्हें।
सब कुछ देकर भी चिर-नवीन, चिर-ज्वलित व्यथा का रोग दिया;
फूलों से रचकर गात, भाग्य में लिख शूलों का भोग-दिया।

जीवन का रस-पीयूष नित्य जग को करना है दान तुम्हें,
हे नीलकंठ! सन्तोष करो, था लिखा गरल का पान तुम्हें।
कितना जीवन-रस पिला-पिला पाली तुमने कविता प्यारी?
कवि! गिनो, घाव कितने बोलो, उर-बीच उगे बारी-बारी?

सूने में रो-रो बहा चुके जग का कितना उपहास कहो?
दुनिया कहती है गीत जिन्हें, उन गीतों का इतिहास कहो।
दाएँ कर से जल को उछाल तट पर बैठे क्यों मौन? अरे!
बाएँ कर से मुख ढाँक लिया, चिन्ता जागी यह कौन? हरे!

किरणें लहरों से खेल रहीं, मेरे कवि! आह, नयन खोलो;
क्यों सिसक-सिसक रो रहे? हाय, हे देवदूत, यह क्या बोलो?
"आँखों से पूछो, स्यात्, आँसुओं में गीतों का भेद मिले;
मुझको इतना भर ज्ञात, व्यथा जब हरी हुई, सब वेद मिले।

"पाली मैंने जो आग, लगा उसको युग का जादू-टोना;
फूटती नहीं, हाँ जला रही चुपके उर का कोना-कोना।
आँखें जो कुछ हैं देख रहीं, उनका कहना भी पाप मुझे;
क्या से क्या होगा विश्व, यही चिन्ता, विस्मय, सन्ताप मुझे।

"मुझको न याद, किस दिन मैंने किस अमर व्यथा का पान किया;
दुनिया कहती है गीत, रुदन कर मैंने साँझ-विहान किया।"

* * *

आँसू पर देता विश्व हृदय का कोहिनूर उपहार नहीं;
रोओ कवि! दैवी व्यथा विश्व में पा सकती उपचार नहीं।

रोओ, रोनो वरदान यहाँ प्राणों का आठों याम हुआ;
रोओ, धरणी का मथित हलाहल पीकर ही नभ श्याम हुआ।
खारी लहरों पर, स्यात्, कहीं आशा का तिरता कोक मिले;
रोओ कवि! आँसू-बीच, स्यात्, धरणी को नव आलोक मिले।

(रसवन्ती, 1935)

प्रभाती

रे प्रवासी, जाग, तेरे
देश का संवाद आया।

[1]

भेदमय सन्देश सुन पुलकित
खगों ने चंचु खोली;
प्रेम से झुक-झुक प्रणति में
पादपों की पंक्ति डोली;
दूर प्राची की तटी से
विश्व के तृण-तृण जगाता;
फिर उदय की वायु का वन में
सुपरिचित नाद आया।
रे प्रवासी, जाग, तेरे
देश का संवाद आया।

[2]

व्योम-सर में हो उठा विकसित
अरुण आलोक-शतदल;
चिर-दुखी धरणी विभा में
हो रही आनन्द-विह्वल।
चूमकर प्रति रोम से सिर
पर चढ़ा वरदान प्रभु का,
रश्मि-अंजलि में पिता का

स्नेह-आशीर्वाद आया।
	रे प्रवासी, जाग, तेरे
	देश का संवाद आया।

[3]

सिन्धु-तट का आर्य भावुक
आज जग मेरे हृदय में,
खोजता उद्गम विभा का
दीप्त-मुख विस्मित उदय में;
उग रहा जिस क्षितिज-रेखा
से अरुण, उसके परे क्या?
एक भूला देश धूमिल-
सा मुझे क्यों याद आया?
	रे प्रवासी, जाग, तेरे
	देश का संवाद आया।

(रसवन्ती, 1936)

अगेय की ओर

गायक, गान, गेय से आगे
मैं अगेय स्वन का श्रोता मन।

[1]

सुनना श्रवण चाहते अब तक
भेद हृदय जो जान चुका है,
बुद्धि खोजती उन्हें, जिन्हें जीवन
निज को कर दान चुका है।
खो जाने को प्राण विकल हैं
चढ़ उन पद-पद्मों के ऊपर;
बाहु-पाश से दूर जिन्हें विश्वास
हृदय का मान चुका है।

जोह रह उनका पथ दृग,
जिनको पहचान गया है चिन्तन।
गायक, गान, गेय से आगे
मैं अगेय स्वन का श्रोता मन।

[2]

उछल-उछल बह रहा अगम की
ओर अभय इन प्राणों का जल;
जन्म-मरण की युगल घाटियाँ
रोक रहीं जिसका पथ निष्फल।

मैं जल-नाद श्रवण कर चुप हूँ;
सोच रहा यह खड़ा पुलिन पर;
है कुछ अर्थ, लक्ष्य इस रव का।
या 'कुल-कुल, कल-कल' ध्वनि केवल?

दृश्य, अदृश्य कौन सत् इनमें?
मैं या प्राण-प्रवाह चिरन्तन?
गायक, गाय, गेय से आगे
मैं अगेय स्वन का श्रोता मन।

[3]

जलकर चीख उठा वह कवि था,
साधक जो नीरव तपने में;
गाए गीत खोल मुँह क्या वह
जो खो रहा स्वयं सपने में?
सुषमाएँ जो देख चुका हूँ
जल-थल में, गिरि, गगन, पवन में,
नयन मूँद अन्तर्मुख जीवन
खोज रहा उनको अपने में!

अन्तर्-वहिर् एक छवि देखी,
आकृति कौन? कौन है दर्पण?
गायक, गान, गेय से आगे
मैं अगेय स्वन का श्रोता मन।

[4]

चाह यही छू लूँ स्वप्नों की
नग्न कान्ति बढ़कर निज कर से;
इच्छा है, आवरण स्रस्त हो
गिरे दूर अन्तःश्रुति पर से।
पहुँच अगेय-गेय-संगम पर

सुनूँ मधुर वह राग निरामय,
फूट रहा जो सत्य, सनातन
कविर्मनीषी के स्वर-स्वर से।

गीत बनी जिनकी झाँकी,
अब दृग में उन स्वप्नों का अंजन।
गायक, गान, गेय से आगे
मैं अगेय स्वन का श्रोता मन।

(रसवन्ती, 1937)

प्रतीक्षा

अयि संगिनी सुनसान की!

[1]

मन में मिलन की आस है,
दृग में दरस की प्यास है,
पर, ढूँढ़ता फिरता जिसे,
उसका पता मिलता नहीं,
झूठे बनी धरती बड़ी,
झूठा बृहत् आकाश है।
मिलती नहीं जग में कहीं
प्रतिमा हृदय के गान की
अयि संगिनी सुनसान की

[2]

तुम जानती सब बात हो,
दिन हो कि आधी रात हो,
मैं जागता रहता कि कब
मंजीर की आहट मिले,
मेरे कमल-वन में उदय
किस काल पुण्य-प्रभात हो।
किस लग्न में हो जाए कब
जानें कृपा भगवान की।
अयि संगिनी सुनसान की

[3]

मुख में हँसी, मन म्लान है,
उजड़े घरों में गान है,
जग ने सिखा रक्खा, गरल
पीकर सुधा-वर्षण करो,
मन में पचा ले आह जो,
सब से वही बलवान है।
उर में पुरातन पीर, मुख
पर द्युति नई मुस्कान की।
अयि संगिनी सुनसान की!

(रसवन्ती, 1936)

शेष गान

संगिनि, जी भर गा न सका मैं।

[1]

गायन एक व्याज इस मन का,
मूल ध्येय दर्शन जीवन का।
रँगता रहा गुलाब, पटी पर अपना चित्र उठा न सका मैं।

[2]

इन गीतों में रश्मि अरुण है,
बाल ऊर्मि, दिनमान तरुण है।
बँधे अमित अपरूप रूप, गीतों में स्वयं समा न सका मैं।

[3]

बँधे सिमट कुछ भाव प्रणय के,
कुछ भय, कुछ विश्वास हृदय के,
पर, इन से जो परे तत्व, वर्णों में उसे बिठा न सका मैं।

[4]

घूम चुकी कल्पना गगन में,
विजय विपिन, नन्दन-कानन में।
अग-जग घूम थका, लेकिन, अपने घर अब तक आ न सका मैं।

[5]

गाता गीत विजय-मद-माता,
मैं अपने तक पहुँच न पाता।
स्मृति-पूजन में कभी देवता को दो फूल चढ़ा न सका मैं

[6]

परिधि-परिधि मैं घूम रहा हूँ,
गन्ध-मात्र से झूम रहा हूँ।
जो अपीत रस-पात्र अचुम्बित; उस पर अधर लगा न सका मैं।

[7]

सम्मुख एक ज्योति झिलमिल है,
हँसता एक कुसुम खिलखिल है।
देख-देख मैं चित्र बनाता, फिर भी चित्र बना न सका मैं।

[8]

पट पर पट मैं खींच हटाता,
फिर भी कुछ अदृश्य रह जाता।
यह मायामय भेद कौन? मन को अब तक समझा न सका मैं।

[9]

पल-पल दूर देश है कोई,
अन्तिम गान शेष है कोई,
छाया देख जिसकी, काया का परिचय पा न सका मैं।

[10]

उड़े जा रहे पंख पसारे,
गीत व्योम के कूल-किनारे,
उस अगीत की ओर, जिसे प्राणों से कभी लगा न सका मैं।

[11]

जिस दिन वह स्वर में आयेगा,
शेष न फिर कुछ रह जायेगा,
कहकर उसे कहूँगा वह, जो अब तक कभी सुना न सका मैं।

(रसवन्ती, 1939)

द्वन्द्व-गीत

[1]

तारे लेकर जलन, मेघ आँसू का पारावार लिये,
संध्या लिये विषाद, पुजारिन उषा विफल उपहार लिये,
हँसे कौन? तुझको तजकर जो चला, वही हैरान चला,
रोती चली बयार, हृदय में मैं भी हाहाकार लिये।

[2]

देखें तुझे किधर से आकर? नहीं पन्थ का ज्ञान हमें।
बजती कहीं बाँसुरी तेरी, बस, इतना ही भान हमें।
शिखरों से ऊपर उठने देती न हाय, लघुता अपनी;
मिट्टी पर झुकने देता है देव, नहीं अभिमान हमें।

[3]

एक चाह है, जान सकूँ, यह छिपा हुआ दिल में क्या है।
सुनकर भी न समझ पाया इस आखर अनमिल में क्या है।
ऊँचे-टीले पन्थ सामने, अब तक तो विश्राम नहीं,
यही सोच बढ़ता जाता हूँ, देखूँ, मंजिल में क्या है।

[4]

चलने दे रेती खराद की, रुके नहीं यह क्रम तेरा।
अभी फूल मोती पर गढ़ दे, अभी वृत्त का दे घेरा।
जीवन का यह दर्द मधुर है, तू न व्यर्थ उपचार करे।
किसी तरह ऊषा तक टिमटिम जलने दे दीपक मेरा।

[5]

क्या पूछूँ खद्योत, कौन सुख चमक-चमक छिप जाने में?
सोच रहा कैसी उमंग है जलते-से परवाने में।
हाँ, स्वाधीन सुखी हैं, लेकिन, ओ व्याधा के कीर, बता,
कैसा है आनन्द जाल में तड़प-तड़प रह जाने में?

[6]

छूकर परिधि-बन्ध फिर आते विफल खोज आह्वान तुम्हें।
सुरभि-सुमन के बीच देव, कैसे भाता व्यवधान तुम्हें?
छिपकर किसी पर्ण-झुरमुट में कभी-कभी कुछ बोलो तो;
कब से रहे पुकार सत्य के पथ पर आकुल गान तुम्हें!

[7]

चलना पड़ा बहुत, देखा था जब तक यह संसार नहीं,
इस घाटी में भी रुक पाया मेरा यह व्यापार नहीं।
कुदूँगा निर्वाण-जलधि में कभी पार कर इस जग को,
जब तक शेष पन्थ, तब तक विश्राम नहीं, उद्धार नहीं।

[8]

दिये नयन में अश्रु, हृदय में भला किया जो प्यार दिया,
मुझमें मुझे मग्न करने को स्वप्नों का संसार दिया।
सब-कुछ दिया मूक प्राणों को वंशी में वाणी देकर,
पर क्यों हाय, तृषा दी, उर में भीषण हाहाकार दिया?

[9]

विभा, विभा, ओ विभा हमें दे, किरण! सूर्य! दे उजियाली।
आह! युगों से घेर रही मानव-शिशु को रजनी काली।
प्रभो! रिक्त यदि कोष विभा का, तो फिर इतना ही कर दे;
दे जगती को फूँक, तनिक झिलमिला उठे यह अँधियाली।

[10]

तू, वह, सब एकाकी आये, मैं भी चला अकेला था;
कहते जिसे विश्व, वह तो इन असहायों का मेला था।
पर, कैसा बाजार? विदा-दिन हम क्यों इतना लाद चले?
सच कहता हूँ, जब आया, तब पास न एक अधेला था।

[11]

मैं रोता था हाय, विश्व हिमकण की करुण कहानी है।
सुन्दरता जलती मरघट में, मिटती यहाँ जवानी है।
पर, बोला कोई कि जरा मोती की ओर निहारो तो।
दो दिन ही हो सही, किन्तु, देखो कैसा यह पानी है!

[12]

कलिके, मैं चाहता तुम्हें उतना जितना यह भ्रमर नहीं,
अरी, तटी की दूब, मधुर तू उतनी जितना अधर नहीं;
किसलय, तू भी मधुर, चन्द्रवदनी निशि, तू मादक रानी।
दुख है, इस आनन्द-कुंज में मैं ही केवल अमर नहीं।

[13]

दूब-भरी इस शैल-तटी में उषा विहँसती आयेगी,
युग-युग कली हँसेगी, युग-युग कोयल गीत सुनायेगी,
घुल-मिल चन्द्र-किरण में बरसेगी भू पर आनन्द-सुधा,
केवल मैं न रहूँगा, यह मधु-धार उमड़ती जायेगी।

[14]

बिछुड़े मित्र, छला मैत्री ने, जग ने अगणित शाप दिये;
अश्रु पोंछ तू दूब-फूल से मन बहलाती रही प्रिये।
भूलूँगा न प्रिया की चितवन, मैत्री की शीतल छाया,
जाऊँगा जगती से, लेकिन, तेरी भी तसवीर लिये।

[15]

यह फूलों का देश मनोरम कितना सुन्दर है रानी!
इससे मधुर स्वर्ग? परियाँ तुझ-सी क्या सुन्दर कल्याणी?
अरे, मरूँगा कल तो फिर क्यों आज नहीं रसधार बहे?
फूल-फूल पर फिरे न क्यों कविता तितली-सी दीवानी?

[16]

पाटल-सा मुख, सरल, श्याम दृग जिनमें कुछ अभिमान नहीं,
सरल मधुर वाणी जिससे मादक कवियों के गान नहीं;
रेशम के तारों से चिकने बाल, हृदय की क्या जानूँ?
आँखें मुग्ध देखतीं, रहता पाप-पुण्य का ध्यान नहीं।

[17]

ये नवनीत-कपोल, गुलाबों की जिनमें लाली खोयी;
ये नलिनी-से नयन, जहाँ काजल बन लघु अलिनी सोयी;
कोंपल से अधरों को रँगकर कब वसन्त-कर धन्य हुआ?
किस विरही ने तनु की यह धवलिमा आँसुओं में धोयी?

[18]

युग-युग से तूलिका चित्र खींचते विफल, असहाय थकी,
उपमा रही अपूर्ण, निखिल सुषमा चरणों पर आन झुकी।
बार-बार कुछ गाकर कुछ की चिन्ता में कवि दीन हुआ;
सुन्दरि! कहाँ कला अबतक भी तुझे छन्द में बाँध सकी?

[19]]

उतरी दिव्य-लोक से भू पर तू बन देवि! सुधा-सलिला,
प्रथम किरण जिस दिन फूटी थी, उस दिन पहला स्वप्न खिला।
फूटा कवि का कण्ठ, प्रथम मानव के उर की खिली कली,
मधुर ज्योति जगती में जागी, सत्-चित् को आनन्द मिला।

[20]

जिस दिन बजे चरण के नूपुर, मुखर हृदय को पीर हुई,
चौंक उठे ये प्राण, शिराएँ उर की विकल अधीर हुई।
तूने बन्दी किया हृदय में, देवि, मुझे तो स्वर्ग मिला,
आलिंगन में बँधा और ढीली जग की जंजीर हुई।

[21]

तू मानस की मधुर कल्पना, वाणी की झंकार सखी!
गानों का अन्तर्गायन तू प्राणों की गुंजार सखी!
मैं अजेय सोचा करता हूँ, क्यों पौरुष बलहीन यहाँ?
सब कुछ होकर भी आखिर हूँ चरणों का उपहार सखी!

[22]

खोज रही तितली-सी वन-वन तुम्हें कल्पना दीवानी;
रँगती चित्र बैठ निर्जन में रूपसि! कविता कल्याणी।
मैं निर्धन ऊँघती कली-से स्वप्न बिछा निर्जन पथ पर
बाट जोहता हूँ कुटीर में आओ अलका की रानी!

[23]

आह, चाहता मैं क्यों जाये जग से कभी वसन्त नहीं?
आशा-भरे स्वर्ण-जीवन का किसी रोज हो अन्त नहीं?
था न कभी, तो फिर क्या चिन्ता, आगे कभी नहीं हूँगा?
यदि पहले था, तो क्या हूँगा अब से अरे, अनन्त नहीं?

[24]

भू की झिलमिल रजत-सरित ही घटा गगन की काली है;
मेंहदी के उर की लाली ही पत्तों में हरियाली है;
जुगनू की लघु विभा दिवा में कलियों की मुसकान हुई;
उडु को ज्योति उसी ने दी, जिसने निशि को अँधियाली है।

[25]

जीवन ही कल मृत्यु बनेगा, और मृत्यु ही नव-जीवन,
जीवन-मृत्यु-बीच तब क्यों द्वन्द्वों का यह उत्थान-पतन?
ज्योति-विन्दु चिर नित्य अरे, तो धूल बनूँ या फूल बनूँ,
जीवन दे मुसकान जिसे, क्यों उसे कहो दे अश्रु मरण?

[26]

जाग प्रिये! यह अमा स्वयं बालारुण-मुकुट लिये आयी,
जल, थल, गगन, पवन, तृण, तरु पर अभिनव एक विभा छायी;
मधुपों ने कलियों को पाया, किरणें लिपट पड़ीं जल से,
ईर्ष्यावती निशा अब बीती, चकवा ने चकवी पायी।

[27]

दो अधरों के बीच खड़ी थी भय की एक तिमिर-रेखा,
आज ओस के दिव्य कणों में धुल उसको मिटते देखा।
जाग, प्रिये! निशि गयी, चूमती पलक उतरकर प्रात-विभा,
जाग, लिखे चुम्बन से हम जीवन का प्रथम मधुर लेखा।

[28]

अधर-सुधा से सींच, लता में कटुता कभी न आयेगी,
हँसनेवाली कली एक दिन हँसकर ही झर जायेगी।
जाग रहे चुम्बन में तो क्यों नींद न स्वप्न मधुर होगी?
मादकता जीवन की पीकर मृत्यु मधुर बन जायेगी।

[29]

और नहीं तो क्यों गुलाब की गमक रही सूखी डाली?
सुरा बिना पीते मस्ताने धो-धो क्यों टूटी प्याली?
उगा अरुण प्राची में तो क्यों दिशा प्रतीची जाग उठी?
चूमा इस कपोल पर, उसपर कैसे दौड़ गयी लाली?

[30]

रति-अनंग-शासित धरणी यह, ठहर पथिक मधु रस पी ले;
इन फूलों की छाँह जुड़ा ले, कर ले शुष्क अधर गीले;
आज सुमन-मण्डप में सोकर परदेसी! निज श्रान्ति मिटा;
चरण थके होंगे, तेरे पथ बड़े अगम, ऊँचे-टीले।

[31]

कुसुम-कुसुम में प्रखर वेदना, नयन-अधर में शाप यहाँ,
चन्दन में कामना-वह्नि, विधु में चुम्बन का ताप यहाँ।
उर-उर में बंकिम धनु, दृग-दृग में फूलों के कुटिल विशिख;
यह पीड़ा मधुमयी, मनुज बिंधता आ अपने-आप यहाँ।

[32]

यहाँ लता मिलती तरु से मधु कलियाँ हमें पिलाती हैं,
पीती ही रहतीं यौवन-रस, आँखें नहीं अघाती हैं।
कर्मभूमि के थके श्रमिक को इस निकुंज की मधुबाला
एक घूँट में शान्ति मिटाकर बेसुध, मत्त बनाती है।

[33]

यात्री हूँ अति दूर देश का, पल-भर यहाँ ठहर जाऊँ,
थका हुआ हूँ, सुन्दरता के साथ बैठ मन बहलाऊँ;
'एक घूँट बस और'—हाय रे, ममता छोड़ चलूँ कैसे?
दूर देश जाना है, लेकिन, यह सुख रोज कहाँ पाऊँ?

[34]

'दूर-देश'—हाँ ठीक, याद है, यह तो मेरा देश नहीं;
इससे होकर चलो, यहीं तक रुकने का आदेश नहीं।
बजा शंख, कारवाँ चला, साकी, दे विदा, चलूँ मैं भी,
कभी-कभी हम गिन पाते हैं प्रिये! मीन औ' मेष नहीं।

[35]

सचमुच, मधुफल लिये मरण का जीवन-लता फलेगी क्या?
आग करेगी दया? चिता में काया नहीं जलेगी क्या?
कहती है कल्पना, मधुर जीवन को क्यों कटु अन्त मिले?
पर, जैसे छलती वह सबको वैसे मुझे छलेगी क्या?

[36]

मधुबाले! तेरे अधरों से मुझको रंच विराग नहीं,
यह न समझना देवि! कुटिल तीरों के दिल पर दाग नहीं;
जी करता है हृदय लगाऊँ, पल-पल चूमूँ, प्यार करूँ,
किन्तु, आह! यदि हमें जलाती क्रूर चिता की आग नहीं।

[37]

दो खोहों को छिपा रहीं मदमाती आँखें लाल सखी!
अस्थि-तन्तु पर ही तो हैं ये खिले कुसुम-से गाल सखी!
और कुचों के कमल? झरेंगे ये तो जीवन से पहले,
कुछ थोड़ा-सा मांस प्राण का छिपा रहा कंकाल सखी!

[38]

बचे गहन से चाँद, छिपाऊँ किधर? सोच चल होता हूँ,
मौत साँस गिनती तब भी, जब हृदय लगाकर सोता हूँ।
दया न होगी हाय, प्रलय को इस सुन्दर मुखड़े पर भी,
जिसे चूम हँसती है दुनिया, उसे देख मैं रोता हूँ।

[39]

जाग, देख फिर आज बिहँसती कल की वही उषा आयी,
कलियाँ फिर खिल उठीं, सरित पर परिचित वही विभा छायी,
रंजित मेघों से मेदुर नभ उसी भाँति फिर आज हँसा,
भू पर, मानो, पड़ी आज तक कभी न दुख की परछाईं।

[40]

रँगने चलीं ओस-मुख किरणें खोल क्षितिज का वातायन,
जानें, कहाँ चले उड़-उड़कर फूलों की ले गन्ध पवन;
हँसने लगे फूल, किस्मत पर रोने का अवकाश कहाँ?
बीते युग, पर भूल न पायी सरल प्रकृति अपना बचपन।

[41]

मैं भी हँसूँ फूल-सा खिलकर? शिशु अबोध हो लूँ कैसे?
पीकर इतनी व्यथा, कहो, तुतली वाणी बोलूँ कैसे?
जी करता है, मत्त वायु बन फिरूँ; कुंज में नृत्य करूँ,
पर, हूँ विवश हाय, पंकज का हिमकण हूँ, डोलूँ कैसे?

[42]

शान्त पाप! जग के मंगल में रो मेरे कवि और नहीं,
सुधा-सिक्त पल ये, आँसू का समय नहीं, यह ठौर नहीं;
अन्तर्जलन रहे अन्तर में, आज बसन्त-उछाह यहाँ;
आँसू देख कहीं मुरझें बौरे आमों के मौर नहीं।

[43]

औ' रोना भी व्यर्थ, मृदुल जब हुआ व्यथा को भार नहीं,
आँसू पा बढ़ता जाता है, घटता पारावार नहीं;
जो कुछ मिले भोग लेना है, फूल हों कि हों शूल सखे!
पश्चात्ताप यही कि नियति पर हमें स्वल्प अधिकार नहीं।

[44]

कौन बड़ाई, चढ़े शृंग पर अपना एक बोझ लेकर!
कौन बड़ाई, पार गये यदि अपनी एक तरी खेकर?
अबुध-विज्ञ को माँ यह धरती उसको तिलक लगाती है,
खुद भी चढ़े, साथ ले झुककर गिरतों को बाँहें देकर।

[45]

पत्थर ही पिघला न, कहो करुणा की रही कहानी क्या?
टुकड़े दिल के हुए नहीं, तब बहा दृगों से पानी क्या?
मस्ती क्या जिसको पाकर फिर दुनिया की भी याद रही?
डरने लगी मरण से तो फिर चढ़ती हुई जवानी क्या?

[46]

नूर एक वह रहे तूर पर, या काशी के द्वारों में;
ज्योति एक वह खिले चिता में, या छिप रहे मजारों में।
बहती नहीं उमड़ कूलों से, नदियों को कमजोर कहो;
ऐसे हम, दिल भी कैदी है ईंटों की दीवारों में।

[47]

किरणों के दिल चीर देख, सबमें दिनमणि की लाली रे!
चाहे जितने फूल खिलें पर, एक सभी का माली रे!
साँझ हुई, छा गयी अचानक पूरब में भी अँधियाली,
आती उषा, फैल जाती पश्चिम में भी उजियाली रे!

[48]

ठोकर मार फोड़ दे उसको जिस बरतन में छेद रहे,
वह लंका जल जाय जहाँ भाई-भाई में भेद रहे।
गजनी तोड़े सोमनाथ को, काबे को दें फूँक शिवा,
जले कुराँ अरबी रेतों में, सागर जा फिर वेद रहे।

[49]

रह-रह कूक रही मतवाली कोयल कुंज-भवन में है,
श्रवण लगा सुन रहीं दिशाएँ, स्थिर शशि मध्य गगन में है।
किसी महा-सुख में तन्मय मंजरी आम्र की झुकी हुई,
अभी पूछ मत प्रिये, छिपी-सी मृत्यु कहाँ जीवन में है?

[50]

तू बैठी ही रही हृदय में चिन्ताओं का भार लिये,
जीवन-पूर्व मरण-पर भेदों के शत जटिल विचार लिये;
शीर्ण वसन तज इधर प्रकृति ने नूतन पट परिधान किया,
आ पहुँचा लो अतिथि द्वार पर नूपुर की झंकार किये।

[51]

वृथा यत्न, पीछे क्या छूटा, इस रहस्य को जान सकें;
वृथा यत्न, जिस ओर चले हम उसे अभी पहचान सकें।
होगा कोई क्षण उसका भी, अभी मोद से काम हमें;
जीवन में क्या स्वाद, अगर खुलकर हम दो पल गा न सकें?

[52]

तुम्हें मरण का सोच निरन्तर, तो पीयूष पिया किसने?
तुम असीम से चकित, इसे सीमा में बाँध लिया किसने?
सब आये हँस, बोल, सोच, कह, सुन मिट्टी में लीन हुए!
इस अनन्त विस्मय का सुन्दरि! उत्तर कहो दिया किसने?

[53]

छोड़े पोथी-पत्र, मिला जब अनुभव में आह्लाद मुझे,
फूलों की पत्ती पर अंकित एक दिव्य संवाद मुझे;
दहन धर्म मानव का पाया, अतः, दुःख भयहीन हुआ;
अब तो दह्यमान जीवन में भी मिलता कुछ स्वाद मुझे।

[54]

एक-एक कर सभी शिखाओं को मैं गले लगाऊँगा,
भोगूँगा यातना कठिन, दुर्वह सुख-भार उठाऊँगा;
रह न जाय अज्ञेय यहाँ कुछ, आया तो इतना कर लूँ;
बढ़ने दो, जीवन की अति से अधिक निकट मैं जाऊँगा।

[55]

प्राणों में उन्माद वर्ष का, गीतों में मधुकण भर लें;
जड़-चेतन बिंध रहे, हृदय पर हम भी केशर के शर लें।
यह विद्रोही पर्व प्रकृति का फिर न लौटकर आवेगा;
सखि! बसन्त को खींच हृदय में आओ आलिंगन कर लें।

[56]

पहली सीख यही जीवन की, अपने को आबाद करो,
बस न सके दिल की बस्ती, तो आग लगा बरबाद करो।
खिल पायें, तो कुसुम खिलाओ, नहीं? करो पतझाड़ इसे,
या तो बाँधो हृदय फूल से, याकि इसे आजाद करो।

[57]

मैं न जानता था अबतक; यौवन का गरम लहू क्या है;
मैं पीता क्या निर्निमेष? दृग में भर लाती तू क्या है?
तेरी याद, ध्यान में तेरे विरह-निशा कटती सुख से,
हँसी-हँसी में किन्तु, हाय, दृग से पड़ता यह चू क्या है?

[58]

उमड़ चली यमुना प्राणों की, हेम-कुम्भ भर जाओ तो;
भूले भी आ कभी तीर पर नूपुर सजनि! बजाओ तो।
तनिक ठहर तट से झुक देखो, मुझ में किसका बिम्ब पड़ा?
नील वारि को अरुण करो, चरणों का राग बहाओ तो।

[59]

दौड़-दौड़ तट से टकरातीं लहरें लघु रो-रो सजनी!
इन्हें देख लेने दो जी भर, मुख न अभी मोड़ो सजनी!
आज प्रथम संध्या सावन की, इतनी भी तो करो दया,
कागज की नौका में धीरे एक दीप छोड़ो सजनी!

[60]

प्रकृति अचेतन दिव्य रूप का स्वागत उचित सजा न सकी,
ऊषा का पट अरुण छीन तेरे पथ बीच बिछा न सकी।
रज न सकी बन कनक-रेणु, कंटक को कोमलता न मिली,
पग-पग पर तेरे आगे वसुधा मृदु कुसुम खिला न सकी।

[61]

अब न देख पाता कुछ भी यह भक्त विकल, आतुर तेरा,
आठों पहर झूलता रहता दृग में श्याम चिकुर तेरा।
अर्थ ढूँढ़ते जो पद में, मैं क्या उनको निर्देश करूँ?
चरण-चरण में एक नाद, बजता केवल नूपुर तेरा।

[62]

पूजा का यह कनक-दीप खँडहर में आन जलाया क्यों?
रेगिस्तान हृदय था मेरा, पाटल-कुसुम खिलाया क्यों?
मैं अन्तिम सुख खोज रहा था तप्त बालुओं में गिरकर।
बुला रहा था सर्वनाश को, यह पीयूष पिलाया क्यों?

[63]

तुझे ज्ञात जिसके हित इतना मचा रही कल-रोर सखी!
खड़ा पान्थ वह उस पथ पर, जाता जो मरघट ओर सखी!
यह विस्मय! जंजीर तोड़ कल था जिसने वैराग्य लिया,
आज उसी के लिए हुआ फूलों का पाश कठोर सखी!

[64]

बोल, दाह की कोयल मेरी, बोल दहकती डारों पर,
अर्द्ध-दग्ध तरु की फुनगी पर, निर्जल-सरित-कगारों पर।
अमृत-मन्त्र का पाठ कभी मायाविनि! मृषा नहीं होता,
उगी जा रहीं नयी कोंपलें तेरी मधुर पुकारों पर।

[65]

दृग में सरल ज्योति पावन, वाणी में अमृत-सरस क्या है?
ताप-विमोचन कुछ अमोघ गुणमय यह मधुर परस क्या है?
धलि-रचित प्रतिमे! तुम भी तो मर्त्यलोक की एक कली,
ढूँढ़ रहा फिर यहाँ विरम मेरा मन चकित, विवश क्या है?

[66]

चिर-जाग्रत वह शिखा, जला तू गयी जिसे मंगल-क्षण में;
नहीं भूलती कभी, कौंध जो विद्युत समा गयी घन में।
बल समेट यदि कभी देवता के चरणों में ध्यान लगा;
चिकुर-जाल से घिरा चन्द्रमुख सहसा घूम गया मन में।

[67]

हेर थका तू भेद, गगन पर क्यों उडु-राशि चमकती है?
देख रहा मैं खड़ा, मग्न आँखों की तृषा न छकती है।
मैं प्रेमी, तू ज्ञान-विशारद, मुझमें, तुझमें भेद यही,
हृदय देखता उसे, तर्क से बुद्धि न जिसे समझती है।

[68]

उसे पूछ विस्मृति का सुख क्या, लगा घाव गम्भीर जिसे,
जग से दूर हटा ले बैठी दिल की प्यारी पीर जिसे।
जागरूक, ज्ञानी बनकर जो भेद नहीं तू जान सका,
पूछ, बतायेगा, फूलों की बाँध चुकी जंजीर जिसे।

[69]

चाहे जो भी फसल उगा ले, तू जलधार बहाता चल।
जिसका भी घर चमक उठे, तू मुक्त प्रकाश लुटाता चल।
रोक नहीं अपने अन्तर का वेग किसी आशंका से,
मन में उठें भाव जो, उनको गीत बना कर गाता चल।

[70]

तुझे फिक्र क्या, खेती को प्रस्तुत है कौन किसान नहीं?
जोत चुका है कौन खेत? किसको मौसिम का ध्यान नहीं?
कौन समेटेगा, किसके खेतों से जल बह जायेगा?
इस चिन्ता में पड़ा अगर तो बाकी फिर ईमान नहीं।

[71]

तू जीवन का कंठ, भंग इसका कोई उत्साह न कर,
रोक नहीं आवेग प्राण के, सँभल-सँभल कर आह न कर।
उठने दे हुंकार हृदय से, जैसे वह उठना चाहे;
किसका, कहाँ वक्ष फटता है, तू इसकी परवाह न कर।

[72]

हम पर्वत पर की पुकार हैं, वे घाटी के वासी हैं;
वन में भी वे गृही और हम गृह में भी संन्यासी हैं।
वे लेते कर बन्द खिड़कियाँ डर कर तेज हवाओं से;
झंझाओं में पंख खोल उड़ने के हम अभ्यासी हैं।

[73]

जब-तब मैं सोचता कि क्यों छन्दों के जाल बिछाता हूँ,
सुनता भी कोई कि शून्य में मैं झंझा-सा गाता हूँ।
आयेगा वह कभी पियासे गीतों को शीतल करने,
जीवन के सपने बिखेर कर जिसका पन्थ सजाता हूँ?

[74]

रोक हृदय में उसे, अतल से मेघ उठा जो आता है।
घिरती है जो सुधा, बोल कर तू क्यों उसे गँवाता है?
कलम उठा मत दौड़ प्राण के कंपन पर प्रत्येक घड़ी,
नहीं जानता, गीत लेख बनते-बनते मर जाता है?

[75]

छिप कर मन में बैठ और सुन तो नीरव झंकारों को।
अन्तर्नभ पर देख, ज्योति में छिटके हुए सितारों को।
बड़े भाग्य से ये खिलते हैं कभी चेतना के वन में।
यों बिखेरता मत चल सड़कों पर अनमोल विचारों को।

[76]

तू जो कहना चाह रहा, वह भेद कौन जन जानेगा?
कौन तुझे तेरी आँखों से बन्धु! यहाँ पहचानेगा?
जैसा तू, वैसे ही तो ये सभी दिखाई पड़ते हैं;
तू इन सब से भिन्न ज्योति है, कौन बात यह मानेगा?

[77]

जादू की ओढ़नी ओढ़ जो परी प्राण में जागी है;
उसकी सुन्दरता के आगे क्या यह कीर्त्ति अभागी है?
पचा सकेगा नहीं स्वाद क्या इस रहस्य का भी मन में?
तब तो तू, सत्य ही, अभी तक भी अपूर्ण अनुरागी है।

[78]

बहुत चला तू केन्द्र छोड़ कर दूर स्वयं से जाने को;
अब तो कुछ दिन पन्थ मोड़ पन्थी! अपने को पाने को।
जला आग कोई जिससे तू स्वयं ज्योति साकार बने,
दर्द बसाना भी यह क्या गीतों का ताप बढ़ाने को!

[79]

कौन वीर है, एक बार व्रत लेकर कभी न डोलेगा?
कौन संयमी है, रस पीकर स्वाद नहीं फिर बोलेगा?
यों तो फूल सभी पाते हैं, पायेगा फल, किन्तु, वही,
मन में जन्मे हुए वृक्ष का भेद नहीं जो खोलेगा।

[80]

हर साँझ एक वेदना नयी, हर भोर सवाल नया देखा;
दो घड़ी नहीं आराम कहीं, मैंने घर-घर जा-जा देखा।
जो दवा मिली पीड़ाओं की, उसमें भी कोई पीर नयी;
मत पूछ कि तेरी महफिल में मालिक मैंने क्या-क्या देखा।

[81]

जिनमें बाकी ईमान अभी, वे भटक रहे वीरानों में,
दे रहे सत्य की जाँच आखिरी दम तक रेगिस्तानों में।
ज्ञानी वह जो हर कदम धरे बचकर तप की चिनगारी से,
जिनको मस्तक का मोह नहीं, उनकी गिनती नादानों में।

[82]

मैंने देखा आबाद उन्हें, जो साथ जीस्त के जलते थे,
मंजिलें मिलीं उन वीरों को, जो अंगारों पर चलते थे।
सच मान, प्रेम की दुनिया में थी मौत नहीं, विश्राम नहीं,
सूरज जो डूबे इधर कभी, तो जाकर उधर निकलते थे।

[83]

पी चुके गरल का घूँट तीव्र, हम स्वाद जीस्त का जान चुके,
तुम दुःख, शोक बन-बन आये, हम बार-बार पहचान चुके।
खेलो नूतन कुछ खेल, देव! दो चोट नयी, कुछ दर्द नया,
यह व्यथा विरस निःस्वाद हुई, हम सार भाग कर पान चुके।

[84]

खोजते स्वप्न का रूप शून्य में निरवलम्ब अविराम चलो,
बस की बस इतनी बात, पथिक! लेते अरूप का नाम चलो।
जिनको न तटी से प्यार, उन्हें अम्बर में, कब आधार मिला?
यह कठिन साधना-भूमि, बन्धु! मिट्टी को किये प्रणाम चलो।

[85]

बाँसुरी विफल, यदि कूक-कूक मरघट में जीवन ला न सकी,
सूखे तरु को पनपा न सकी, मुर्दों को छेड़ जगा न सकी।
यौवन की वह मस्ती कैसी जिसको अपना ही मोह सदा?
जो मौत देख ललचा न सकी। दुनिया में आग लगा न सकी।

[86]

पी ले विष का भी घूँट बहक, तब मजा सुरा पीने का है,
तनकर बिजली का वार सहे, यह गर्व नये सीने का है।
सिर की कीमत का भान हुआ, तब त्याग कहाँ? बलिदान कहाँ?
गरदन इज्जत पर दिये फिरो, तब मजा यहाँ जीने का है।

[87]

धरती से व्याकुल आह उठी; मैं दाह भूमि का सह न सका,
दिल पिघल-पिघल उमड़ा लेकिन, आँसू बन-बनकर बह न सका।
है सोच मुझे दिन-रात यही, क्या प्रभु को मुँह दिखलाऊँगा?
जो कुछ कहने मैं आया था, वह भेद किसी से कह न सका।

[88]

रंगीन दलों पर जो कुछ था, तसवीर एक वह फानी थी,
लाली में छिपकर झाँक रही असली दुनिया नूरानी थी।
मत पूछ, फूल की पत्ती में क्या था कि देख खामोश हुआ;
तूने समझा था मौन जिसे, मेरे विस्मय की बानी थी।

[89]

चाँदनी बनायी, धूप रची, भूतल पर व्योम विशाल रचा,
कहते हैं, ऊपर स्वर्ग कहीं, नीचे कोई पाताल रचा।
दिल-जले देहियों को केवल लीला कहकर सन्तोष नहीं;
ओ रचनेवाले! बता, हाय! आखिर क्यों यह जंजाल रचा?

[90]

था अनस्तित्व सकता समेट निज में क्या यह विस्तार नहीं?
भाया न किसे चिर-शून्य, बना जिस दिन था यह संसार नहीं?
तू राग-मोह से दूर रहा, फिर किसने यह उत्पात किया?
हम थे जिसमें, उस ज्योति याकि तम से था किसको प्यार नहीं?

[91]

सम्पुटित कोष को चीर, बीज- कण को किसने निर्वास दिया?
किसको न रुचा निर्वाण? मिटा किसने तुरीय का वास दिया?
चिर-तृषावन्त कर दूर किया जीवन का देकर शाप हमें,
जिसका न अन्त वह पन्थ, लक्ष्य—सीमा-विहीन आकाश दिया।

[92]

क्या सृजन-तत्त्व की बात करें, मिलता जिसका उद्देश्य नहीं?
क्या चलें? मिला जो पन्थ हमें खुलता उसका निर्देश नहीं।
किससे अपनी फरियाद करें मर-मर जी-जी चलनेवाले?
गन्तव्य अलभ, जिससे होकर जाते, वह भी निज देश नहीं।

[93]

कितने आये जो शून्य-बीच खोजते विफल आधार चले,
जब समझ नहीं पाया जग को, कह असत् और निस्सार चले।
माया को छाया जान भुला, पर, वे कैसे निश्िंचत चलें?
अगले जीवन की ओर लिये सिर पर जो पिछला भार चले।

[94]

जो सृजन असत्, तो पुण्य-पाप का श्वेत-नील बन्धन क्यों है?
स्वप्नों के मिथ्या-तन्तु-बीच आबद्ध सत्य जीवन क्यों है?
हम स्वयं नित्य, निर्लिप्त अरे, तो क्यों शुभ का उपदेश हमें?
किस चिन्त्य रूप का अन्वेषण? यह आराधन-पूजन क्यों है?

[95]

यह भार जन्म का बड़ा कठिन, कब उतरेगा, कुछ ज्ञात नहीं,
धर इसे कहीं विश्राम करें, अपने बस की यह बात नहीं।
सिर चढ़ा भूत यह हाँक रहा, हम ठहर नहीं पाये अबतक,
जिस मंजिल पर की शाम, वहाँ करने को रुके प्रभात नहीं।

[96]

हर घड़ी प्यास, हर रोज जलन, मिट्टी में थी यह आग कहाँ?
हमसे पहले था दुखी कौन? था अमिट व्यथा का राग कहाँ?
लो जन्म; खोजते मरो विफल; फिर जन्म; हाय, क्या लाचारी!
हम दौड़ रहे जिस ओर सतत, वह अव्यय अमिय-तड़ाग कहाँ?

[97]

गत हुए अमित कल्पान्त, सृष्टि पर, हुई अभी, आबाद नहीं,
दिन से न दाह का लोप हुआ, निशि ने छोड़ा अवसाद नहीं।
बरसी न आज तक वृष्टि जिसे पीकर मानव की प्यास बुझे,
हम भली भाँति यह जान चुके तेरी दुनिया में स्वाद नहीं।

[98]

हम ज्यों-ज्यों आगे बढ़े, दृष्टि-पथ से छिपता आलोक गया,
सीखा ज्यों-ज्यों नव ज्ञान, हमें मिलता त्यों-त्यों नव शोक गया।
हाँ, जिसे प्रेम हम कहते हैं, उसका भी मोल पड़ा देना,
जब मिली संगिनी, अदन गया, कर से विरागमय लोक गया।

[99]

भू पर उतरे जिस रोज, धरी पहिले से ही जंजीर मिली,
परिचय न द्वन्द्व से था, लेकिन, धरती पर संचित पीर मिली।
जब हार दुखों से भाग चले, तबतक सत्पथ का लोप हुआ,
जिसपर भूले सौ लोग गये, सम्मुख वह भ्रान्त लकीर मिली।

[100]

नव-नव दुख की ज्वाला कराल, जलता अबोध संसार रहे,
हर घड़ी सृष्टि के बीच गूँजता भीषण हाहाकार रहे।
कर नमन तुझे किस आशा में हम दुःख-शोक चुपचाप सहें?
मालिक कहने को तुझे हाय, क्यों दुखी जीव लाचार रहे?

[101]

भेजा किसने? क्यों? कहाँ? भेद अबतक न क्षुद्र यह जान सका।
युग-युग का मैं यह पथिक श्रान्त अपने को अबतक पा न सका।
यह अगम सिन्धु की राह, और दिन ढला, हाय! फिर शाम हुई;
किस कूल लगाऊँ नाव? घाट अपना न अभी पहचान सका।

[102]

हम फूल-फूल में झाँक थके, तुम उड़ते फिरे बयारों में,
हमने पलकें की बन्द, छिटक तुम हँसने लगे सितारों में।
रोकर खोली जब आँख, तुम्हीं-सा आँसू में कुछ दीख पड़ा,
उँगली छूने को बढ़ी, तभी तुम छिपे ढुलक नीहारों में।

[103]

तिल-तिलकर हम जल चुके, विरह की तीव्र आँच कुछ मंद करो,
सहने की अब सामर्थ्य नहीं, लीला-प्रसार यह बन्द करो।
चित्रित भ्रम-जाल समेट धरो, हम खेल खेलते हार चुके,
निर्वापित करो प्रदीप, शून्य में एक तुम्हीं आनन्द करो।

(द्वन्द्व-गीत)

खिलेंगे किस दिन मेरे फूल?

अचेतन, मृत्ति, अचेतन शिला।

[1]

रुक्ष दोनों के बाह्य स्वरूप,
दृश्य पट दोनों के श्रीहीन;
देखते एक तुम्हीं वह रूप
जो कि दोनों में व्याप्त, विलीन,
ब्रह्म में जीव, वारि में बूँद,
जलद में जैसे अगणित चित्र।

[2]

ग्रहण करती निज सत्य-स्वरूप
तुम्हारे स्पर्श मात्र से धूल,
कभी बन जाती घट साकार,
कभी रंजित, सुवासमय फूल।
और यह शिला-खण्ड निर्जीव,
शाप से पाता-सा उद्धार,
शिल्पि, हो जाता पाकर स्पर्श
एक पल में प्रतिमा साकार।
तुम्हारी साँसों का यह खेल,
जलद में बनते अगणित चित्र।

[3]

मृत्ति, प्रस्तर, मेघों का पुंज
लिये मैं देख रहा हूँ राह,
कि शिल्पी आयेगा किस रोज
पूर्ण करने को मेरी चाह?
खिलेंगे किस दिन मेरे फूल?
प्रकट होगी कब मूर्त्ति पवित्र?
और मेरे नभ में किस रोज
जलद विहरेंगे बनकर चित्र?
शिल्पि, जो मुझ में व्याप्त, विलीन,
किरण वह कब होगी साकार?

(सामधेनी, 1945)

निमन्त्रण

तिमिर में स्वर के बाले दीप आज फिर आता है कोई।

'हवा में कब तक ठहरी हुई
रहेगी जलती हुई मशाल?
थकी तेरी मुट्ठी यदि वीर,
सकेगा इसको कौन सँभाल?'
अनल-गिरि पर से मुझे पुकार राग यह गाता है कोई।

हलाहल का दुर्जय विस्फोट,
भरा अङ्गारों से तूफान,
दहकता-जलता हुआ खगोल,
कड़कता हुआ दीप्त अभिमान।
निकट ही कहीं प्रलय का स्वप्न मुझे दिखलाता है कोई।

सुलगती नहीं यज्ञ की आग,
दिशा धूमिल, यजमान अधीर;
पुरोधा-कवि कोई है यहाँ?
देश को दे ज्वाला के तीर।
धुओं में किसी वह्नि का आज निमन्त्रण लाता है कोई।

(सामधेनी, 1944)

आशा का दीपक

वह प्रदीप जो दीख रहा है झिलमिल, दूर नहीं है;
थक कर बैठ गये क्या भाई! मंजिल दूर नहीं है।

[1]

चिनगारी बन गयी लहू की बूँद गिरी जो पग से;
चमक रहे, पीछे मुड़ देखो, चरण-चिह्न जगमग-से।
शुरू हुई आराध्य-भूमि यह, क्लान्ति नहीं रहे राही;
और नहीं तो पाँव लगे हैं क्यों पड़ने डगमग-से?
बाकी होश तभी तक, जब तक जलता तूर नहीं है;
थककर बैठ गये क्या भाई! मंजिल दूर नहीं है।

[2]

अपनी हड्डी की मशाल से हृदय चीरते तम का,
सारी रात चले तुम दुख झेलते कुलिश निर्मम का।
एक खेय है शेष, किसी विध पार उसे कर जाओ;
वह देखो, उस पार चमकता है मन्दिर प्रियतम का।
आकर इतना पास फिरे, वह सच्चा शूर नहीं है;
थक कर बैठ गये क्या भाई! मंजिल दूर नहीं है।

[3]

दिशा दीप्त हो उठी प्राप्त कर पुण्य-प्रकाश तुम्हारा,
लिखा जा चुका अनल-अक्षरों में इतिहास तुम्हारा।

जिस मिट्टी ने लहू पिया, वह फूल खिलायेगी ही,
अम्बर पर घन बन छायेगा ही उच्छ्वास तुम्हारा।
और अधिक ले जाँच, देवता इतना क्रूर नहीं है;
थक कर बैठ गये क्या भाई! मंजिल दूर नहीं है।

(सामधेनी, 1943)

कलिंग-विजय

[1]

युद्ध की इति हो गयी; रण-भू श्रमित, सुनसान;
गिरि-शिखर पर थम गया है डूबता दिनमान–

देखते यम का भयावह कृत्य,
अन्ध मानव की नियति का नृत्य;

सोचते, इस बन्धु-वध का क्या हुआ परिणाम?
विश्व को क्या दे गया इतना बड़ा संग्राम?

युद्ध का परिणाम?
युद्ध का परिणाम ह्रासत्रास!
युद्ध का परिणाम सत्यानाश!
रुण्ड-मुण्ड-लुठन, निहिंसन, मीच!
युद्ध का परिणाम लोहित कीच!
हो चुका जो कुछ रहा भवितव्य,
यह नहीं नर के लिए कुछ नव्य;
भूमि का प्राचीन यह अभिशाप,
तू गगनचारी! न कर सन्ताप।
मौन कब के हो चुके रण-तूर्य्य,
डूब जा तू भी कहीं ओ सूर्य!

छा गया तम, आ गये तारे तिमिर को चीर,
आ गया विधु; किन्तु, क्यों आकृति किये गम्भीर?

और उस घन-खण्ड ने विधु को लिया क्यों ढाँक?
फिर गया शशि क्या लजा कर पाप नर के झाँक?
चाँदनी घन में मिली है छा रही सब ओर,
साँझ को ही दीखता ज्यों हो गया हो भोर।

मौन हैं चारों दिशाएँ, स्तब्ध है आकाश,
श्रव्य जो भी शब्द, वे उठते मरण के पास।

[2]

शब्द? यानी घायलों की आह,
घाव के मारे हुओं की क्षीण, करुण कराह,
बह रहा जिसका लहू उसका करुण चीत्कार,
श्वान जिसको नोचते उसकी अधीर पुकार।
"घूँट भर पानी, जरा पानी" रटन, फिर मौन;
घूँट भर पानी अमृत है, आज देगा कौन?

बोलते यम के सहोदर श्वान,
बोलते जम्बुक कृतान्त-समान।

मृत्यु-गढ़ पर है खड़ा जयकेतु रेखाकार,
हो गयी हो शान्ति मरघट की यथा साकार।
चल रहा ध्वज के हृदय में द्वन्द्व,
वैजयन्ती है झुकी निस्पन्द।

जा चुके सब लोग फिर आवास,
हतमना कुछ और कुछ सोल्लास।
अङ्क में घायल, मृतक, निश्चेत,
शूर-वीरों को लिटाये रह गया रण-खेत।

और इस सुनसान में निःसङ्ग,
खोजते सच्छान्ति का परिष्वङ्ग,

मूर्त्तिमय परिताप-से विभ्राट्,
हैं खड़े केवल मगध-सम्राट्।

टेक सिर ध्वज का लिये अवलम्ब,
आँख से झर-झर बहाते अम्बु।
भूल कर भूपाल का अहमित्व,
शीश पर वध का लिये दायित्व।

जा चुकी है दृष्टि जग के पार,
आ रहा सम्मुख नया संसार।
चीर वक्षोदेश भीतर पैठ,
देवता कोई हृदय में बैठ,
दे रहा है सत्य का संवाद,
सुन रहे सम्राट् कोई नाद।

"मन्द मानव! वासना के भृत्य!
देख ले भर आँख निज दुष्कृत्य।
यह धरा तेरी न थी उपनीत,
शत्रु की त्यों ही नहीं थी क्रीत।

सृष्टि सारी एक प्रभु का राज,
स्वत्व है सब का प्रजा के व्याज।
मान कर प्रति जीव का अधिकार,
ढो रही धरणी सभी का भार।

एक ही स्तन का पयस कर पान,
जी रहे बलहीन औ' बलवान।
देखने को बिम्ब-रूप अनेक,
किन्तु, दृश्याधार दर्पण एक।

मृत्ति तो बिकती यहाँ बेदाम,
साँस से चलता मनुज का काम।

मृत्तिका हो याकि दीपित स्वर्ण,
साँस पाकर मूर्त्ति होती पूर्ण।

राज या बल पा अमित अनमोल,
साँस का बढ़ता न किंचित् मोल।
दीनता, दौर्बल्य या अपमान,
त्यों घटा सकते न इसका मान।

तू हुआ सब कुछ, मनुज लेकिन, रहा अब क्या न?
जो नहीं कुछ बन सका, वह भी मनुज है, मान।

हाय रे धनलुब्ध जीव कठोर!
हाय रे दारुण! मुकुटधर भूप लोलुप, चोर।
साज कर इतना बड़ा सामान,
स्वत्व निज सर्वत्र अपना मान।
खड्ग-बल का ले मृषा आधार,
छीनता फिरता मनुज के प्राकृतिक अधिकार।

चरण से प्रभु के नियम को चाप,
तू बना है चाहता भगवान अपना आप।
भौं उठा पायें न तेरे सामने बलहीन,
इसलिए ही तो प्रलय यह! हाय रे हिय-हीन!
शमित करने को स्वमद अति ऊन,
चाहिए तुझको मनुज का खून।

क्रूरता का साथ ले आख्यान,
जा चुके हैं, जा रहे हैं प्राण।
स्वर्ग में है आज हाहाकार,
चाहता उजड़ा बसा संसार।

"भूमि का मानी महीप अशोक,
बाँटता फिरता चतुर्दिक् शोक।

'बाँटता सुत-शोक औ' वैधव्य,
बाँटता पशु को मनुज का क्रव्य।

लूटता है गोदियों के लाल,
लूटता सिन्दूर-सज्जित भाल।
यह मनुज-तन में किसी शक्रारि का अवतार,
लूट लेता है नगर की सिद्धि, सुख, शृंगार।

शमित करने को स्वमद अति ऊन,
चाहिए उसको मनुज का खून।"

[3]

आत्म-दंशन की व्यथा, परिताप, पश्चात्ताप,
डँस रहे सब मिल, उठा है भूप का मन काँप
स्तब्धता को भेद बारम्बार,
आ रहा है क्षीण हाहाकार।

यह हृदय-द्रावक, करुण वैधव्य का चीत्कार!
यह किसी बूढ़े पिता की भग्न, आर्त्त पुकार!
यह किसी मृतवत्सला की आह!
आ रही करती हुई दिवदाह!

आ रही है दुर्बलों की हाय,
सूझता है त्राण का नृप को न एक उपाय।
आह की सेना अजेय विराट्,
भाग जा, छिप जा कहीं सम्राट्।

खड्ग से होगी नहीं यह भीत,
तू कभी इसको न सकता जीत।

सामने मन के विरूपाकार,
है खड़ा उल्लङ्ग हो संहार।

षोडशी शुक्लाम्बराएँ आभरण कर दूर,
धूल मल कर धो रही है माँग का सिन्दूर।
वीर-बेटों की चिताएँ देख ज्वलित समक्ष,
रो रहीं माँएँ हजारों पीटतीं सिर-वक्ष।

हैं खुले नृप के हृदय के कान;
हैं खुले मन के नयन अम्लान।
सुन रहे हैं विह्वला की आह,
देखते हैं स्पष्ट शव का दाह।
सुन रहे हैं भूप होकर व्यग्र,
रो रहा कैसे कलिङ्ग समग्र?

रो रहीं हैं वे कि जिनका जल गया शृङ्गार;
रो रहीं जिनका गया मिट फूलता संसार;
जल गयी उम्मीद, जिनका जल गया है प्यार;
रो रहीं जिनका गया छिन एक ही आधार।

चूड़ियाँ दो एक की प्रतिगृह हुई हैं चूर,
पुँछ गया प्रति गेह से दो-एक का सिन्दूर।
बुझ गया प्रतिगृह किसी की आँख का आलोक,
इस महाविध्वंस का दायी महीप अशोक।

ध्यान में थे हो रहे आघात,
कान ने सुन ली मगर, यह बात।
नाम सुन अपना उसाँसें खींच,
नाक, भौं, आँखें घृणा से मीच,

इस तरह बोले महीपति खिन्न
आप से ज्यों हो गये हों भिन्न—
"विश्व में पापी महीप अशोक,
छीनता है आँख का आलोक।"

देह के दुर्द्धर्ष पशु को मार,
ले चुके हैं देवता अवतार।
निन्द्य लगते पूर्वकृत सब काम,
सुन न सकते आज वे निज नाम।

अश्रु में घुल बह गया कुत्सित, निहीन, विवर्ण,
रह गया है शेष केवल तप्त, निर्मल स्वर्ण।
हूक-सी आकर गयी कोई हृदय को तोड़,
ठेस से विष-भाण्ड को कोई गयी है फोड़।
बह गया है अश्रु बनकर कालकूट ज्वलन्त,
जा रहा भरता दया के दूध से वेशन्त।

दूध अन्तर का सरल, अम्लान,
खिल रहा मुख-देश पर द्युतिमान।
किन्तु, हैं अब भी झनत्कृत तार,
बोलते हैं भूप बारम्बार—

"हाय रे गर्हित विजय-मद ऊन,
क्या किया मैंने! बहाया आदमी का ख़ून!"

[4]

खुल गयी है शुभ्र मन की आँख,
खुल गयी है चेतना की पाँख;

प्राण की अन्तःशिला पर आज पहली बार,
जाग कर करुणा उठी है कर मृदुल झनकार।

आँसुओं में गल रहे हैं प्राण,
खिल रहा मन में कमल अम्लान।

गिर गया हतबुद्धि-सा थक कर पुरुष दुर्जेय,
प्राण से निकली अनामय नारि एक अमेय।

अर्धनारीश्वर अशोक महीप;
नर पराजित, नारि सजती है विजय का दीप।

पायलों की सुन मृदुल झनकार,
गिर गयी कर से स्वयं तलवार।
वज्र का उर हो गया दो टूक,
जग उठी कोई हृदय में हूक।

लाल किरणों में यथा हँसता तटी का देश,
एक कोमल ज्ञान से त्यों खिल उठा हृद्देश।
खोल दृग, चारों तरफ अवलोक,
सिर झुका कहने लगे मानी महीप अशोक—

"हे नियन्ता विश्व के कोई अचिन्त्य, अमेय!
ईश या जगदीश कोई शक्ति हे अज्ञेय!

हों नहीं क्षन्तव्य जो मेरे विगर्हित पाप,
दो वचन, अक्षय रहे यह ग्लानि, यह परिताप।

प्राण में बल दो, रखूँ निज को सदैव सँभाल,
देव, गर्वस्फीत हो ऊँचा उठे मत भाल।

शत्रु हो कोई नहीं, हो आत्मवत् संसार,
पुत्र-सा पशु-पक्षियों को भी सकूँ कर प्यार।

मिट नहीं जाये किसी का चरण-चिह्न पुनीत,
राह में भी मैं चलूँ पग-पग सजग, सम्भीत।

हो नहीं मुझको किसी पर रोष,
धर्म्म का गूँजे जगत में घोष।

बुद्ध की जय! धर्म की जय! संघ का जय-गान,
आ बसें मुझमें तथागत मारजित् भगवान।"

देवता को सौंप कर सर्वस्व,
भूप मन ही मन गये हो निःस्व।

[5]

और तब उन्मादिनी सोल्लास,
रक्त पर बहती विजय आयी वरण को पास।
सङ्ग लेकर ब्याह का उपहार,
रक्त-कर्दम के कमल का हार।

पर, डिगे तिल-भर न वीर महीप;
थी जिला अरुणा चुकी तब तक विजय का दीप।

(सामधेनी, 1941)

आग की भीख

[1]

धुँधली हुईं दिशाएँ, छाने लगा कुहासा,
कुचली हुई शिखा से आने लगा धुआँ-सा।
कोई मुझे बता दे, क्या आज हो रहा है;
मुँह को छिपा तिमिर में क्यों तेज रो रहा है?
दाता, पुकार मेरी, संदीप्ति को जिला दे;
बुझती हुई शिखा को संजीवनी पिला दे।
प्यारे स्वदेश के हित अङ्गार माँगता हूँ।
चढ़ती जवानियों का शृङ्गार माँगता हूँ।

[2]

बेचैन हैं हवाएँ, सब ओर बेकली है,
कोई नहीं बताता, किश्ती किधर चली है?
मँझधार है, भँवर है या पास है किनारा?
यह नाश आ रहा या सौभाग्य का सितारा?
आकाश पर अनल से लिख दे अदृष्ट मेरा,
भगवान, इस तरी को भरमा न दे अँधेरा।
तम-वेधिनी किरण का संधान माँगता हूँ।
ध्रुव की, कठिन घड़ी में पहचान माँगता हूँ।

[3]

आगे पहाड़ को पा धारा रुकी हुई है,
बल-पुंज केसरी की ग्रीवा झुकी हुई है;
अग्निस्फुलिङ्ग रज का, बुझ, ढेर हो रहा है,

है रो रही जवानी, अन्धेर हो रहा है।
निर्वाक् है हिमालय, गंगा डरी हुई है।
निस्तब्धता निशा की दिन में भरी हुई है।
पंचास्य-नाद भीषण, विकराल माँगता हूँ।
जड़ता-विनाश को फिर भूचाल माँगता हूँ।

[4]

मन की बँधी उमंगें असहाय जल रही हैं,
अरमान-आरजू की लाशें निकल रही हैं।
भींगी-खुली पलों में रातें गुजारते हैं,
सोती वसुन्धरा जब, तुझको पुकारते हैं।
इनके लिए कहीं से निर्भीक तेज ला दे,
पिघले हुए अनल का इनको अमृत पिला दे,
उन्माद, बेकली का उत्थान माँगता हूँ,
विस्फोट माँगता हूँ, तूफ़ान माँगता हूँ।

[5]

आँसू-भरे दृगों में चिनगारियाँ सजा दे,
मेरे श्मशान में आ शृङ्गी ज़रा बजा दे;
फिर एक तीर सीनों के आर-पार कर दे,
हिमशीत प्राण में फिर अङ्गार स्वच्छ भर दे।
आमर्ष को जगानेवाली शिखा नयी दे,
अनुभूतियाँ हृदय में दाता, अनलमयी दे।
विष का सदा लहू में संचार माँगता हूँ,
बेचैन जिन्दगी का मैं प्यार माँगता हूँ।

[6]

ठहरी हुई तरी को ठोकर लगा चला दे,
जो राह हो हमारी उस पर दिया जला दे।
गति में प्रभंजनों का आवेग फिर सबल दे।

इस जाँच की घड़ी में निष्ठा कड़ी, अचल दे।
हम दे चुके लहू हैं, तू देवता विभा दे,
अपने अनल-विशिख से आकाश जगमगा दे
प्यारे स्वदेश के हित वरदान माँगता हूँ,
तेरी दया विपद् में भगवान, माँगता हूँ।

(सामधेनी, 1943)

दिल्ली और मास्को

[1]

जय विधायिके अमर क्रान्ति की! अरुण देश की रानी!
रक्त-कुसुम-धारिणि! जगतारिणि! जय नव शिवे! भवानी!

अरुण विश्व की काली, जय हो,
लाल सितारोंवाली, जय हो,
दलित, बुभुक्षु, विषण्ण मनुज की,
शिखा रुद्र मतवाली, जय हो।

जगज्ज्योति, जय-जय, भविष्य की राह दिखानेवाली,
जय समत्व की शिखा, मनुज की प्रथम विजय की लाली।
भरे प्राण में आग, भयानक विप्लव का मद ढाले,
देश-देश में घूम रहे तेरे सैनिक मतवाले।

नगर-नगर जल रहीं भट्ठियाँ,
घर-घर सुलग रही चिनगारी;
यह आयोजन जगद्दहन का,
यह जल उठने की तैयारी;
देश-देश में शिखा क्षोभ की
उमड़-घुमड़ कर बोल रही है;
लरज रहीं चोटियाँ शैल की,
धरती क्षण-क्षण डोल रही है।

ये फूटे अङ्गार, कढ़े अम्बर में लाल सितारे,
फटी भूमि, वे बढ़े ज्योति के लाल-लाल फव्वारे।
बन्ध, विषमता के विरुद्ध सारा संसार उठा है,
अपना बल पहचान, लहर कर पारावार उठा है।
छिन्न-भिन्न हो रहीं मनुजता के बन्धन की कड़ियाँ,
देश-देश में बरस रहीं आजादी की फुलझड़ियाँ।

[2]

एक देश है जहाँ विषमता
से अच्छी हो रही गुलामी,
जहाँ मनुज पहले स्वतन्त्रता
से हो रहा साम्य का कामी।

भ्रमित ज्ञान से जहाँ जाँच हो—
रही दीप्त स्वातन्त्र्य-समर की,
जहाँ मनुज है पूज रहा जग को,
बिसार सुधि अपने घर की।

जहाँ मृषा सम्बन्ध विश्व-मानवता
से नर जोड़ रहा है,
जन्मभूमि का भाग्य जगत् की
नीति-शिला पर फोड़ रहा है।

चिल्लाते हैं 'विश्व, विश्व' कह जहाँ चतुर नर ज्ञानी,
बुद्धि-भीरु सकते न डाल जलते स्वदेश पर पानी।
जहाँ मास्को के रणधीरों के गुण गाये जाते,
दिल्ली के रुधिराक्त वीर को देख लोग सकुचाते।

[3]

दिल्ली, आह, कलङ्क देश का,
दिल्ली, आह, ग्लानि की भाषा,

दिल्ली, आह, मरण पौरुष का,
दिल्ली, छिन्न-भिन्न अभिलाषा।

विवश देश की छाती पर ठोकर की एक निशानी,
दिल्ली, पराधीन, भारत की जलती हुई कहानी।
मरे हुओं की ग्लानि, जीवितों को रण की ललकार,
दिल्ली, वीरविहीन देश की गिरी हुई तलवार।

बरबस लगी देश के होठों
से यह भरी जहर की प्याली,
यह नागिनी स्वदेश-हृदय पर
गरल उँड़ेल लोटनेवाली।

प्रश्नचिह्न भारत का, भारत के बल की पहचान,
दिल्ली राजपुरी भारत की, भारत का अपमान।

[4]

ओ समता के वीर सिपाही,
कहो, सामने कौन अड़ी है?
बल से दिये पहाड़ देश की
छाती पर यह कौन पड़ी है?

यह है परतन्त्रता देश की,
रुधिर देश का पीनेवाली;
मानवता कहता तू जिसको
उसे चबाकर जीनेवाली।

यह पहाड़ के नीचे पिसता
हुआ मनुज क्या प्रेय नहीं है?
इसका मुक्ति-प्रयास स्वयं ही
क्या, उज्ज्वलतम श्रेय नहीं है?

:

यह जो कटे वीर-सुत माँ के,
यह जो बही रुधिर की धारा,
यह जो डोली, भूमि देश की,
यह जो काँप गया नभ सारा;

यह जो उठी शौर्य की ज्वाला, यह जो खिला प्रकाश;
यह जो खड़ी हुई मानवता रचने को इतिहास;
कोटि-कोटि सिंहों की यह जो उट्ठी मिलित दहाड़;
यह जो छिपे सूर्य-शशि, यह जो हिलने लगे पहाड़।

सो क्या था विस्फोट अनर्गल?
बाल-कुतूहल? नर-प्रमाद था?
निष्पेषित मानवता का यह
क्या न भयंकर तूर्य-नाद था?

इस उद्वेलन-बीच प्रलय का
था पूरित उल्लास नहीं क्या?
लाल भवानी पहुँच गयी है
भरत-भूमि के पास नहीं क्या?

फूट पड़ी है क्या न प्राण में नये तेज की धारा?
गिरने को हो रही छोड़कर नींव नहीं क्या कारा?
नगपति के पद में जबतक है बँधी हुई जंजीर,
तोड़ सकेगा कौन विषमता का प्रस्तर-प्राचीर?

[5]

दहक रही मिट्टी स्वदेश की,
खौल रहा गङ्गा का पानी;
प्राचीरों में गरज रही है
जंजीरों से कसी जवानी।

यह प्रवाह निर्भीक तेज का,
यह अजस्र यौवन की धारा,
अनवरुद्ध यह शिखा यज्ञ की,
यह दुर्जय अभियान हमारा।

यह सिद्धाग्नि प्रबुद्ध देश की जड़ता हरनेवाली,
जन-जन के मन में बन पौरुष-शिखा विहरनेवाली।
अर्पित करो समिध, आओ, हे समता के अभियानी!
इसी कुण्ड से निकलेगी भारत की लाल भवानी।

[6]

हा, भारत की लाल भवानी,
जवा-कुसुम के हारोंवाली,
शिवा, रक्त-रोहित-बसना,
कबरी में लाल सितारोंवाली।

कर में लिये त्रिशूल, कमण्डल,
दिव्य-शोभिनी, सुरसरि-स्नाता,
राजनीति की अचल स्वामिनी,
साम्य-धर्म-ध्वज-धर की माता।

भरत-भूमि की मिट्टी से शृङ्गार सजानेवाली,
चढ़ हिमाद्रि पर विश्व-शान्ति का शंख बजानेवाली।

[7]

दिल्ली का नभ दहक उठा, यह—
श्वास उसी कल्याणी का है।
चमक रही जो लपट चतुर्दिक्,
अंचल लाल भवानी का है।

खौल रहे जो भाव वह्निमय,
ये हैं आशीर्वाद उसी के,
'जय भारत' के तुमुल रोर में
गुंजित सङ्गर-नाद उसी के।

दिल्ली के नीचे मर्दित अभिमान नहीं केवल है,
दबा हुआ शत-लक्ष नरों का अन्न-वस्त्र, धन-बल है।
दबी हुई इसके नीचे भारत की लाल भवानी,
जो तोड़े यह दुर्ग, वही है समता का अभियानी।

(सामधेनी, 1945)

युधिष्ठिर का विलाप

आई हुई मृत्यु से कहा अजेय भीष्म ने कि
'योग नहीं जाने का अभी है, इसे जानकर,
रुकी रहो पास कहीं'; और स्वयं लेट गए
बाणों का शयन, बाण का ही उपधान कर।
व्यास कहते हैं, रहे यों ही वे पड़े विमुक्त,
काल के करों से छीन मुष्टि-गत प्राण कर।
और पंथ जोहती विनीत कहीं आसपास
हाथ जोड़ मृत्यु रही खड़ी शास्ति मान कर।

शृंग चढ़ जीवन के आर-पार हेरते-से
योगलीन लेटे थे पितामह गम्भीर-से।
देखा धर्मराज ने, विभा प्रसन्न फैल रही
श्वेत शिरोरुह, शर-ग्रथित शरीर से।
करते प्रणाम, छूते सिर से पवित्र पद,
उँगली को धोते हुए लोचनों के नीर से,
"हाय पितामह, महाभारत विफल हुआ"
चीख उठे धर्मराज व्याकुल, अधीर-से।

"वीर-गति पाकर सुयोधन चला गया है,
छोड़ मेरे सामने अशेष ध्वंस का प्रसार;
छोड़ मेरे हाथ में शरीर निज प्राणहीन,
व्योम में बजाता जय-दुन्दुभि-सा बार-बार;
और यह मृतक शरीर जो बचा है शेष,
चुप-चुप, मानो, पूछता है मुझसे पुकार—

विजय का एक उपहार मैं बचा हूँ, बोलो,
जीत किसकी है और किसकी हुई है हार?

"हाय, पितामह, हार किसकी हुई है यह?
ध्वंस-अवशेष पर सिर धुनता है कौन?
कौन भस्मराशि में विफल सुख ढूँढ़ता है?
लपटों से मुकुट का पट बुनता है कौन?
और बैठ मानव की रक्त-सरिता के तीर
नियति के व्यंग्य-भरे अर्थ गुनता है कौन?
कौन देखता है शवदाह बन्धु-बान्धवों का?
उत्तरा का करुण विलाप सुनता है कौन?

"जानता कहीं जो परिणाम महाभारत का,
तन-बल छोड़ मैं मनोबल से लड़ता;
तप से, सहिष्णुता से, त्याग से सुयोधन को
जीत, नई नींव इतिहास की मैं धरता।
और कहीं वज्र गलता न मेरी आह से जो,
मेरे तप से नहीं सुयोधन सुधरता;
तो भी हाय, यह रक्त-पात नहीं करता मैं,
भाइयों के संग कहीं भीख माँग मरता।

"किन्तु, हाय, जिस दिन बोया गया युद्ध-बीज,
साथ दिया मेरा नहीं मेरे दिव्य ज्ञान ने;
उलट दी मति मेरी भीम की गदा ने और
पार्थ के शरासन ने, अपनी कृपाण ने;
और जब अर्जुन को मोह हुआ रण-बीच,
बुझती शिखा में दिया घृत भगवान ने;
सबकी सुबुद्धि पितामह, हाय, मारी गई,
सबको विनष्ट किया एक अभिमान ने।

"कृष्ण कहते हैं, युद्ध अनघ है, किन्तु मेरे
प्राण जलते हैं पल-पल परिताप से;

लगता मुझे है, क्यों मनुष्य बच पाता नहीं
दह्यमान इस पुराचीन अभिशाप से?
और महाभारत की बात क्या? गिराए गए
जहाँ छल-छद्म से वरेण्य वीर आप-से,
अभिमन्यु-वध औ' सुयोधन का वध हाय,
हममें बचा है यहाँ कौन, किस पाप से?

"एक ओर सत्यमयी गीता भगवान की है,
एक ओर जीवन की विरति प्रबुद्ध है;
जानता हूँ, लड़ना पड़ा था हो विवश, किन्तु,
लोहू-सनी जीत मुझे दीखती अशुद्ध है;
ध्वंसजन्य सुख याकि साश्रु-दुख शान्तिजन्य,
ज्ञात नहीं, कौन बात नीति के विरुद्ध है;
जानता नहीं मैं कुरुक्षेत्र में खिला है पुण्य,
या महान पाप यहाँ फूटा बन युद्ध है।

"सुलभ हुआ है जो किरीट कुरुवंशियों का,
उसमें प्रचण्ड कोई दाहक अनल है;
अभिषेक से क्या पाप मन का धुलेगा कभी?
पापियों के हित तीर्थ-वारि हलाहल है;
विजय कराल नागिनी-सी डँसती है मुझे,
इससे न जूझने को मेरे पास बल है;
ग्रहण करूँ मैं कैसे? बार-बार सोचता हूँ,
राजसुख लोहू-भरी कीच का कमल है।

"बालहीना माता की पुकार कभी आती, और
आता कभी आर्त्तनाद पितृहीन बाल का;
आँख पड़ती है जहाँ, हाय, वहीं देखता हूँ
सिंदूर पुँछा हुआ सुहागिनी के भाल का;
बाहर से भाग कक्ष में जो छिपता हूँ कभी,
तो भी सुनता हूँ अट्टहास क्रूर काल का;
और सोते-जागते में चौंक उठता हूँ, मानो
शोणित पुकारता हो अर्जुन के लाल का।

"जिस दिन समर की अग्नि बुझ शान्त हुई,
एक आग तब से ही जलती है मन में;
हाय, पितामह, किसी भाँति नहीं देखता हूँ
मुँह दिखलाने योग्य निज को भुवन में;
ऐसा लगता है, लोग देखते घृणा से मुझे,
धिक् सुनता हूँ अपने पै कण-कण में;
मानव को देख आँखें आप झुक जातीं, मन
चाहता अकेला कहीं भाग जाऊँ वन में।

"करूँ आत्मघात तो कलंक और घोर होगा,
नगर को छोड़ अतएव, वन जाऊँगा;
पशु-खग भी देख पाएँ जहाँ, छिप किसी
कन्दरा में बैठ अश्रु खुलके बहाऊँगा;
जानता हूँ, पाप न धुलेगा वनवास से भी,
छिपा तो रहूँगा, दुःख कुछ तो भुलाऊँगा;
व्यंग्य से बिंधेगा वहाँ जर्जर हृदय तो नहीं,
वन में कहीं तो धर्मराज न कहाऊँगा।"

और तब चुप हो रहे कौन्तेय,
संयमित करके किसी विध शोक दुष्परिमेय
उस जलद-सा एक पारावार
हो भरा जिसमें लबालब, किन्तु, जो लाचार
बरस तो सकता नहीं, रहता मगर बेचैन है।

(कुरुक्षेत्र)

अभिनव मनुष्य

है बहुत बरसी धरित्री पर अमृत की धार,
पर नहीं अब तक सुशीतल हो सका संसार।
भोग-लिप्सा आज भी लहरा रही उद्दाम,
बह रही असहाय नर की भावना निष्काम।

भीष्म हों अथवा युधिष्ठिर या कि हों भगवान,
बुद्ध हों कि अशोक, गाँधी हों कि ईसु महान;
सिर झुका सबको, सभी को श्रेष्ठ निज से मान,
मात्र वाचिक ही उन्हें देता हुआ सम्मान,
दग्ध कर पर को, स्वयं भी भोगता दुख-दाह,
जा रहा मानव चला अब भी पुरानी राह।

अपहरण, शोषण वही, कुत्सित वही अभियान,
खोजना चढ़ दूसरों के भस्म पर उत्थान;
शील से सुलझा न सकना आपसी व्यवहार,
दौड़ना रह-रह उठा उन्माद की तलवार।
द्रोह से अब भी वही अनुराग,
प्राण में अब भी वही फुंकार भरता नाग।

पूर्वयुग-सा आज का जीवन नहीं लाचार,
आ चुका है दूर द्वापर से बहुत संसार;
यह समय विज्ञान का, सब भाँति पूर्ण, समर्थ;
खुल गए हैं गूढ़ संसृति के अमित गुरु अर्थ।
चीरता तम को, सँभाले बुद्धि की पतवार,
आ गया है ज्योति की नव भूमि में संसार।

आज की दुनिया विचित्र, नवीन;
प्रकृति पर सर्वत्र है विजयी पुरुष आसीन।
हैं बँधे नर के करों में वारि, विद्युत, भाप,
हुक्म पर चढ़ता-उतरता है पवन का ताप।
हैं नहीं बाकी कहीं व्यवधान,
लाँघ सकता नर सरित्, गिरि, सिन्धु एक समान।

शीश पर आदेश कर अवधार्य,
प्रकृति के सब तत्व करते हैं मनुज के कार्य।
मानते हैं हुक्म मानव का महा वरुणेश,
और करता शब्दगुण अम्बर वहन संदेश।
नव्य नर की मुष्टि में विकराल
हैं सिमटते जा रहे प्रत्येक क्षण दिक्काल।

यह प्रगति निस्सीम! नर का यह अपूर्व विकास!
चरण-तल भूगोल! मुट्ठी में निखिल आकाश!

किन्तु, है बढ़ता गया मस्तिष्क ही निःशेष,
छूटकर पीछे गया है रह हृदय का देश;
नर मनाता नित्य नूतन बुद्धि का त्योहार,
प्राण में करते दुखी हो देवता चीत्कार।

चाहिए उनको न केवल ज्ञान,
देवता हैं माँगते कुछ स्नेह, कुछ बलिदान,
मोम-सी कोई मुलायम चीज,
ताप पाकर जो उठे मन में पसीज-पसीज;
प्राण के झुलसे विपिन में फूल कुछ सुकुमार;
ज्ञान के मरु में सुकोमल भावना की धार;
चाँदनी की रागिनी, कुछ भोर की मुसकान;
नींद में भूली हुई बहती नदी का गान;
रंग में घुलता हुआ खिलती कली का राज;

पत्तियों पर गूँजती कुछ ओस की आवाज;
आँसुओं में दर्द की गलती हुई तस्वीर;
फूल की, रस में बसी-भींगी हुई जंजीर।
धूम, कोलाहल, थकावट धूल के उस पार,
शीत जल से पूर्ण कोई मन्दगामी धार;
वृक्ष के नीचे जहाँ मन को मिले विश्राम,
आदमी काटे जहाँ कुछ छुट्टियाँ, कुछ शाम।
कर्म-संकुल लोक-जीवन से समय कुछ छीन,
हो जहाँ पर बैठ नर कुछ पल स्वयं में लीन;
फूल-सा एकान्त में उर खोलने के हेतु,
शाम को दिन की कमाई तोलने के हेतु।

ले चुकी सुख-भाग समुचित से अधिक है देह,
देवता हैं माँगते मन के लिए लघु गेह।

हाय रे मानव, नियति के दास!
हाय रे मनुपुत्र, अपना आप ही उपहास!
प्रकृति की प्रच्छन्नता को जीत,
सिन्धु से आकाश तक सबको किए भयभीत;
सृष्टि को निज बुद्धि से करता हुआ परिमेय,
चीरता परमाणु की सत्ता असीम, अजेय,
बुद्धि के पवमान में उड़ता हुआ असहाय
जा रहा तू किस दिशा की ओर को निरुपाय?
लक्ष्य क्या? उद्देश्य क्या? क्या अर्थ?
यह नहीं यदि ज्ञात तो विज्ञान का श्रम व्यर्थ।

सुन रहा आकाश चढ़ ग्रह-तारकों का नाद;
एक छोटी बात ही पड़ती न तुझको याद?
एक छोटी, एक सीधी बात,
विश्व में छायी हुई है वासना की रात।
वासना की यामिनी, जिसके तिमिर से हार,
हो रहा नर भ्रान्त अपना आप ही आहार;

बुद्धि में नभ की सुरभि, तन में रुधिर की कीच,
यह वचन से देवता, पर, कर्म से पशु नीच।

यह मनुज,
जिसका गगन में जा रहा है यान,
काँपते जिसके करों को देखकर परमाणु।
खोलकर अपना हृदय गिरि, सिन्धु, भू, आकाश
हैं सुना जिसको चुके निज गुह्यतम इतिहास।
खुल गए परदे, रहा अब क्या यहाँ अज्ञेय?
किन्तु, नर को चाहिए नित विघ्न कुछ दुर्जेय,
सोचने को और करने को नया संघर्ष,
नव्य जय का क्षेत्र, पाने को नया उत्कर्ष।

पर, धरा सुपरीक्षिता, विश्लिष्ट, स्वाद-विहीन,
यह पढ़ी पोथी न दे सकती प्रवेग नवीन।
एक लघु हस्तामलक यह भूमिमडल गोल,
मानवों ने पढ़ लिए सब पृष्ठ जिसके खोल।
किन्तु, नर-प्रज्ञा सदा गतिशालिनी, उद्दाम
ले नहीं सकती कहीं रुक एक पल विश्राम।
यह परीक्षित भूमि, यह पोथी पठित, प्राचीन
सोचने को दे उसे अब बात कौन नवीन?
यह लघुग्रह भूमिमंडल, व्योम यह संकीर्ण,
चाहिए नर को नया कुछ और जग विस्तीर्ण।

घुट रही नर-बुद्धि की है साँस;
चाहती वह कुछ बड़ा जग, कुछ बड़ा आकाश।
यह मनुज, जिसके लिए लघु हो रहा भूगोल,
अपर-ग्रह-जय की तृषा जिसमें उठी है बोल।
यह मनुज विज्ञान में निष्णात,
जो करेगा, स्यात् मंगल और विधु से बात।

यह मनुज, ब्रह्मांड का सबसे सुरम्य प्रकाश,
कुछ छिपा सकते न जिससे भूमि या आकाश।
यह मनुज, जिसकी शिखा उद्दाम;
कर रहे जिसको चराचर भक्तियुक्त प्रणाम।
यह मनुज, जो सृष्टि का शृंगार;
ज्ञान का, विज्ञान का, आलोक का आगार।

पर, सको सुन तो सुनो, मंगल-जगत के लोग!
तुम्हें छूने को रहा जो जीव कर उद्योग,
वह अभी पशु है; निरा पशु, हिंस्र, रक्त-पिपासु,
बुद्धि उसकी दानवी है स्थूल की जिज्ञासु।
कड़कता उसमें किसी का जब कभी अभिमान,
फूँकने लगते सभी हो मत्त मृत्यु-विषाण।

यह मनुज ज्ञानी, शृगालों, कुक्कुरों से हीन
हो, किया करता अनेकों क्रूर कर्म मलीन।
देह ही लड़ती नहीं, हैं जूझते मन-प्राण,
साथ होते ध्वंस में इसके कला-विज्ञान।
इस मनुज के हाथ से विज्ञान के भी फूल,
वज्र होकर छूटते शुभ धर्म अपना भूल।

यह मनुज, जो ज्ञान का आगार!
यह मनुज, जो सृष्टि का शृंगार!
नाम सुन भूलो नहीं, सोचो-विचारो कृत्य;
यह मनुज, संहार-सेवी वासना का भृत्य।
छद्म इसकी कल्पना, पाखंड इसका ज्ञान,
यह मनुष्य मनुष्यता का घोरतम अपमान।

'व्योम से पाताल तक सब कुछ इसे है ज्ञेय।'
पर, न यह परिचय मनुज का, यह न उसका श्रेय।
श्रेय उसका बुद्धि पर चैतन्य उर की जीत;
श्रेय मानव की असीमित मानवों से प्रीत;

एक नर से दूसरे के बीच का व्यवधान
तोड़ दे जो, है वही ज्ञानी, वही विद्वान,
और मानव भी वही।

जो जीव बुद्धि-अधीर
तोड़ना अणु ही, न इस व्यवधान का प्राचीर;
वह नहीं मानव; मनुज से उच्च, लघु या भिन्न
चित्र-प्राणी है किसी अज्ञात ग्रह का छिन्न।
स्यात्, मंगल या शनिश्चर लोग का अवदान,
अजनबी करता सदा अपने ग्रहों का ध्यान।

रसवती भू के मनुज का श्रेय,
यह नहीं विज्ञान, विद्या-बुद्धि यह आग्नेय;
विश्व-दाहक, मृत्यु-वाहक, सृष्टि का संताप,
भ्रान्त पथ पर अन्ध बढ़ते ज्ञान का अभिशाप।
भ्रमित प्रज्ञा का कुतुक यह इन्द्रजाल विचित्र,
श्रेय मानव के न आविष्कार ये अपवित्र।

सावधान, मनुष्य! यदि विज्ञान है तलवार,
तो इसे दे फेंक, तज कर मोह, स्मृति के पार।
हो चुका है सिद्ध, है तू शिशु अभी नादान;
फूल-काँटों की तुझे कुछ भी नहीं पहचान।
खेल सकता तू नहीं ले हाथ में तलवार;
काट लेगा अंग, तीखी है बड़ी यह धार।

रसवती भू के मनुज का श्रेय,
यह नहीं विज्ञान कटु, आग्नेय।
श्रेय उसका प्राण में बहती प्रणय की वायु,
मानवों के हेतु अर्पित मानवों की आयु।
श्रेय उसका आँसुओं की धार,
श्रेय उसका भग्न वीणा की अधीर पुकार।
दिव्य भावों के जगत् में जागरण का गान,

मानवों का श्रेय आत्मा का किरण-अभियान।
यजन, अर्पण, आत्मसुख का त्याग,
श्रेय मानव का तपस्या की दहकती आग।
बुद्धि-मन्थन से विनिर्गत श्रेय वह नवनीत,
जो करे नर के हृदय को स्निग्ध, सौम्य, पुनीत।
श्रेय वह विज्ञान का वरदान,
हो सुलभ सबको सहज जिसका रुचिर अवदान।
श्रेय वह नर-बुद्धि का शिवरूप आविष्कार,
ढो सके जिससे प्रकृति सबके सुखों का भार।
मनुज के श्रम के अपव्यय की प्रथा रुक जाए,
सुख-समृद्धि-विधान में नर के प्रकृति झुक जाए।

श्रेय होगा मनुज का समता-विधायक ज्ञान,
स्नेह-सिंचित न्याय पर नव विश्व का निर्माण।
एक नर में अन्य का निःशंक, दृढ़ विश्वास,
धर्मदीप्त मनुष्य का उज्ज्वल नया इतिहास-
समर, शोषण, ह्रास की विरुदावली से हीन,
पृष्ठ जिसका एक भी होगा न दग्ध, मलीन।
मनुज का इतिहास जो होगा सुधामय कोष,
छलकता होगा सभी नर का जहाँ संतोष।
युद्ध की ज्वर-भीति से हो मुक्त,
जब कि होगी, सत्य ही, वसुधा सुधा से युक्त।

श्रेय होगा सुष्ठु-विकसित मनुज का वह काल,
जब नहीं होगी धरा नर के रुधिर से लाल।
श्रेय होगा धर्म को आलोक वह निर्बन्ध,
मनुज जोड़ेगा मनुज से जब उचित सम्बन्ध।

(कुरूक्षेत्र)

युगान्त

(भीष्म की उक्ति)

अन्त नहीं नर-पंथ का, कुरुक्षेत्र की धूल,
आँसू बरसें, तो यहीं, खिले शान्ति का फूल।

द्वापर समाप्त हो रहा है धर्मराज, देखो,
लहर समेटने लगा है एक पारावार;
जग से विदा हो जा रहा है काल-खंड एक,
साथ लिए अपनी समृद्धि की चिता का क्षार;
संयुग की धूलि में समाधि युग की ही बनी,
बह रही जीवन की आज भी अजस्र धार;
गत ही अचेत हो गिरा है मृत्यु-गोद-बीच,
निकट मनुष्य के अनागत रहा पुकार।

मृत्ति के अधूरे, स्थूल भाग ही मिटे हैं यहाँ,
नर का जला है नहीं भाग्य इस रण में;
शोणित में डूबा है मनुष्य, मनुजत्व नहीं,
छिपता फिरा है देह छोड़ वह मन में;
आशा है मनुष्य की मनुष्य में, न ढूँढ़ो उसे
धर्मराज, मानव का लोक छोड़ वन में;
आशा मनुजत्व की विजेता के विलाप में है,
आशा है मनुष्य की तुम्हारे अश्रुकण में।

रण में प्रवृत्त राग-प्रेरित मनुष्य होता,
रहती विरक्त किन्तु, मानव की मति है;

मन से कराहता मनुष्य, पर, ध्वंस-बीच
तन से नियुक्त उसे करती नियति है;
प्रतिशोध से हो दृप्त वासना हँसाती उसे,
मन को कुरेदती मनुष्यता की क्षति है;
वासना-विराग, दो कगारों में पछाड़ खाती
जा रही मनुष्यता बनाती हुई गति है।

ऊँचा उठ देखो, तो किरीट, राज, धन, तप,
जप, याग, योग से मनुष्यता महान है;
धर्म-सिद्ध रूप नहीं भेद-भिन्नता का यहाँ,
कोई भी मनुष्य किसी अन्य के समान है;
वह भी मनुष्य है, न धन और बल जिसे,
मानव ही वह, जो धनी या बलवान है;
मिला जो निसर्ग-सिद्ध जीवन मनुष्य को है,
उसमें न दीखता कहीं भी व्यवधान है।

अब तक किन्तु, नहीं मानव है देख सका
शृंग चढ़ जीवन की समता-अमरता;
प्रत्यय मनुष्य का मनुष्य में न दृढ़ अभी,
एक दूसरे से अभी मानव है डरता;
और है रहा सदैव शंकित मनुष्य यह
एक दूसरे में द्रोह-द्वेष-विष भरता;
किन्तु, अब तक है मनुष्य बढ़ता ही गया
एक दूसरे से सदा लड़ता-झगड़ता।

कोटि नर-वीर, मुनि मानव के जीवन का
रहे खोजते ही शिवरूप आयु-भर हैं;
खोजते इसे ही सिन्धु मथित हुआ है और
छोड़े गए व्योम में अनेक ज्ञान-शर हैं;
खोजते इसे ही पाप-पंक में मनुष्य गिरे,
खोजते इसे ही बलिदान हुए नर हैं;

खोजते इसे ही मानवों ने है विराग लिया,
खोजते इसे ही किए ध्वंसक समर हैं।

खोजना इसे हो, तो जलाओ शुभ्र ज्ञान-दीप,
आगे बढ़ो वीर, कुरुक्षेत्र के श्मशान से;
राग में विरागी, राज-दण्ड-धर योगी बनो,
नर को दिखाओ पन्थ त्याग-बलिदान से;
दलित मनुष्य में मनुष्यता के भाव भरो,
दर्प की दुरग्नि करो दूर बलवान से;
हिम-शीत भावना में आग अनुभूति की दो,
छीन लो हलाहल उदग्र अभिमान से।

रण रोकना है, तो उखाड़ विषदन्त फेंको,
वृक-व्याघ्र-भीति से मही को मुक्त कर दो;
अथवा अजा के छागलों को भी बनाओ व्याघ्र,
दाँतों में कराल कालकूट-विष भर दो;
वट की विशालता के नीचे जो अनेक वृक्ष
ठिठुर रहे हैं, उन्हें फैलने का वर दो;
रस सोखता है जो मही का भीमकाय वृक्ष,
उसकी शिराएँ तोड़ो, डालियाँ कतर दो।

(कुरुक्षेत्र)

बापू

[1]

संसार पूजता जिन्हें तिलक, रोली, फूलों के हारों से,
मैं उन्हें पूजता आया हूँ बापू! अब तक अंगारों से।
अंगार, विभूषण यह उनका, विद्युत् पीकर जो आते हैं,
ऊँघती शिखाओं की लौ में चेतना नयी भर जाते हैं।

उनका किरीट, जो कुहा-भंग करते प्रचंड हुंकारों से,
रोशनी छिटकती है जग में जिनके शोणित की धारों से।
झेलते वह्नि के वारों को जो तेजस्वी बन वह्नि प्रखर,
सहते ही नहीं, दिया करते विष का प्रचंड विष से उत्तर।

अंगार हार उनका, जिनकी सुन हाँक समय रुक जाता है,
आदेश जिधर का देते हैं, इतिहास उधर झुक जाता है।
आते जो युग-युग में मिट्टी का चमत्कार दिखलाने को,
ठोंकने पीठ भूमंडल की नभ-मंडल से टकराने को।

अंगार हार उनका, जिनके आते ही कह उठता अम्बर,
"हम स्ववश नहीं तब तक, जब तक धरती पर जीवित है यह नर।"
अंगार हार उनका कि मृत्यु भी जिनकी आग उगलती है
सदियों तक जिनकी सही हवा के वक्षस्थल पर जलती है।

पर, तू इन सब से परे, देख तुझको अंगार लजाते हैं,
मेरे उद्वेलित-ज्वलित गीत सामने नहीं हो पाते हैं।

[2]

बापू! तू वह कुछ नहीं, जिसे ज्वालाएँ घेरे चलती हैं,
बापू! तू वह कुछ नहीं, दिशाएँ जिसको देख दहलती हैं।
तू सहज शान्ति का दूत, मनुज के सहज प्रेम का अधिकारी,
दृग में उँड़ेल कर सहज शील देखती तुझे दुनिया सारी।

धरती की छाती से अजस्र चिर-संचित क्षीर उमड़ता है,
आँखों में भर कर सुधा तुझे यह अम्बर देखा करता है।
कोई न भीत; कोई न त्रस्त्र; सब ओर प्रकृति है प्रेम-भरी,
निश्चिन्त जुगाली करती है छाया में पास खड़ी बकरी।

[3]

भू पर तो आते वे भी जो जीता या हारा करते हैं,
मिट्टी में छिपे अनल को अपनी ओर पुकारा करते हैं।
जीते लपटों के बीच मचा धरणी पर भीषण कोलाहल,
जाते-जाते दे जाते हैं भावी युग को निज तेज-अनल।

पर, तू इन सब से भिन्न ज्योति, जेताजेता से महीयान,
कूटस्थ पुरुष! तेरा आसन सब से ऊँचा, सब से महान।
क्या हार-जीत खोजे कोई उस अद्भुत पुरुष अहन्ता की,
हो जिसकी संगर-भूमि बिछी गोदी में जगन्नियन्ता की!

संगर की अद्भुत भूमि, जहाँ पड़ने वाला प्रत्येक कदम—
है विजय; पराजय भी जिसकी होती न प्रार्थनाओं से कम।
संगर की अद्भुत भूमि, नहीं कुछ दाह, न कोई कोलाहल;
चल रहा समर सबसे महान, पर, कहीं नहीं कुछ भी हलचल।

[4]

देवों को जिस पर गर्व, योग्य उस शुचिता के वसुधा भी है,
नर में है जहाँ विकार अमित, अन्तर्हित वही सुधा भी है।
सब ने देखे विद्वेष-गरल, तू ने देखा अमृत-प्रवाह,
सब ने बड़वानल लिया, लिया तूने करुणा-सागर अथाह।

नर के भीतर की दुनिया में है कहीं अवस्थित देवालय,
सदियों में कभी-कभी कोई मरमी पाता जिसका परिचय।
देवालय, सूना नहीं, देवता हैं, लेकिन, कुछ डरे हुए;
दानव के गर्जन-तर्जन से कुछ भीति-भाव से भरे हुए।

मानवता का मरमी सुजान! आया तू भीति भगाने को,
अपदस्थ देवता को नर में फिर से अभिषिक्त कराने को।
तू चला, लोग कुछ चौंक पड़े, 'तूफान उठा या आँधी है?'
ईसा की बोली रूह, 'अरे! यह तो बेचारा गांधी है!'

दुनिया ने चाहा प्रश्न करे, क्या कहिये इस दीवाने को?
दो बूँद सुधा लेकर निकला है जग की आग बुझाने को।
पर, तू न रुका; सीधे अपने निर्दिष्ट पन्थ पर जा निकला,
पद-चिह्नों को देखते हुए पीछे-पीछे इतिहास चला।

[5]

इतिहास चला, पर, नहीं मुग्ध होकर ज्वलन्त भाषाओं से,
वह चला स्वयं प्रेरित होकर अपनी अस्फुट आशाओं से।
मानवता का इतिहास, युद्ध के दावानल से जला हुआ,
मानवता का इतिहास, मनुज की प्रखर बुद्धि से छला हुआ।

मानवता का इतिहास, मनुज की मेधा से घबराता-सा
मानवता का इतिहास, ज्ञान पर विस्मय-चिह्न बनाता-सा,
मानवता का इतिहास, निराशा से टकरा कर फिरा हुआ;
मानवता का इतिहास, आपदाओं में आ कर घिरा हुआ।

मानवता का इतिहास विकल, हाँफता हुआ, लोहू-लुहान;
दौड़ा तुझ से माँगता हुआ बापू! दुःखों से सपदि त्राण!

[6]

पर, त्राण कहाँ? किस्मत के लाखों भोग अभी तक बाकी हैं
धरती के तन में एक नहीं, सौ रोग अभी तक बाकी हैं।

जल रही आग दुर्गन्ध लिये, छा रहा चतुर्दिक विकट धूम,
विष के मतवाले कुटिल नाग निर्भय फण जोड़े रहे घूम।

द्वेषों का भीषण तिमिर-व्यूह, पग-पग प्रहरी हैं अविश्वास,
है चमू सजी दानवता की, खिलखिला रहा है सर्वनाश।
पर, हो अधीर मत मानवते! पर, हो अधीर मत मेरे मन!
है जूझ रही इस व्यूह-बीच धरती की कोमल एक किरण।

अब प्रश्न नहीं, यह एक किरण किस तरह द्वन्द्व से छूटेगी,
है प्रश्न, व्यूह पर इसी तरह बाकी किरणें कब टूटेंगी?
बापू ने राह बना डाली, चलना चाहे, संसार चले,
डगमग होते हों पाँव अगर तो पकड़ प्रेम का तार चले।

[7]

दानवता से मैं भी अधीर, नर पर मेरा भी सहज़ प्यार,
मैं भी चाहता पकड़ पाऊँ इस अमिट प्रेम का क्षीण तार।
पर, हाय, प्रणय के तार! छोर बस एक हमारे कर में है;
क्या अन्य छोर भी इसी तरह आबद्ध अपर अन्तर में है?

उत्तर दे सकता कौन? शान्त, मेरे शंकाकुल कुटिल हृदय!
जब तक शंकाएँ शेष, नहीं दर्शन दे सकता, तुझे प्रणय।
चाहता प्रेम-रस पाना तो हिम्मत-कर, बढ़कर बलि हो जा,
मत सोच, मिलेगा क्या पीछे, पहले तो आप स्वयं खो जा।

है प्रेम-लोक का नियम, सहन कर जो बीते कुछ बोल नहीं;
है पाँव खड्ग की धारा पर, चल बँधी चाल में, डोल नहीं।

[8]

ली जाँच प्रेम ने बहुत, मगर, बापू! तू सदा खरा उतरा,
शूली पर से भी बार-बार तू नूतन ज्योति-भरा उतरा।
प्रेमी की यह पहचान, परुषता को न जीभ पर लाते हैं,
दुनिया देती है जहर, किन्तु, वे सुधा छिड़कते जाते हैं।

जानें कितने अभिशाप मिले, कितना है पीना पड़ा गरल,
तब भी नयनों में ज्योति हरी, तब भी मुख पर मुस्कान सरल।
सामान्य मृत्तिका के पुतले, हम समझ नहीं कुछ पाते हैं,
तू ढो लेता किस भाँति पाप जो हम दिन-रात कमाते हैं?

कितना विभेद! हम भी मनुष्य, पर, तुच्छ स्वहित में सदा लीन,
पल-पल चंचल, व्याकुल, विषण्ण, लोहू के तापों के अधीन।
पर, तू तापों से परे, कामना-जयी, एकरस, निर्विकार,
पृथ्वी को शीतल करता है, छाया-द्रुम-सी बाँहें पसार।

[9]

इतिहास आँकता है गाथा, था भरत-भूमि का एक भाग,
संयोग, अकारण वहाँ कभी फुँकार उठे विकराल नाग।
विष की ज्वाला से दह्यमान हो उठा व्यग्र सारा खगोल,
मतवाले नाग अशंक चले खोले जिह्वाएँ लोल-लोल।

हँसों के नीड़ लगे जलने, हँसों की गिरने लगी लाश,
नर नहीं, नारियों से होली खेलने लगा खुल सर्वनाश।
कामार्त्त दानवों के नीचे जगदम्बा काँप उठीं थर-थर,
पर, साथ आज ही खड्ग नहीं, पर, साथ आज ही नहीं जहर।

लपटों से लज्जा ढँको, कहाँ हो? धधको, धधको घोर अनल!
कब तक ढँक पायेंगे इसको रमणी के दो छोटे करतल?
नारी का शील गिरा खंडित, कौमार्य गिरा लोहू-लुहान;
भगवान भानु जल उठे क्रुद्ध, चिंग्घार उठा यह आसमान।

पर, हिली नहीं कुरु की परिषद्, पर, हिले नहीं पांडव सभीत,
ललकार कौंध कर चली गई, रह गये सोचते धर्म-नीति।
बापू! तू कलि का कृष्ण, विकल आया आँखों में नीर लिये,
थी लाज द्रौपदी की जाती केशव-सा दौड़ा चीर लिये।

[10]

इतिहास! परख नूतन विधान, पन्ने समेट ले पुराचीन
बापू ने कलम उठाई है लिखने को कुछ गाथा नवीन।
थी पड़ी दृष्टि पहले भी क्या तेरी ऐसे नर नामी पर,
जो खुले पाँव निःशंक घूमता हो साँपों की बामी पर?

विस्मय है, जिस पर घोर लौह-पुरुषों का कोई बस न चला,
उस गढ़ में कूदा दूध और मिट्टी का बना हुआ पुतला!
सारे सम्बल के तीन खंड, दो वसन, एक सूखी लकड़ी,
सारी सेनाओं की प्रतीक पीछे चलने वाली बकरी।

दानव की आँखों में अशंक अपनी आँखें डालते हुए,
कुछ घृणा कलह से नहीं, प्रेम से ही उसको सालते हुए,
बापू आगे जा रहे जहर की बाढ़ निघटती जाती है;
सहमी-सहमी-सी अनी तिमिर की पीछे हटती जाती है।

[11]

वह सुनो, सत्य चिल्लाता है, ले मेरा नाम अँधेरे में,
करुणा पुकारती है मुझको आबद्ध घृणा के घेरे में!
श्रद्धा, मैत्री, विश्वास, प्रेम, बन्दी हैं मेरे सभी लोग,
धिक्कार मुझे जो सहूँ किसी के भय से मैं इनका वियोग।

देवता चाहते हैं जाऊँ मैं, सत्वर उन्हें बचाने को,
या कारागृह में कूद स्वयं बँधने को या जल जाने को।
मत साथ लगे कोई मेरे, एकाकी आज चलूँगा मैं,
जो आग उन्हें है भून रही, उसमें जा स्वयं जलूँगा मैं।

एकाकी, हाँ एकाकी हूँ, डँसना चाहे तो व्याल डँसे,
करुणा को जिसने ग्रसा, बढ़े आगे, मुझको वह काल ग्रसे।
मैत्री, विश्वास, अहिंसा को जिस महा दनुज ने खाया है,
है कहाँ छिपा! ले ले, भोजन फिर वैसा ही कुछ आया है।

बामी से कढ़ बाहर आवे, वह दनुज मुझे भी खाने को,
मैं हो आया तैयार प्रेम का अन्तिम मोल चुकाने को।
भर गया पेट इतने से ही? मुझको खाने की चाह नहीं?
पर, याद रहे, मैं सहज छोड़ देने वाला हूँ राह नहीं।

बामी-बामी पर घूम-घूम मैं तब तक अलख जगाऊँगा,
जब तक न हृदय की सीता को तुमसे वापस फिर पाऊँगा।
या दे दूँगा मैं प्राण, खमंडल में हो चाहे जो उपाधि,
मानवता की जो कब्र, वही गांधी की भी होगी समाधि।

[12]

पाताल, तलातल, अतल, वितल को फोड़ महीतल पर सरसो
अयि सुधे! गगन से धार बाँध धरती पर द्रुत बरसो-बरसो।
हो रहा बड़ा अतिकाल, मही को भरो, भरो रस-धारा से,
अपनी लहरों पर लो उछाल बापू को विष की कारा से।

यह नहीं प्रतिज्ञा बापू की, विपदा है गहन-गंभीर खड़ी,
बन हठी जहर के कीचड़ में धरती की है तकदीर खड़ी।
बापू जो हारे, हारेगा जगतीतल का सौभाग्य-क्षेम
बापू जो हारे, हारेंगे श्रद्धा, मैत्री, विश्वास, प्रेम।

श्रद्धा, विश्वास, क्षमा, ममता, सत्यता, स्नेह, करुणा अथोर,
सबको सहेज कर बापू ने सागर में दी है नाव छोड़।
भँवरों में यों मत नचा इसे, मत इसे तरंगों पर उछाल;
चिर-सहज क्षुब्धता को समेट शीतल हो जा अम्बुधि विशाल।

देवों की भी है साँस रुकी, सागर! सागर! हो सावधान!
है लदी हुई इस नौका पर मानवता की पूँजी महान।
यह डूब गई तो डूबेंगे मानवता के सारे सिंगार,
यह पार लगी तो धरती की घायल किस्मत भी लगी पार।

अन्धड़ के झोंके नाच रहे, है नाच रहा विप्लव कराल,
बाँसों उठ-उठ फण पटक रहा सागर का यह विक्षुब्ध व्याल।
नाविक दृग मूँदे, हाथ जोड़, जा बैठा लोक अपर में है,
भगवान! सँभालो, नौका को पतवार तुम्हारे कर में है।

[13]

बापू! मैं तेरा समयुगीन; है बात बड़ी, पर कहने दे;
लघुता को भूल तनिक गरिमा के महासिन्धु में बहने दे।
यह छोटी-सी भंगुर उमंग पर, कितना अच्छा नाता है,
लगता है पवन वही मुझको, जो छू कर तुझको आता है।

सच है कि समय के स्मृति-पट पर रवि-सा होगा तू भासमान,
हम चमक-चमक बुझ जायेंगे क्षीणायु, क्षणिक उडु के समान।
पर, कहीं राम-सा साथ-साथ तेरे पीछे चल पड़ा देश;
बापू! मैं तेरा समयुगीन होकर हूँगा उपकृत विशेष।

[14]

तू कालोदधि का महास्तम्भ, आत्मा के नभ का तुंग केतु,
बापू! तू मर्त्य-अमर्त्य, स्वर्ग-पृथ्वी, भू-नभ का महासेतु।
तेरा विराट यह रूप कल्पना-पट पर नहीं समाता है,
जितना कुछ कहूँ, मगर कहने को शेष बहुत रह जाता है;
लज्जित मेरे अंगार; तिलक-माला भी यदि ले आऊँ मैं,
किस भाँति उठूँ इतना ऊपर? मस्तक कैसे छू पाऊँ मैं?

ग्रीवा तक हाथ न जा सकते, उँगलियाँ न छू सकतीं ललाट,
वामन की पूजा किस प्रकार पहुँचे तुझ तक मानव विराट[1]?

(बापू, 1947)

1. महात्मा गांधी की नोआखाली-यात्रा के समय विरचित।

पानी की चाल

सदी[1] नाम के अंग्रेजी-कवि ने यह यश पाया है,
पानी का बहना कविता में जिन्दा दिखलाया है।
उस रचना को देख एक दिन अकबर का मन डोला,[2]
फिर बहाव पर उर्दू की ताकत को उनने तोला।

बहुत क्रियापद जुटा दिखाया यह कौशल बानी का,
कैसा चित्र शब्द ले सकता है बहते पानी का।
बहुत खूब है हुआ महाकवि अकबर का भी कहना,
पंक्ति-पंक्ति में जिन्दा उतरा है पानी का बहना।

और आज है मुझे फिक्र यह, मैं भी कलम उठाऊँ,
हिन्दी की चौड़ी घाटी में दरिया एक बहाऊँ।
लेकिन! कहाँ सदी औ' अकबर? और कहाँ मैं पोला?
उस पर गजब, कला का अबतक चुस्त नहीं है चोला।

रक्त-हीन जो कला पूजती केवल शब्द-चयन को,
कैसे बाँध सकेगी वह तूफाँ, आँधी, प्लावन को।
उसपर मैं बहका-बहका-सा हूँ तन मन से भारी,
कला पारखी सच ही कहते कुछ-कुछ मुझे अनाड़ी।

टेढ़ी-मेढ़ी चाल नदी की, और राह में रोड़े,
बिगड़ गयी तसवीर कहीं, तो पीठ गिनेगी कोड़े।

---

1. राबर्ट सदी। 2. अकबर इलाहाबादी, उर्दू के प्रसिद्ध कवि।

नयी लिखूँ तो सदी और अकबर से भी डरता हूँ,
मगर खैर, कुछ हँसी-हँसी में ही कोशिश करता हूँ।

माना, मैं कुछ नहीं, कला भी नाजों की पाली है,
सब कुछ सही, मगर, हिन्दी भाषा तो बलवाली है।
अच्छा, मेरी कठिनाई की पूरी हुई कहानी,
अब देखिये, चला चोटी से उछल-कूद कर पानी।

उठता-गिरता शोर मंचाता, पत्थर पर सिर धुनता,
अपने ही गर्जन की चारों ओर प्रतिध्वनि सुनता।
घबराता-सा, शिला-गोद से नीचे उछल उतरता,
फूल-फैल कर पल में घाटी की खाई को भरता।

हा-हा करता, धूम मचाता, बल से अकड़ उबलता,
गर्जमान, पागल-सा मुँह से रह-रह झाग उगलता।
चट्टानों के बीच साँप-सा टेढ़ी राह बनाता,
सरक-सरक चलता, पत्थर से जहाँ-तहाँ टकराता।

अभी ठहर कर यहाँ फूलता, उठता, ऊपर चढ़ता,
अभी वहाँ ढालू पर से हो नीचे दौड़ उतरता।
ताली दे आनन्द मचाता, गाता और बजाता,
गली हुई चाँदी को दिन की आभा में चमकाता।

इस पौधे का फूल चुराकर लहरों पर तैराता,
उसको एक थपेड़ा देता, इसको छेड़ चिढ़ाता।
इस घाटी से अंग बचाता, उस घाटी से सटता,
फटता यहाँ, वहाँ सकुचाता, डरता, सिकुड़ सिमटता।

यहाँ घनी झुरमुट में अपने को हर तरह छिपाता,
वहाँ निकल घासों पर उजली चादर-सी फैलासा।
कहीं बर्फ की चट्टानों में निज को चित्रित करता,
कहीं किनारों के फूलों का बिम्ब हृदय में भरता।

कंकड़ियों पर यहाँ दौड़ता, आगे पैर बढ़ाता,
वहाँ शाल-वन की छाया में ठहर जरा सुस्ताता।
झुकी डालियों के पत्तों को छूता हुआ लहर से,
सुनता कूजित गीत विहग का झुरमुट के भीतर से।

वन के लाखों जीव जन्तुओं से परिचय दृढ़ करता,
सबकी आँखें बचा भागता आगे उठता-गिरता।
लहरों की फौजें असंख्य ले घहराता-हहराता,
देख दूर से ही रुकावटों पर बकता-चिल्लाता।

लो, देखो, वह आ पहुँचा है गाता मस्त सुरों में,
कोलाहल करता खेतों, खलिहानों, गाँव-पुरों में।
चौड़ी छाती फुला अकड़ता, अल्हड़ धूम मचाता,
छाता चारों ओर, एक जल-थल का समाँ रचाता।

जिधर उठाओ नजर, उधर है केवल पानी-पानी,
बाढ़ कहो तुम, मगर, यही है चढ़ती हुई जवानी।
कोलाहल है, आर्त्तनाद है, है यह त्रास समाया,
हटो, बचो, अबकी यह पानी काल-सरीखा आया।

और, काल-सा ही यह पानी चला जा रहा बढ़ता।
देहली, दीवारों, ऊँचे- टीले छप्पर पर चढ़ता।
हाँ, देखो, वह चला जा रहा लाखों को कलपाता,
खेत किसी का डुबो, किसी का छप्पर तोड़ बहाता।

बड़े-बड़े बाँधों को टक्कर मार, तोड़ कर बहता,
अपने ही बल के वेगों से व्याकुल उमग उमहता।
टोकों को अनसुनी किये-सा, रोकों से टकराता,
ताल ठोंक सब ओर जवानी के जौहर दिखलाता।

मीलों तक मिट्टी कगार की काट उदर निज भरता,
बड़े-बड़े पेड़ों की जड़ पल में उत्पाटित करता।

महाकाय जलयानों को भँवरों में घेर नचाता,
बड़े-बड़े गजराजों को पत्तों की तरह बहाता।

गीली मिट्टी लेप बदन में, बना हुआ दीवाना,
छाता बन कर नाश और गाता अलमस्त तराना।
औढर दानी-सा नालों का घर बिन माँगे भरता,
और लुटेरे-सा किसान के हरे खजाने हरता।

टीलों पर चढ़ने को हठयोगी-सा धुनी रमाता,
और, नीच-सा खाई में गिर जाने को अकुलाता।
गाँव, शहर, खलिहान, खेत को छूता, अलख जगाता,
चला जा रहा महापथिक-सा हँसता, रोता, गाता।

देखो, गिरि से दूर सिन्धु-तक जल की एक लड़ी है,
कहूँ कहाँ तक? इस प्रवाह की महिमा बहुत बड़ी है।
बहुत हुआ, अब आज खत्म करता हूँ यहीं कहानी,
यद्यपि अब भी उसी वेग से बहा जा रहा पानी।

(धूपछाँह, 1945)

कवि का मित्र

[1]

आहट हुई; हुई फिर 'कोई है?' की वही पुकार,
कुशल करें भगवान कि आया फिर वह मित्र उदार।
चरणों की आहट तक मैं हूँ खूब गया पहचान,
सुनकर जिसे काँपने लगते थर-थर मेरे प्रान।
मैं न डरूँगा, पड़े अगर यमदूतों से भी काम,
मगर, दूर से ही करता हूँ श्रद्धा-सहित प्रणाम
उन्हें, नहीं आकर जो फिर लेते जाने का नाम।

[2]

मेरी कुर्सी खींच, बैठ कर बहुत पूछता हाल,
(कह दूँ, आहट सुनी तुम्हारी, और हुआ बेहाल?)
उलट-पुलट कविता की कापी देने लगता राय,
कहाँ पंक्तियाँ शिथिल हुई हैं; कहाँ हुईं असहाय।
देता है उपदेश बहुत, देता है नूतन ज्ञान;
मेरी गन्दी रहन-सहन पर भी देता है ध्यान।
सब कुछ देता, एक नहीं देता अपने से त्राण।

[3]

झपट छीन लेता है मेरे हाथों से अखबार,
कहता, 'क्या पढ़-पढ़ कर डालोगे अपने को मार?'
फिर कहता, 'कुछ द्रव्य जुगा कर खड़ा करो कुछ काम,
पैसे भी कुछ मिलें और हो दुनिया में भी नाम।'

सब सिगरेट खत्म कर कहता एक और दो यार,
बक्से खोल, दराज खोलता रह-रह विविध प्रकार।
एक नहीं खोलता कभी बाहर जाने का द्वार।

[4]

कभी-कभी आकर देने लगता है शुभ संवाद,
'रगड़ रहे हैं तुम्हें आजकल फलाँ-फलाँ नक्काद;
मैं सह सकता नहीं तुम्हारा ऐसा तीव्र विरोध,
अभी एक को डाँट दिया, आया ऐसा कुछ क्रोध।'
डिब्बा खोल, पान खा-खा कर करता है आराम,
तरह-तरह की बातें कहता ही रहता अविराम।
लेकिन, कभी नहीं कहता, 'अच्छा, अब चला, प्रणाम।'

[5]

यही नहीं, अनमोल समय की मुझे दिलाकर याद,
कहता, 'तुम गप्पों में करते बहुत वक्त बर्बाद।
जब देखो तब मित्र पड़े हैं डटकर आठों याम!
इस प्रकार कबतक चल सकता है लेखक का काम?
आशा कितनी बड़ी लगा तुमसे बैठा है देश,
और इधर तुम बकवासों में समय रहे कर शेष।
सिर्फ सुनाता ही है, सुनता स्वयं नहीं उपदेश।

[6]

चाहे जितना सिर खुजलाऊँ, मुद्रा करूँ मलीन,
कलम पकड़, सिर थाम, कल्पना में हो जाऊँ लीन।
चाहे जितने करूँ नाट्य, पर, तनिक न डिगता वीर,
किसी तरह की मुद्रा से होता है नहीं अधीर।
कहता, 'हाँ, तुम लिखो; इधर मैं बैठा हूँ चुपचाप'।
मैं कहता, मन-ही, मन, बाकी अभी बहुत है पाप;
लिखूँ खाक, जब तक दिमाग पर चढ़े हुए हैं आप?

(धूपछाँह, प्र.सं.)

सपनों का धुआँ

"है कौन?" "मुसाफिर वही, जो कि कल आया था,
या कल जो था मैं, आज उसी की छाया हूँ,
जाते-जाते कल छूट गए कुछ स्वप्न यहीं,
खोजते रात में आज उन्हीं को आया हूँ।"

"जीते हैं मेरे स्वप्न? आपने देखा था?"
(बोले) "हाँ, छोड़ गए थे यहाँ आप ही दूब हरी?
अफसोस मगर, कल शाम आपके जाते ही,
चर गई उसे जड़-मूल-सहित मेरी बकरी।"

"चन्दन भी था कुछ पड़ा हुआ घर के बाहर,
कल रात लगी थरथरी उसे तब मँगवाया।
जी भर कर तापा धर कर उसे अँगीठी में,
जब धुआँ उठा, घर भर को बड़ा मजा आया।"

(मैंने कहा) "दूर ही रहो अय चाँद! आदमी बड़े-बड़े
आगे-पीछे भी नहीं सोचने पाएँगे,
पीयूष तुम्हारे मरने का कारण होगा,
प्याले पर धर कर तुम्हें चाट ही जाएँगे।"

(धूप और धुआँ, 1949)

समष्टिवादी से

तुम जो कहते हो, हम भी हैं चाहते वही,
हम दोनों की किस्मत है एक दहाने में;
है फर्क मगर, काशी में जब वर्षा होती
हम नहीं तानते हैं छाते बरसाने में।

तुम कहते हो, आदमी नहीं यों मानेगा,
खूँटे से बाँधों इसे और रिरियाने दो;
सीधे मन से यह पाठ नहीं जो सीख सका,
लाठी से थोड़ी देर हमें सिखलाने दो।

हम कहते हैं, आदमी तभी सीधा होगा,
जब ऊँचाई पर पहुँच स्वयं वह जागेगा;
यों, सदी-दो-सदी तक खूँटे से बाँध रखो,
जंजीरें ढीली हुईं कि वह फिर भागेगा।

है आँख तुम्हारी निराकारता के ऊपर,
तुम देख रहे कल्पित समाज की छाया को;
हमको तो केवल व्यष्टि दिखाई पड़ती है,
मुट्ठी कैसे पकड़े समष्टि की माया को?

मढ़ कभी सकोगे चाम निखिल भूमंडल पर?
बेकार रात-दिन इतना स्वेद बहाते हो।
काँटे पथ में हैं अगर, व्यक्ति के पाँवों में
तुम अलग-अलग जूते क्यों नहीं पिन्हाते हो?

(धूप और धुआँ, 1948)

कर्ण-कृष्ण-संवाद

वर्षों तक वन में घूम-घूम,
बाधा-विघ्नों को चूम-चूम,
सह धूप-घाम, पानी-पत्थर,
पाण्डव आये कुछ और निखर।
सौभाग्य न सब दिन सोता है,
देखें, आगे क्या होता है?

मैत्री की राह बताने को,
सबको सुमार्ग पर लाने को,
दुर्योधन को समझाने को,
भीषण विध्वंस बचाने को,
भगवान् हस्तिनापुर आये,
पाण्डव का सन्देशा लाये।

"दो न्याय अगर, तो आधा दो,
पर, इसमें भी यदि बाधा हो,
तो दे दो केवल पाँच ग्राम,
रक्खो अपनी धरती तमाम।
हम वही खुशी से खायेंगे,
परिजन पर असि न उठायेंगे।"

"दुर्योधन वह भी दे न सका,
आशिष समाज की ले न सका,

उलटे, हरि को बाँधने चला,
जो था असाध्य, साधने चला।
जब नाश मनुज पर छाता है,
पहले विवेक मर जाता है।

हरि ने भीषण हुङ्कार किया,
अपना स्वरूप-विस्तार किया,
डगमग-डगमग दिग्गज डोले,
भगवान् कुपित होकर बोले–
ज़ंजीर बढ़ा कर साध मुझे,
हाँ-हाँ, दुर्योधन! बाँध मुझे।

"यह देख, गगन मुझमें लय है,
यह देख, पवन मुझमें लय है,
मुझमें विलीन झङ्कार सकल,
मुझमें लय है संसार सकल।
अमरत्व फूलता है मुझमें,
संहार झूलता है मुझमें।

"उदयाचल मेरा दीप्त भाल,
भूमण्डल वक्षस्थल विशाल,
भुज परिधि-बन्ध को घेरे हैं,
मैनाक-मेरु पग मेरे हैं।
दिपते जो ग्रह-नक्षत्र-निकर,
सब हैं मेरे मुख के अन्दर।

"दृग हों तो दृश्य अकाण्ड देख,
मुझमें सारा ब्रह्माण्ड देख,
चर-अचर जीव, जग क्षर-अक्षर,
नश्वर मनुष्य, सुरजाति अमर,
शत कोटि सूर्य, शत कोटि चन्द्र,
शत कोटि सरित, सर, सिन्धु मन्द्र;

"शत कोटि विष्णु, ब्रह्मा, महेश,
शत कोटि जिष्णु, जलपति धनेश,
शत कोटि रुद्र, शत कोटि काल,
शत कोटि दण्डधर लोकपाल।
ज़ंजीर बढ़ाकर साध इन्हें,
हाँ-हाँ, दुर्योधन! बाँध इन्हें।

"भूलोक, अतल पाताल देख,
गत और अनागत काल देख,
यह देख, जगत् का आदि-सृजन,
यह देख, महाभारत का रण;
मृतकों से पटी हुई भू है,
पहचान, कहाँ इसमें तू है।

"अम्बर में कुन्तल-जाल देख,
पद के नीचे पाताल देख,
मुट्ठी में तीनों काल देख,
मेरा स्वरूप विकराल देख।
सब जन्म मुझी से पाते हैं,
फिर लौट मुझी में आते हैं।

"जिह्वा से कढ़ती ज्वाल सघन,
साँसों में पाता जन्म पवन,
पड़ जाती मेरी दृष्टि जिधर,
हँसने लगती है सृष्टि उधर।
मैं जभी मूँदता हूँ लोचन,
छा जाता चारों ओर मरण।

"बाँधने मुझे तो आया है,
ज़ंजीर बड़ी क्या लाया है?
यदि मुझे बाँधना चाहे मन,

पहले तो बाँध अनन्त गगन।
सूने को साध न सकता है,
वह मुझे बाँध कब सकता है?

"हित-वचन नहीं तूने माना,
मैत्री का मूल्य न पहचाना,
तो ले, मैं भी अब जाता हूँ,
अन्तिम संकल्प सुनाता हूँ।
याचना नहीं, अब रण होगा,
जीवन-जय या कि मरण होगा।

"टकरायेंगे नक्षत्र-निकर,
बरसेगी भू पर वह्नि प्रखर,
फण शेषनाग का डोलेगा,
विकराल काल मुँह खोलेगा।
दुर्योधन! रण ऐसा होगा,
फिर कभी नहीं जैसा होगा।

"भाई पर भाई टूटेंगे,
विष-बाण बूँद-से छूटेंगे,
वायस-शृगाल सुख लूटेंगे,
सौभाग्य मनुज के फूटेंगे।
आखिर तू भूशायी होगा,
हिंसा का पर, दायी होगा।"

थी सभा सन्न, सब लोग डरे,
चुप थे या थे बेहोश पड़े।
केवल दो नर न अघाते थे,
धृतराष्ट्र-विदुर सुख पाते थे।
कर जोड़ खड़े प्रमुदित, निर्भय,
दोनों पुकारते थे 'जय-जय!'

[2]

भगवान् सभा को छोड़ चले,
करके रण-गर्जन घोर चले,
सामने कर्ण सकुचाया-सा,
आ मिला चकित, भरमाया-सा।
हरि बड़े प्रेम से कर धर कर,
ले चढ़े उसे अपने रथ पर।

रथ चला, परस्पर बात चली,
शम-दम की टेढ़ी घात चली।
शीतल हो हरि ने कहा, हाय,
अब शेष नहीं कोई उपाय।
हो विवश हमें धनु धरना है,
क्षत्रिय-समूह को मरना है।

"मैंने कितना कुछ कहा नहीं?
विषव्यंग्य कहाँ तक सहा नहीं?
पर, दुर्योधन मतवाला है,
कुछ नहीं समझनेवाला है।
चाहिये उसे बस रण केवल,
सारी धरती कि मरण केवल।

"हे वीर! तुम्हीं बोलो अकाम,
क्या वस्तु बड़ी थी पाँच ग्राम?
वह भी कौरव को भारी है,
मति गयी मूढ़ की मारी है।
दुर्योधन को बोधूँ कैसे?
इस रण को अवरोधूँ कैसे?

"सोचो, क्या दृश्य विकट होगा,
रण में जब काल प्रकट होगा?

बाहर शोणित की तप्त धार,
भीतर विधवाओं की पुकार।
निरशन, विषण्ण बिललायेंगे,
बच्चे अनाथ चिल्लायेंगे।

"चिन्ता है, मैं क्या और करूँ?
शान्ति को छिपा किस ओट धरूँ?
सब राह बन्द मेरे जाने,
हाँ, एक बात यदि तू माने,
तो शान्ति नहीं जल सकती है,
समराग्नि अभी टल सकती है।

"पा तुझे धन्य है दुर्योधन,
तू एकमात्र उसका जीवन।
तेरे बल की है आस उसे,
तुझसे जय का विश्वास उसे।
तू संग न उसका छोड़ेगा,
वह क्यों रण से मुख मोड़ेगा?

"क्या अघटनीय घटना कराल?
तू पृथा-कुक्षि का प्रथम लाल,
बन सूत अनादर सहता है,
कौरव के दल में रहता है,
शर-चाप उठाये आठ प्रहर,
पाण्डव से लड़ने को तत्पर।

माँ का स्नेह पाया न कभी,
सामने सत्य आया न कभी,
क़िस्मत के फेरे में पड़कर,
पा प्रेम बसा दुश्मन के घर।
निज बन्धु मानता है पर को,
कहता है शत्रु सहोदर को।

"पर, कौन दोष इसमें तेरा?
अब कहा मान इतना मेरा।
चल होकर संग अभी मेरे,
हैं जहाँ पाँच भ्राता तेरे।
बिछुड़े भाई मिल जायेंगे,
हम मिलकर मोद मनायेंगे।

"कुन्ती का तू ही तनय ज्येष्ठ,
बल, बुद्धि, शील में परम श्रेष्ठ।
मस्तक पर मुकुट धरेंगे हम,
तेरा अभिषेक करेंगे हम।
आरती समोद उतारेंगे,
सब मिलकर पाँव पखारेंगे।

"पद-त्राण भीम पहनायेगा,
धर्माधिप चँवर डुलायेगा।
पहरे पर पार्थ प्रवर होंगे,
सहदेव-नकुल अनुचर होंगे।
भोजन उत्तरा बनायेगी,
पांचाली पान खिलायेगी।

"आहा! क्या दृश्य सुभग होगा!
आनन्द-चमत्कृत जग होगा।
सब लोग तुझे पहचानेंगे,
असली स्वरूप में जानेंगे।
खोयी मणि को जब पायेगी,
कुन्ती फूली न समायेगी।

"रण अनायास रुक जायेगा,
कुरुराज स्वयं झुक जायेगा।
संसार बड़े सुख में होगा,

कोई न कहीं दुख में होगा।
सब गीत खुशी के गायेंगे,
तेरा सौभाग्य मनायेंगे।

"कुरुराज्य समर्पण करता हूँ,
साम्राज्य समर्पण करता हूँ।
यश, मुकुट, मान, सिंहासन ले,
बस एक भीख मुझको दे दे।
कौरव को तज रण रोक सखे,
भू का हर भावी शोक सखे।"

सुन-सुनकर कर्ण अधीर हुआ,
क्षण एक तनिक गम्भीर हुआ;
फिर कहा, "बड़ी यह माया है,
जो कुछ आपने बताया है।
दिनमणि से सुनकर वही कथा,
मैं भोग चुका हूँ ग्लानि, व्यथा।

"जब ध्यान जन्म का धरता हूँ,
उन्मन यह सोचा करता हूँ,
कैसी होगी वह माँ कराल,
निज तन से जो शिशु को निकाल,
धाराओं में धर आती है,
अथवा जीवित दफनाती है?

"सेवती मास दस तक जिसको,
पालती उदर में रख जिसको,
जीवन का अंश खिलाती है,
अन्तर का रुधिर पिलाती है;
आती फिर उसको फेंक कहीं,
नागिन होगी, वह नारि नहीं।

"हे कृष्ण! आप चुप ही रहिये,
इसपर न अधिक कुछ भी कहिये,
सुनना न चाहते तनिक श्रवण,
जिस माँ ने मेरा किया जनन,
वह नहीं नारि कुलपाली थी,
सर्पिणी परम विकराली थी।

"पत्थर-समान उसका हिय था,
सुत से समाज बढ़कर प्रिय था,
गोदी में आग लगा करके,
मेरा कुल-वंश छिंपा करके,
दुश्मन का उसने काम किया,
माताओं को बदनाम किया।

"माँ का पय भी न पिया मैंने,
उलटे, अभिशाप लिया मैंने।
वह तो यशस्विनी बनी रही,
सबकी भौं मुझपर तनी रही।
कन्या वह रही अपरिणीता,
जो कुछ बीता, मुझपर बीता।

"मैं जाति-गोत्र से हीन, दीन,
राजाओं के सम्मुख मलीन,
जब रोज़ अनादर पाता था,
कह 'शूद्र' पुकारा जाता था।
पत्थर की छाती फटी नहीं,
कुन्ती तब भी तो कटी नहीं।

"मैं सूत-वंश में पलता था,
अपमान-अनल में जलता था,
सब देख रही थी दृश्य पृथा,

माँ की ममता, पर, हुई वृथा।
छिपकर भी तो सुधि ले न सकी,
छाया अंचल की दे न सकी।

"पा पाँच तनय फूली-फूली,
दिन-रात बड़े सुख में भूली,
कुन्ती गौरव में चूर रही,
मुझ पतित पुत्र से दूर रही।
क्या हुआ कि अब अकुलाती है?
किस कारण मुझे बुलाती है?

"क्या पाँच पुत्र हो जाने पर,
सुत के धन-धाम गँवाने पर,
या महानाश के छाने पर,
अथवा मन के घबराने पर।
नारियाँ सदय हो जाती हैं?
बिछुड़े को गले लगाती हैं?

"कुन्ती जिस भय से भरी रही,
तज मुझे, दूर हट खड़ी रही,
वह पाप अभी भी है मुझमें,
वह शाप अभी भी है मुझमें।
क्या हुआ कि वह डर जायेगा?
कुन्ती को काट न खायेगा?

"सहसा क्या हाल विचित्र हुआ?
मैं कैसे पुण्य-चरित्र हुआ?
कुन्ती का क्या चाहता हृदय?
मेरा सुख या पाण्डव की जय?
यह अभिनन्दन नूतन क्या है?
केशव! यह परिवर्त्तन क्या है?

"मैं हुआ धनुर्धर जब नामी,
सब लोग हुए हित के कामी;
पर, ऐसा भी था एक समय,
जब यह समाज निष्ठुर, निर्दय,
किञ्चित् न स्नेह दर्शाता था,
विषव्यंग्य सदा बरसाता था।

"उस समय सुअंक लगा करके,
अंचल के तले छिपा करके,
चुम्बन से कौन मुझे भरकर,
ताड़ना-ताप लेती थी हर?
राधा को छोड़ भजूँ किसको?
जननी है वही, तजूँ किसको?

"हे कृष्ण! ज़रा यह भी सुनिये,
सच है कि झूठ, मन में गुनिये।
धूलों में था मैं पड़ा हुआ?
किसका स्नेह पा बड़ा हुआ?
किसने मुझको सम्मान दिया,
नृपता दे महिमावान किया?

"अपना विकास अवरुद्ध देख,
सारे समाज को क्रुद्ध देख,
भीतर जब टूट चुका था मन,
आ गया अचानक दुर्योधन।
निश्छल, पवित्र अनुराग लिये,
मेरा समस्त सौभाग्य लिये।

"कुन्ती ने केवल जन्म दिया,
राधा ने माँ का कर्म किया,
पर, कहते जिसे असल जीवन,

देने आया वह दुर्योधन।
वह नहीं भिन्न माता से है,
बढ़कर सोदर भ्राता से है।

"राजा रंक से बना करके,
यश, मान, मुकुट पहना करके,
बाँहों पर मुझे उठा करके,
सामने जगत् के ला करके,
करतब क्या-क्या न किया उसने?
मुझको नव जन्म दिया उसने।

"है ऋणी कर्ण का रोम-रोम,
जानते सत्य यह सूर्य-सोम,
तन, मन, धन दुर्योधन का है,
यह जीवन दुर्योधन का है।
सुरपुर से भी मुख मोड़ूँगा,
केशव! मैं उसे न छोड़ूँगा।

"सच है, मेरी है आस उसे,
मुझपर अटूट विश्वास उसे,
हाँ, सच है मेरे ही बल पर,
ठाना है उसने महासमर।
पर, मैं कैसा पापी हूँगा,
दुर्योधन को धोखा दूँगा?

"रह साथ सदा खेला, खाया,
सौभाग्य-सुयश उससे पाया,
अब जब विपत्ति आने को है,
घनघोर प्रलय छाने को है,
तज उसे भाग यदि जाऊँगा,
कायर, कृतघ्न कहलाऊँगा।

"मैं भी कुन्ती का एक तनय,
किसको होगा इसका प्रत्यय?
संसार मुझे धिक्कारेगा,
मन में वह यही विचारेगा,
फिर गया, तुरत जब राज मिला,
यह कर्ण बड़ा पापी निकला।

"मैं ही न सहूँगा विषम डंक,
अर्जुन को भी होगा कलंक,
सब लोग कहेंगे, डरकर ही,
अर्जुन ने अद्‌भुत नीति गही।
चल चाल कर्ण को फोड़ लिया,
सम्बन्ध अनोखा जोड़ लिया।

"कोई न कहीं भी चूकेगा,
सारा जग मुझपर थूकेगा,
तप, त्याग, शील, जप, योग, दान,
मेरे होंगे मिट्टी-समान।
लोभी—लालची कहाऊँगा,
किसको, क्या मुख दिखलाऊँगा?

"जो आज आप कह रहे आर्य,
कुन्ती के मुख से कृपाचार्य
सुन वही, हुए लज्जित होते,
हम क्यों रण को सज्जित होते?
मिलता न कर्ण दुर्योधन को,
पाण्डव न कभी जाते वन को।

"लेकिन, नौका तट छोड़ चली,
कुछ पता नहीं, किस ओर चली।
यह बीच नदी की धारा है,

सूझता न कूल-किनारा है।
ले लील भले यह धार मुझे,
लौटना नहीं स्वीकार मुझे।

“धर्माधिराज का ज्येष्ठ बनूँ?
भारत में सबसे श्रेष्ठ बनुँ?
कुल की पोशाक पहन करके,
सिर उठा चलूँ कुछ तन करके?
इस झूठ-मूठ में रस क्या है?
केशव! यह सुयश-सुयश क्या है?

“सिर पर कुलीनता का टीका,
भीतर जीवन का रस फीका,
अपना न नाम जो ले सकते,
परिचय न तेज से दे सकते,
ऐसे भी कुछ नर होते हैं,
कुल को खाते औ' खोते हैं।

“विक्रमी पुरुष लेकिन, सिर पर
चलता न छत्र पुरखों का धर,
अपना बल-तेज जगाता है,
सम्मान जगत् से पाता है।
सब उसे देख ललचाते हैं,
कर विविध यत्न अपनाते हैं।

“कुल-गोत्र नहीं साधन मेरा,
पुरुषार्थ एक बस धन मेरा,
कुल ने तो मुझको फेंक दिया,
मैंने हिम्मत से काम लिया।
अब वंश चकित भरमाया है,
खुद मुझे खोजने आया है,

"लेकिन, मैं लौट चलूँगा क्या?
अपने प्रण से विचलूँगा क्या?
रण में कुरुपति का विजय-वरण,
या पार्थ-हाथ कर्ण का मरण।
हे कृष्ण! यही मति मेरी है,
तीसरी नहीं गति मेरी है।

"मैत्री की बड़ी सुखद छाया,
शीतल हो जाती है काया,
धिक्कार-योग्य होगा वह नर,
जो पाकर भी ऐसा तरुवर,
हो अलग खड़ा कटवाता है,
खुद आप नहीं कट जाता है।

"जिस नर की बाँह गही मैंने,
जिस तरु की छाँह गही मैंने,
उसपर न वार चलने दूँगा,
कैसे कुठार चलने दूँगा?
जीते जी उसे बचाऊँगा,
या आप स्वयं कट जाऊँगा।

"मित्रता बड़ा अनमोल रतन,
कब इसे तोल सकता है धन?
धरती की तो है क्या बिसात?
आ जाय अगर वैकुण्ठ हाथ,
उसको भी न्योछावर कर दूँ,
कुरुपति के चरणों पर धर दूँ।

"सिर लिये स्कन्ध पर चलता हूँ,
उस दिन के लिए मचलता हूँ,
यदि चले वज्र दुर्योधन पर,

ले लूँ बढ़कर अपने ऊपर।
कटवा दूँ उसके लिए गला,
चाहिये मुझे क्या और भला?

"सम्राट् बनेंगे धर्मराज,
या पायेगा कुरुराज ताज;
लड़ना भर मेरा काम रहा,
दुर्योधन का संग्राम रहा।
मुझको न कहीं कुछ पाना है,
केवल ऋण मात्र चुकाना है।

"कुरुराज्य चाहता मैं कब हूँ?
साम्राज्य चाहता मैं कब हूँ?
क्या नहीं आपने भी जाना?
मुझको न आज तक पहचाना?
जीवन का मूल समझता हूँ,
धन को मैं धूल समझता हूँ।

"धनराशि जोगना लक्ष्य नहीं,
साम्राज्य भोगना लक्ष्य नहीं,
भुजबल से कर संसार-विजय,
अगणित समृद्धियों का संचय,
दे दिया मित्र दुर्योधन को,
तृष्णा छू भी न सकी मन को।

"वैभव-विलास की चाह नहीं,
अपनी कोई परवाह नहीं,
बस, यही चाहता हूँ केवल,
दान की देव-सरिता निर्मल
करतल से झरती रहे सदा,
निर्धन को भरती रहे सदा!

"तुच्छ है, राज्य क्या है केशव?
पाता नर क्या कर प्राप्त विभव?
चिन्ता प्रभूत, अत्यल्प हास,
कुछ चाकचिक्य, कुछ क्षण विलास।
पर, वह भी यहीं गँवाना है,
कुछ साथ नहीं ले जाना है!

"मुझ-से मनुष्य जो होते हैं,
कंचन का भार न ढोते हैं।
पाते हैं धन बिखराने को,
लाते हैं रतन लुटाने को।
जग से न कभी कुछ लेते हैं,
दान ही हृदय का देते हैं।

"प्रासादों के कनकाभ शिखर,
होते कबूतरों के ही घर,
महलों में गरुड़ न होता है,
कंचन पर कभी न सोता है।
बसता वह कहीं पहाड़ों में,
शैलों की फटी दरारों में।

"होकर समृद्धि-सुख के अधीन,
मानव होता नित तपःक्षीण,
सत्ता, किरीट, मणिमय आसन,
करते मनुष्य का तेज-हरण।
नर विभव-हेतु ललचाता है,
पर वही मनुज को खाता है।

"चाँदनी, पुष्पछाया में पल,
नर भले बने सुमधुर, कोमल,
पर, अमृत क्लेश का पिये बिना,

आतप, अन्धड़ में जिये बिना।
वह पुरुष नहीं कहला सकता,
विघ्नों को नहीं हिला सकता।

"उड़ते जो झंझावातों में,
पीते जो वारि प्रपातों में,
सारा आकाश अयन जिनका,
विषधर भुजंग भोजन जिनका,
वे ही फणिबन्ध छुड़ाते हैं,
धरती का हृदय जुड़ाते हैं।

"मैं गरुड़, कृष्ण! मैं पक्षिराज,
सिर-पर न चाहिये मुझे ताज।
दुर्योधन पर है विपद् घोर,
सकता न किसी विधि उसे छोड़।
रणखेत पाटना है मुझको,
अहिपाश काटना है मुझको।

"संग्राम-सिन्धु लहराता है,
सामने प्रलय घहराता है,
रह-रहकर भुजा फड़कती है,
बिजली-सी नसें कड़कती हैं।
चाहता तुरत मैं कूद पड़ूँ,
जीतूँ कि समर में डूब मरूँ।

"अब देर नहीं कीजै केशव!
अवसेर नहीं कीजै केशव!
धनु की डोरी तन जाने दें,
संग्राम तुरत ठन जाने दें।
ताण्डवी तेज लहरायेगा,
संसार ज्योति कुछ पायेगा।

"पर, एक विनय है मधुसूदन!
मेरी यह जन्म-कथा गोपन
मत कभी युधिष्ठिर से कहिये,
जैसे हो, इसे दबा रहिये।
वे इसे जान यदि पायेंगे,
सिंहासन को ठुकरायेंगे।

"साम्राज्य न कभी स्वयं लेंगे,
सारी सम्पत्ति मुझे देंगे,
मैं भी न उसे रख पाऊँगा,
दुर्योधन को दे जाऊँगा।
पाण्डव वंचित रह जायेंगे,
दुख से न छूट वे पायेंगे।

"अच्छा, अब चला, प्रणाम आर्य!
हों सिद्ध समर के शीघ्र कार्य।
रण में ही अब दर्शन होगा,
शर से चरण-स्पर्शन होगा।
जय हो, दिनेश नभ में विहरें।
भूतल में दिव्य प्रकाश भरें।"

रथ से राधेय उतर आया,
हरि के मन में विस्मय छाया,
बोले कि "वीर! शत बार धन्य,
तुझ-सा न मित्र कोई अनन्य।
तू कुरुपति का ही नहीं प्राण,
नरता का है भूषण महान्।"

(रश्मिरथी)

कर्ण-कुन्ती-संवाद

आ गया काल विकराल शान्ति के क्षय का,
निर्दिष्ट लग्न धरती पर खण्ड-प्रलय का।
हो चुकी पूर्ण योजना नियति की सारी,
कल ही होगा आरम्भ समर अति भारी।

कल जैसे ही पहली मरीचि फूटेगी,
रण में शर पर चढ़ महामृत्यु छूटेगी।
संहार मचेगा, तिमिर घोर छायेगा,
सारा समाज दृगवंचित हो जायेगा।

जन-जन स्वजनों के लिए कुटिल यम होगा,
परिजन, परिजन के हित कृतान्त-सम होगा!
कल से भाई, भाई के प्राण हरेंगे,
नर ही नर के शोणित में स्नान करेंगे।

सुध-बुध खो बैठी हुई समर-चिन्तन में,
कुन्ती व्याकुल हो उठी सोच कुछ मन में।
'हे राम! नहीं क्या यह संयोग हटेगा?
सचमुच ही, क्या कुन्ती का हृदय फटेगा?

'एक ही गोद के लाल, कोख के भाई,
सत्य ही, लड़ेंगे हो दो ओर लड़ाई?
सत्य ही, कर्ण अनुजों के प्राण हरेगा?
अथवा, अर्जुन के हाथों स्वयं मरेगा?

'दो में जिसका उर फटे, फटूँगी मैं ही,
जिसकी भी गरदन कटे, कटूँगी मैं ही।
पार्थ को कर्ण, या पार्थ कर्ण को मारे,
बरसेंगे किस पर मुझे छोड़ अंगारे?

चिन्ताकुल, उलझी हुई व्यथा में, मन से,
बाहर आयी कुन्ती, कढ़ विदुर-भवन से।
सामने तपन को देख, तनिक घबरा कर,
सितकेशी, सम्भ्रममयी चली सकुचा कर।

उड़ती वितर्क-धामे पर चंग-सरीखी,
सुधियों की सहती चोट प्राण पर तीखी,
आशा - अभिलाषा - भरी, डरी, भरमायी,
कुन्ती ज्यों-त्यों जाह्नवी-तीर पर आयी।

दिनमणि पश्चिम की ओर क्षितिज के ऊपर,
थे घट उँड़ेलते खड़े कनक के भू पर।
लालिमा बहा अग-जग को नहलाते थे,
खुद भी लज्जा से लाल हुए जाते थे।

राधेय सान्ध्य पूजन में ध्यान लगाये,
था खड़ा विमल जल में, युग बाहु उठाये।
तन में रवि का अप्रतिम तेज जगता था,
दीपित ललाट अपरार्क-सदृश लगता था।

मानो, युग-स्वर्णिम-शिखर-मूल में आकर,
हो बैठ गया, सचमुच ही, सिमट विभाकर।
अथवा मस्तक पर अरुण देवता को ले,
हो खड़ा तीर पर गरुड़ पंख निज खोले!

या दो अर्चियाँ विशाल पुनीत अनल की,
हों सजा रहीं आरती विभा-मण्डल की।

अथवा अगाध कंचन में कहीं नहा कर,
मैनाक शैल हो खड़ा बाहु फैला कर।

सुत की शोभा को देख मोद में फूली,
कुन्ती क्षण - भर को व्यथा-वेदना भूली।
भर कर ममता-पय से निष्पलक नयन को,
वह खड़ी सींचती रही पुत्र के तन को।

आहट पाकर जब ध्यान कर्ण ने खोला,
कुन्ती को सम्मुख देख विनत हो बोला,
"पद पर अन्तर का भक्ति-भाव धरता हूँ,
राधा का सुत मैं, देवि! नमन करता हूँ।

"हैं आप कौन? किसलिए यहाँ आयी हैं?
मेरे निमित्त आदेश कौन लायी हैं?
यह कुरुक्षेत्र की भूमि, युद्ध का स्थल है,
अस्तमित हुआ चाहता विभामण्डल है।

"सूना औघट यह घाट, महा भयकारी,
उस पर भी प्रवया आप अकेली नारी।
हैं कौन? देवि! कहिये, क्या काम करूँ मैं?
क्या भक्ति-भेंट चरणों पर आन धरूँ मैं?

सुन गिरा गूढ़ कुन्ती का धीरज छूटा,
भीतर का क्लेश अपार अश्रु बन फूटा।
विगलित हो उसने कहा काँपते स्वर से,
"रे कर्ण! बेध मत मुझे निदारुण शर से।

"राधा का सुत तू नहीं, तनय मेरा है,
जो धर्मराज का, वही वंश तेरा है।
तू नहीं सूत का पुत्र, राजवंशी है,
अर्जुन-समान कुरुकुल का ही अंशी है।

"जिस तरह तीन पुत्रों को मैंने पाया,
तू उसी तरह था प्रथम कुक्षि में आया।
पा तुझे धन्य थी हुई गोद यह मेरी,
मैं ही अभागिनी पृथा जननि हूँ तेरी।

"पर, मैं कुमारिका थी जब तू आया था,
अनमोल लाल मैंने असमय पाया था।
अतएव, हाय! अपने दुधमुँहे तनय से,
भागना पड़ा मुझको समाज के भय से।

"बेटा, धरती पर बड़ी दीन है नारी,
अबला होती, सचमुच, योषिता कुमारी।
है कठिन बन्द करना समाज के मुख को,
सिर उठा न पा सकती पतिता निज सुख को।

"उस पर भी बाल अबोध, काल बचपन का,
सूझा न शोध मुझको कुछ और पतन का।
मंजूषा में धर तुझे वज्र कर मन को,
धारा में आयी छोड़ हृदय के धन को।

"संयोग, सूतपत्नी ने तुझको पाला,
उन दयामयी पर तनिक न मुझे कसाला।
ले चल, मैं उनके दोनों पाँव धरूँगी,
अग्रजा मान कर सादर अंक भरूँगी।

"पर एक बात सुन, जो कहने आयी हूँ,
आदेश नहीं, प्रार्थना साथ लायी हूँ।
कल कुरुक्षेत्र में जो संग्राम छिड़ेगा,
क्षत्रिय-समाज पर कल जो प्रलय घिरेगा।

"उसमें न पाण्डवों के विरुद्ध हो लड़ तू,
मत उन्हें मार, या उनके हाथों मर तू।

मेरे ही सुत मेरे सुत को ही मारें,
हो क्रुद्ध परस्पर ही प्रतिशोध उतारें।

"यह विकट दृश्य मुझसे न सहा जायेगा,
अब और न मुझसे मूक रहा जायेगा।
जो छिपकर थी अबतक कुरेदती मन को,
बतला दूँगी वह व्यथा समग्र भुवन को।

भागी थी तुझको छोड़ कभी जिस भय से,
फिर कभी न हेरा तुझको जिस संशय से,
उस जड़ समाज के सिर पर क़दम धरूँगी,
डर चुकी बहुत, अब और न अधिक डरूँगी।

बाज़ी तो मैं हार चुकी कब को ही,
लेकिन, विरंचि निकला कितना निर्मोही!
तुझ तक न आज तक दिया कभी भी आने,
यह गोपन जन्म-रहस्य तुझे बतलाने।

"पर, पुत्र! सोच अन्यथा न तू कुछ मन में,
यह भी होता है कभी-कभी जीवन में,
अब दौड़ वत्स! गोदी में वापस आ तू,
आ गया निकट विध्वंस, न देर लगा तू।

"जा भूल द्वेष के ज़हर, क्रोध के विष को,
रे कर्ण! समर में अब मारेगा किसको?
पाँचों पाण्डव हैं अनुज, बड़ा तू ही है,
अग्रज बन रक्षा-हेतु खड़ा तू ही है।

"नेता बन, कर में सूत्र समर का ले तू,
अनुजों पर छत्र विशाल बाहु का दे तू,
संग्राम जीत, कर प्राप्त विजय अति भारी।
जयमुकुट पहन, फिर भोग सम्पदा सारी।

"यह नहीं किसी भी छल का आयोजन है,
रे पुत्र। सत्य ही मैंने किया कथन है।
विश्वास न हो तो शपथ कौन मैं खाऊँ?
किसको प्रमाण के लिए यहाँ बुलवाऊँ?

"वह देख, पश्चिमी तट के पास गगन में,
देवता दीपते जो कनकाभ वसन में,
जिनके प्रताप की किरण अजय अद्‌भुत है,
तू उन्हीं अंशुधर का प्रकाशमय सुत है।"

रुक पृथा पोंछने लगी अश्रु अंचल से,
इतने में आयी गिरा गगन-मण्डल से,
"कुन्ती का सारा कथन सत्य कर जानो,
माँ की आज्ञा बेटा! अवश्य तुम मानो।"

यह कह दिनेश चट उतर गये अम्बर से,
हो गये तिरोहित मिलकर किसी लहर से।
मानो, कुन्ती का भार भयानक पाकर,
वे चले गये दायित्व छोड़ घबराकर।

डूबते सूर्य को नमन निवेदित करके,
कुन्ती के पद की धूल शीश पर धरके।
राधेय बोलने लगा बड़े ही दुख से,
"तुम मुझे पुत्र कहने आयीं किस मुख से?

"क्या तुम्हें कर्ण से काम? सूत है वह तो,
माता के तन का मल, अपूत है वह तो।
तुम बड़े वंश की बेटी, ठकुरानी हो,
अर्जुन की माता, कुरुकुल की रानी हो।

"मैं नाम-गोत्र से हीन, दीन, खोटा हूँ,
सारथीपुत्र हूँ, मनुज बड़ा छोटा हूँ।

ठकुरानी! क्या लेकर तुम मुझे करोगी?
मल को पवित्र गोदी में कहाँ धरोगी?

"है कथा जन्म की ज्ञात, न बात बढ़ाओ,
मन छेड़-छेड़ मेरी पीड़ा उकसाओ।
हूँ खूब जानता, किसने मुझे जना था,
किसके प्राणों पर मैं दुर्भार बना था।

"सह विविध यातना मनुज जन्म पाता है,
धरती पर शिशु भूखा-प्यासा आता है;
माँ सहज स्नेह से ही प्रेरित अकुला कर,
पय - पान कराती उर से उसे लगा कर।

"मुख चूम जन्म की क्लान्ति हरण करती है,
दृग से निहार अंग में अमृत भरती है।
पर, मुझे अंक में उठा न ले पायीं तुम,
पय का पहला आहार न दे पायीं तुम।

"उलटे, मुझको असहाय छोड़ कर जल में,
तुम लौट गयीं इज़्ज़त के बड़े महल में।
मैं बचा अगर तो अपने आयुर्बल से,
रक्षा किसने की मेरी काल-कवल से?

"क्या कोर-कसर तुमने कोई भी की थी?
जीवन के बदले साफ़ मृत्यु ही दी थी।
पर, तुमने जब पत्थर का किया कलेजा,
असली माता के पास भाग्य ने भेजा।

"अब जब सब-कुछ हो चुका, शेष दो क्षण हैं,
आख़िरी दाँव पर लगा हुआ जीवन है,
तब प्यार बाँध करके अंचल के पट में,
आयी हो निधि खोजती हुई मरघट में

"अपना खोया संसार न तुम पाओगी,
राधा माँ का अधिकार न तुम पाओगी।
छीनने स्वत्व उसका तो तुम आयी हो,
पर, कभी बात यह भी मन में लायी हो?

"उसको सेवा, तुमको सुकीर्त्ति प्यारी है,
तुम ठकुरानी हो, वह केवल नारी है।
तुमने तो तन से मुझे काढ़ कर फेंका,
उसने अनाथ को हृदय लगा कर सेंका।

"उमड़ी न स्नेह की उज्ज्वल धार हृदय से,
तुम सूख गयीं मुझको पाते ही भय से।
पर, राधा ने जिस दिन मुझको पाया था,
कहते हैं, उसको दूध उतर आया था।

"तुमने जनकर भी नहीं पुत्र कर जाना,
उसने पाकर भी मुझे तनय निज माना।
अब तुम्हीं कहो, कैसे आत्मा को मारूँ?
माता कह उसके बदले तुम्हें पुकारूँ?

"अर्जुन की जननी! मुझे न कोई दुख है,
ज्यों-त्यों मैंने भी ढूँढ लिया निज सुख है।
जब भी पीछे की ओर दृष्टि जाती है,
चिन्तन में भी यह बात नहीं आती है।

"आचरण तुम्हारा उचित या कि अनुचित था,
या असमय मेरा जन्म न शील-विहित था!
पर एक बात है, जिसे सोच कर मन में,
मैं जलता ही आया समग्र जीवन में।

"अज्ञातशीलकुलता का विघ्न न माना,
भुजबल को मैंने सदा भाग्य कर जाना।

बाधाओं के ऊपर चढ़ धूम मचा कर,
पाया सब-कुछ मैंने पौरुष को पाकर।

"जन्मा लेकर अभिशाप, हुआ वरदानी,
आया बनकर कंगाल, कहाया दानी।
दे दिये मोल जो भी जीवन ने माँगे,
सिर नहीं झुकाया कभी किसी के आगे।

"पर, हाय, हुआ ऐसा क्यों वाम विधाता?
मुझ वीर पुत्र को मिली भीरु क्यों माता?
जो जमकर पत्थर हुई जाति के भय से,
सम्बन्ध तोड़ भागी दुधमुँहे तनय से।

"मर गयी नहीं वह स्वयं, मार सुत को ही,
जीना चाहा बन कठिन, क्रूर, निर्मोही।
क्या कहूँ देवि! मैं तो ठहरा अनचाहा,
पर तुमने माँ का खूब चरित्र निबाहा।

"था कौन लोभ, थे क्या अरमान हृदय में,
देखा तुमने जिनका अवरोध तनय में?
शायद यह छोटी बात—राजसुख पाओ,
वर किसी भूप को तुम रानी कहलाओ।

"सम्मान मिले, यश बढ़े वधूमण्डल में,
कहलाओ साध्वी, सती वाम भूतल में।
पाओ सुत भी बलवान, पवित्र, प्रतापी,
मुझ सा अघजन्मा नहीं, मलिन, परितापी।

"सो धन्य हुईं तुम देवि! सभी कुछ पा कर,
कुछ भी न गँवाया तुमने मुझे गँवा कर।
पर अम्बर पर जिनका प्रदीप जलता है,
जिनके अधीन संसार निखिल चलता है।

"उनकी पोथी में भी कुछ लेखा होगा,
कुछ कृत्य उन्होंने भी तो देखा होगा।
हम दोनों जब मरकर वापस जाएँगे,
वे सभी दृश्य फिर से सम्मुख आएँगे।

"जग की आँखों से अपना भेद छिपाकर,
नर वृथा तृप्त होता मन को समझाकर—
अब रहा न कोई विवर शेष जीवन में,
हम भली-भाँति रक्षित हैं पटावरण में!

"पर, हँसते कहीं अदृश्य जगत् के स्वामी,
देखते सभी कुछ तब भी अन्तर्यामी।
सबको सहेज कर नियति कहीं धरती है,
सब-कुछ अदृश्य पट पर अंकित करती है।

"यदि इस पट पर का चित्र नहीं उज्ज्वल हो,
कालिमा लगी हो, उसमें कोई मल हो,
तो रह जाता क्या मूल्य हमारी जय का,
जग में संचित कलुषित समृद्धि-समुदय का?

"पर, हाय, न तुममें भाव धर्म के जागे,
तुम देख नहीं पायीं जीवन के आगे।
देखा न दीन, कातर बेटे के मुख को,
देखा केवल अपने क्षण-भंगुर सुख को।

"विधि का पहला वरदान मिला जब तुमको,
गोदी में नन्हाँ दान मिला जब तुमको,
क्यों नहीं वीर - माता बन आगे आयीं?
सबके समक्ष निर्भय होकर चिल्लायीं?

" 'सुन लो, समाज के प्रमुख धर्म-ध्वज-धारी,
सुतवती हो गयी मैं अनब्याही नारी।

अब चाहो तो रहने दो मुझे भवन में,
या जातिच्युत कर मुझे भेज दो वन में।

" 'पर, मैं न प्राण की इस मणि को छोड़ूँगी,
मातृत्व-धर्म से मुख न कभी मोड़ूँगी।
यह बड़े दिव्य उन्मुक्त प्रेम का फल है,
जैसा भी हो, बेटा माँ का संबल है।'

"सोचो, जग होकर कुपित दण्ड क्या देता,
कुत्सा, कलंक के सिवा और क्या लेता?
उड़ जाती रज-सी ग्लानि वायु में खुल कर,
तुम हो जातीं परिपूत अनल में घुल कर।

"शायद, समाज टूटता वज्र बन तुम पर,
शायद, घिरते दुख के कराल घन तुम पर।
शायद, वियुक्त होना पड़ता परिजन से,
शायद, चल देना पड़ता तुम्हें भवन से।

"पर, सह विपत्ति की मार अड़ी रहतीं तुम,
जग के समक्ष निर्भीक खड़ी रहतीं तुम।
पी सुधा जहर को देख नहीं घबरातीं,
था किया प्रेम तो बढ़ कर मोल चुकातीं।

"भोगतीं राजसुख रह कर नहीं महल में,
पालतीं खड़ी हो मुझे कहीं तरु-तल में।
लूटतीं जगत् में देवि! कीर्त्ति तुम भारी,
सत्य ही, कहातीं सती, सुचरिता नारी।

"मैं बड़े गर्व से चलता शीश उठाये,
मन को समेट कर मन में नहीं चुराये।
पाता न वस्तु क्या कर्ण पुरुष अवतारी,
यदि उसे मिली होती शुचि गोद तुम्हारी?

"पर, अब सब कुछ हो चुका, व्यर्थ रोना है,
गत पर विलाप करना जीवन खोना है।
जो छूट चुका, कैसे उसको पाऊँगा?
लौटूँगा कितनी दूर? कहाँ जाऊँगा?

"छीना था जो सौभाग्य निदारुण होकर,
देने आयी हो उसे आज तुम रोकर।
गंगा का जल हो चुका, परन्तु, गरल है,
लेना-देना उसका अब, नहीं सरल है।

"खोला न गूढ़ जो भेद कभी जीवन में,
क्यों उसे खोलती हो अब चौथेपन में?
आवरण पड़ा ही सब कुछ पर रहने दो,
बाकी परिभव भी मुझको ही सहने दो।

"पय से वंचित, गोदी से निष्कासित कर,
परिवार, गोत्र, कुल सबसे निर्वासित कर,
फेंका तुमने मुझ भाग्यहीन को जैसे,
रहने दो त्यक्त, विषण्ण आज भी वैसे।

"है वृथा यत्न हे देवि! मुझे पाने का,
मैं नहीं वंश में फिर वापस जाने का।
दी बिता आयु सारी कुलहीन कहा कर,
क्या पाऊँगा अब उसे आज अपना कर?

"यद्यपि जीवन की कथा कलंकमयी है,
मेरे समीप लेकिन, वह नहीं नयी है।
जो कुछ तुमने है कहा बड़े ही दुख से,
सुन उसे चुका हूँ मैं केशव के मुख से।

"जानें, सहसा तुम सबने क्या पाया है,
जो मुझ पर इतना प्रेम उमड़ आया है।

अब तक न स्नेह से कभी किसी ने हेरा,
सौभाग्य किन्तु, जग पड़ा अचानक मेरा।

"मैं खूब समझता हूँ कि नीति यह क्या है,
असमय में जन्मी हुई प्रीति यह क्या है।
जोड़ने नहीं बिछुड़े वियुक्त कुलजन से,
फोड़ने मुझे आयी हो दुर्योधन से।

"सिर पर आकर जब हुआ उपस्थित रण है,
हिल उठा सोच परिणाम तुम्हारा मन है।
अंक में न तुम मुझको भरने आयी हो,
कुरुपति को कुछ दुर्बल करने आयी हो।

"अन्यथा, स्नेह की वेगमयी यह धारा,
तट को मरोड़, झकझोर, तोड़ कर कारा,
भुज बढ़ा खींचने मुझे न क्यों आयी थी?
पहले क्यों यह वरदान नहीं लायी थी?

"केशव पर चिन्ता डाल, अभय हो रहना,
इस पार्थ भाग्यशाली का भी क्या कहना!
ले गये माँग कर, जनक कवच-कुण्डल को,
जननी कुण्ठित करने आयीं रिपु-बल को।

"लेकिन, यह होगा नहीं, देवि! तुम जाओ,
जैसे भी हो, सुत का सौभाग्य मनाओ।
दें छोड़ भले ही कभी कृष्ण अर्जुन को,
मैं नहीं छोड़नेवाला दुर्योधन को।

"कुरुपति का मेरे रोम-रोम पर ऋण है,
आसान न होना उससे कभी उऋण है।
छल किया अगर, तो क्या जग में यश लूँगा?
प्राण ही नहीं, तो उसे और क्या दूँगा?

"हो चुका धर्म के ऊपर न्योछावर हूँ,
मैं चढ़ा हुआ नैवेद्य देवता पर हूँ।
अर्पित प्रसून के लिए न यों ललचाओ,
पूजा की वेदी पर मत हाथ बढ़ाओ।"

राधेय मौन हो रहा व्यथा निज कह के,
आँखों से झरने लगे अश्रु बह-बह के।
कुन्ती के मुख में वृथा जीभ हिलती थी,
कहने को कोई बात नहीं मिलती थी।

अम्बर पर मोती-गुँथे चिकुर फैला कर,
अंजन उँड़ेल सारे जग को नहला कर,
साड़ी में टाँके हुए अनन्त सितारे,
थी घूम रही तिमिरांचल निशा पसारे।

थी दिशा स्तब्ध, नीरव समस्त अग-जग था,
कुंजों में अब बोलता न कोई खग था,
झिल्ली अपना स्वर कभी-कभी भरती थी,
जल में जब-तब मछली छप-छप करती थी।

इस सन्नाटे में दो जन सरित-किनारे,
थे खड़े शिलावत् मूक, भाग्य के मारे।
था सिसक रहा राधेय सोच यह मन में,
क्यों उबल पड़ा असमय विष कुटिल वचन में!

क्या कहे और, यह सोच नहीं पाती थी,
कुन्ती कुत्सा से दीन मरी जाती थी।
आखिर, समेट निज मन को कहा पृथा ने,
"आयी न वेदी पर का मैं फूल उठाने।

"पर के प्रसून को नहीं, नहीं पर-धन को,
थी खोज रही मैं तो अपने ही तन को।

पर, समझ गयी, वह मुझको नहीं मिलेगा,
बिछुड़ी डाली पर कुसुम न आन खिलेगा।

"तब जाती हूँ, क्या और सकूँगी कर मैं?
दूँगी आगे क्या भला और उत्तर मैं?
जो किया दोष जीवन भर दारुण रहकर,
मेटूँगी क्षण में उसे बात क्या कहकर?

बेटा! सचमुच ही, बड़ी पापिनी हूँ मैं,
मानवी-रूप में विकट साँपिनी हूँ मैं।
मुझ-सी प्रचण्ड अघमयी, कुटिल, हत्यारी,
धरती पर होगी कौन दूसरी नारी?

"लज्जित होकर तू वृथा वत्स! रोता है?
निर्घोष सत्य का कब कोमल होता है!
धिक्कार नहीं तो मैं क्या और सुनूँगी?
काँटे बोये थे, कैसे कुसुम चुनूँगी?

"अभिलाष लिये तो बहुत बड़ी आयी थी,
पर, आस नहीं अपने बल की लायी थी।
था एक भरोसा यही कि तू दानी है,
अपनी अमोघ करुणा का अभिमानी है।

"थी विदित वत्स! तेरी यह कीर्त्ति निराली,
लौटता न कोई कभी द्वार से खाली।
पर, मैं अभागिनी ही अंचल फैला कर,
जा रही रिक्त, बेटे से भीख न पाकर।

"फिर भी तू जीता रहे, न अपयश जाने,
संसार किसी दिन तुझे पुत्र! पहचाने।
अब आ, क्षण भर मैं तुझे अंक में भर लूँ,
आखिरी बार तेरा आलिंगन कर लूँ।

"ममता जमकर हो गयी शिला जो मन में,
जो क्षीर फूट कर सूख गया था तन में,
वह लहर रहा फिर उर में आज उमड़ कर,
बह रहा हृदय के कूल-किनारे भर कर।

"कुरुकुल की रानी नहीं, कुमारी नारी–
वह दीन, हीन, असहाय, ग्लानि की मारी!
सिर उठा आज प्राणों में झाँक रही है,
तुझ पर ममता के चुम्बन आँक रही है।

"इस आत्म-दाह पीड़िता विषण्ण कली को,
मुझमें भुज खोले हुए दग्ध रमणी को,
छाती से सुत को लगा तनिक रोने दे,
जीवन में पहली बार धन्य होने दे।"

माँ ने बढ़कर जैसे ही कण्ठ लगाया,
हो उठी कण्टकित पुलक कर्ण की काया।
संजीवन-सी छू गयी चीज कुछ तन में,
बह चला स्निग्ध प्रस्रवण कहीं से मन में।

पहली वर्षा में मही भींगती जैसे,
भींगता रहा कुछ काल कर्ण भी वैसे।
फिर कण्ठ छोड़ बोला चरणों पर आकर,
"मैं धन्य हुआ बिछुड़ी गोदी को पाकर।

पर, हाय, स्वत्व मेरा न समय पर लायीं,
माता, सचमुच, तुम बड़ी देर कर आयीं।
अतएव, न्यास अंचल का ले न सकूँगा,
पर, तुम्हें रिक्त जाने भी दे न सकूँगा।

"की पूर्ण सभी की, सभी तरह अभिलाषा,
जाने दूँ कैसे लेकर तुम्हें निराशा?

लेकिन, पड़ता हूँ पाँव, जननि! हठ त्यागो,
बन कर कठोर मुझसे मुझको मत माँगो।

'केवल निमित्त संगर का दुर्योधन है,
सच पूछो तो यह कर्ण-पार्थ का रण है।
छीनो सुयोग मत, मुझे अंक में लेकर,
यश, मुकुट, मान, कुल, जाति, प्रतिष्ठा देकर।

"विष तरह-तरह का हँसकर पीता आया,
बस, एक ध्येय के हित मैं जीता आया।
कर विजित पार्थ को कभी कीर्त्ति पाऊँगा,
अप्रतिम वीर वसुधा पर कहलाऊँगा।

"आ गयी घड़ी वह प्रण पूरा करने की,
रण में खुलकर मारने और मरने की।
इस समय नहीं मुझमें शैथिल्य भरो तुम,
जीवन-व्रत से मत मुझको विमुख करो तुम।

"अर्जुन से लड़ना छोड़ कीर्त्ति क्या लूँगा?
क्या स्वयं आप अपने को उत्तर दूँगा?
मेरा चरित्र फिर कौन समझ पायेगा?
सारा जीवन ही उलट-पलट जायेगा।

"तुम दान-दान रट रहीं, किन्तु, क्यों माता,
पुत्र ही रहेगा सदा जगत् में दाता?
दुनिया तो उससे सदा सभी कुछ लेगी,
पर, क्या माता भी उसे नहीं कुछ देगी?

"मैं एक कर्ण अतएव, माँग लेता हूँ,
बदले में तुमको चार कर्ण देता हूँ।
छोड़ूँगा मैं तो कभी नहीं अर्जुन को,
तोड़ूँगा कैसे स्वयं पुरातन प्रण को?

"पर, अन्य पाण्डवों पर मैं कृपा करूँगा,
पाकर भी उनका जीवन नहीं हरूँगा।
अब जाओ हर्षित-हृदय सोच यह मन में,
पालूँगा जो कुछ कहा, उसे मैं रण में।"

कुन्ती बोली, "रे हठी, दिया क्या तू ने?
निज को लेकर ले नहीं लिया क्या तू ने?
बनने आयी थी छह पुत्रों की माता,
रह गया वाम का, पर, वाम ही विधाता।

"पाकर न एक को, और एक को खोकर,
मैं चली चार पुत्रों की माता होकर।"
कह उठा कर्ण, "छह और चार को भूलो,
माता, यह निश्चय मान मोद में फूलो।

"जीते जो भी यह समर झेल दुख भारी,
लेकिन होगी माँ! अन्तिम विजय तुम्हारी।
रण में कट मर कर जो भी हानि सहेंगे,
पाँच के पाँच ही पाण्डव किन्तु रहेंगे।

"कुरुपति न जीत कर निकला अगर समर से,
या मिली वीरगति मुझे पार्थ के कर से,
तुम इसी तरह गोदी की धनी रहोगी,
पुत्रिणी पाँच पुत्रों की बनी रहोगी।

"पर, कहीं काल का कोप पार्थ पर बीता,
वह मरा और दुर्योधन ने रण जीता,
मैं एक खेल फिर जग को दिखलाऊँगा,
जय छोड़ तुम्हारे पास चला आऊँगा।

"जग में जो भी निर्दलित, प्रताड़ित जन हैं,
जो भी निहीन हैं, निन्दित हैं, निर्धन हैं,

यह कर्ण उन्हीं का सखा, बन्धु, सहचर है,
विधि के विरुद्ध ही उसका रहा समर है।

"सच है कि पाण्डवों को न राज्य का सुख है,
पर, केशव जिनके साथ, उन्हें क्या दुख है?
उनसे बढ़कर मैं क्या उपकार करूँगा?
है कौन त्रास, केवल मैं जिसे हरूँगा?

"हाँ, अगर पाण्डवों की न चली इस रण में,
वे हुए हतप्रभ किसी तरह जीवन में,
राधेय न कुरुपति का सह-जेता होगा,
वह पुनः निःस्व दलितों का नेता होगा।

"है अभी उदय का लग्न, दृश्य सुन्दर है,
सब ओर पाण्डु-पुत्रों की कीर्त्ति प्रखर है।
अनुकूल ज्योति की घड़ी न मेरी होगी,
मैं आऊँगा, जब रात अन्धेरी होगी।

"यश, मान, प्रतिष्ठा, मुकुट नहीं लेने को,
आऊँगा कुल को अभयदान देने को।
परिभव, प्रदाह, भ्रम, भय हरने आऊँगा,
दुख में अनुजों को भुज भरने आऊँगा।

"भीषण विपत्ति में उन्हें जननि! अपनाकर,
बाँटने दुःख आऊँगा हृदय लगाकर।
तम में नवीन आभा भरने आऊँगा,
किस्मत को फिर ताजा करने आऊँगा।

"पर, नहीं, कृष्ण के कर की छाँह जहाँ है,
रक्षिका स्वयं अच्युत की बाँह जहाँ है,
उस भाग्यवान का भाग्य क्षार क्यों होगा?
सामने किसी दिन अन्धकार क्यों होगा?

"मैं देख रहा हूँ कुरुक्षेत्र के रण को,
नाचते हुए, मनुजों पर, महामरण को;
शोणित से सारी मही क्लिन्न, लथपथ है,
जा रहा किन्तु, निर्बाध पार्थ का रथ है।

"हैं काट रहे हरि आप तिमिर की कारा,
अर्जुन के हित बह रही उलट कर धारा।
शत पाश व्यर्थ रिपु का दल फैलाता है,
वह जाल तोड़ हर बार निकल जाता है।

"मैं देख रहा हूँ जननि! कि कल क्या होगा,
इस महा समर का अन्तिम फल क्या होगा?
लेकिन, तब भी मन तनिक न घबराता है,
उत्साह और दुगुना बढ़ता जाता है।

"बज चुका काल का पटह, भयानक क्षण है,
दे रहा निमन्त्रण सबको महामरण है।
छाती के पूरे पुरुष प्रलय झेलेंगे,
झंझा की उलझी लटें खींच खेलेंगे।

"कुछ भी न बचेगा शेष अन्त में जाकर,
विजयी होगा सन्तुष्ट तत्त्व क्या पाकर?
कौरव विलीन जिस पथ पर हो जायेंगे,
पाण्डव क्या उससे भिन्न राह पायेंगे?

"है एक पन्थ, कोई जीते या हारे,
खुद मरे, या कि, बढ़कर दुश्मन को मारे।
एक ही देश दोनों को जाना होगा,
बचने का कोई नहीं बहाना होगा।

"निस्सार द्रोह की क्रिया, व्यर्थ यह रण है,
खोखला हमारा और पार्थ का प्रण है।

फिर भी जानें किसलिए न हम रुकते हैं,
चाहता जिधर को काल, उधर झुकते हैं।

"जीवन-सरिता की बड़ी अनोखी गति है,
कुछ समझ नहीं पाती मानव की मति है।
बहती प्रचण्डता से सबको अपनाकर,
सहसा खो जाती महासिन्धु को पाकर।

"फिर लहर, धार, बुद्बुद् की नहीं निशानी,
सबकी रह जाती केवल एक कहानी।
सब मिल हो जाते विलय एक ही जल में,
मूर्त्तियाँ पिघल मिल जातीं धातु तरल में।

"सो, इसी पुण्य-भू कुरुक्षेत्र में कल से,
लहरें हो एकाकार मिलेंगी जल से।
मूर्त्तियाँ खूब आपस में टकरायेंगी,
तारल्य-बीच फिर गलकर खो जायेंगी।

"आपस में हों हम खरे याकि हों खोटे,
पर, काल बली के लिए सभी हैं छोटे,
छोटें होकर कल से सब साथ मरेंगे,
शत्रुता, न जानें कहाँ समेट धरेंगे?

"लेकिन, चिन्ता यह वृथा, बात जाने दो,
जैसा भी हो, कल का प्रभात आने दो।
दीखती किसी भी तरफ़ न उजियाली है,
सत्य ही, आज की रात बड़ी काली है।

"चन्द्रमा-सूर्य तम में जब छिप जाते हैं,
किरणों के अन्वेषी जब अकुलाते हैं,
तब धूमकेतु, बस, इसी तरह आता है,
रोशनी ज़रा मरघट में फैलाता है।"

हो रहा मौन राधेय चरण को छूकर,
दो बिन्दु अश्रु के गिरे दृगों से चूकर।
बेटे का मस्तक सूँघ, बड़े ही दुख से,
कुन्ती लौटी कुछ कहे बिना ही मुख से।

(रश्मिरथी)

मनुष्य और सर्प

चल रहा महाभारत का रण,
जल रहा धरित्री का सुहाग,
फट कुरुक्षेत्र में खेल रही
नर के भीतर की कुटिल आग।
बाजियों - गजों की लोथों में
गिर रहे मनुज के छिन्न अङ्ग,
बह रहा चतुष्पद और द्विपद
का रुधिर मिश्र हो एक सङ्ग।

गत्वर, गैरेय, सुधर भूधर-से
लिये रक्त - रञ्जित शरीर,
थे जूझ रहे कौन्तेय - कर्ण
क्षण-क्षण करते गर्जन गभीर।
दोनों रणकुशल धनुर्धर नर,
दोनों समबल, दोनों समर्थ,
दोनों पर दोनों की अमोघ
थी विशिख-वृष्टि हो रही व्यर्थ।

इतने में शर के लिए कर्ण ने
देखा जो अपना निषङ्ग,
तरकस में फुङ्कार उठा,
कोई प्रचण्ड विषधर भुजङ्ग,
कहता कि "कर्ण! मैं अश्वसेन
विश्रुत भुजगों का स्वामी हूँ,

जन्म से पार्थ का शत्रु परम,
तेरा बहुविधि हितकामी हूँ।

"बस, एक बार कर कृपा धनुष पर
चढ़ शरव्य तक जाने दे,
इस महाशत्रु को अभी तुरत
स्यन्दन में मुझे सुलाने दे।
कर वमन गरल जीवन भर का
संचित प्रतिशोध उतारूँगा,
तु मुझे सहारा दे, बढ़कर
मैं अभी पार्थ को मारूँगा।"

राधेय जरा हँसकर बोला,
"रे कुटिल! बात क्या कहता है?
जय का समस्त साधन नर की
अपनी बाँहों में रहता है।
उस पर भी साँपों से मिलकर
मैं मनुज, मनुज से युद्ध करूँ?
जीवन भर जो निष्ठा पाली,
उससे आचरण विरुद्ध करूँ?

तेरी सहायता से जय तो मैं
अनायास पा जाऊँगा,
आनेवाली मानवता को,
लेकिन, क्या मुख दिखलाऊँगा?
संसार कहेगा, जीवन का
सब सुकृत कर्ण न क्षार किया;
प्रतिभट के वध के लिए सर्प का
पापी न साहाय्य लिया।

"रे अश्वसेन! तेरे अनेक
वंशज हैं छिपे नरों में भी,

सीमित वन में ही नहीं, बहुत
बसते पुर - ग्राम - घरों में भी।
ये नर-भुजङ्ग मानवता का
पथ कठिन बहुत कर देते हैं,
प्रतिबल के वध के लिए नीच
साहाय्य सर्प का लेते हैं।

"ऐसा न हो कि इन साँपों में
मेरा भी उज्ज्वल नाम चढ़े।
पाकर मेरा आदर्श और
कुछ नरता का यह पाप बढ़े।
अर्जुन है मेरा शत्रु, किन्तु,
सर्प नहीं, नर ही तो है,
संघर्ष सनातन नहीं, शत्रुता
इस जीवन भर ही तो है।

"अगला जीवन किसलिए भला,
तब हो द्वेषान्ध बिगाड़ूँ मैं?
साँपों की जाकर शरण
सर्प बन क्यों मनुष्य को मारूँ मैं?
जा भाग, मनुज का सहज शत्रु,
मित्रता न मेरी पा सकता,
मैं किसी हेतु भी यह कलङ्क,
अपने पर नहीं लगा सकता।"

(रश्मिरथी)

नेता

नेता! नेता! नेता!
क्या चाहिए तुझे रे मूरख!
सखा? बन्धु? सहचर? अनुरागी?
या जो तुझको नचा-नचा मारे
वह हृदय-विजेता?
नेता! नेता! नेता!

मरे हुओं की याद भले कर,
किस्मत से फरियाद भले कर,
मगर, राम या कृष्ण लौट कर
फिर न तुझे मिलनेवाले हैं।
टूट चुकी है कड़ी;
एक तू ही उसको पहने बैठा है।
पूजा के ये फूल फेंक दे,
अब देवता नहीं होते हैं।
बीत चुके हैं सतयुग-द्वापर,
बीत चुका है त्रेता।
नेता! नेता! नेता!

नेता का अब नाम नहीं ले,
अन्धेपन से काम नहीं ले,
हवा देश की बदल गई;
चाँद और सूरज, ये भी अब
छिपकर नोट जमा करते हैं।
और जानता नहीं अभागे,

मन्दिर का देवता चोर-बाजारी में पकड़ा जाता है?
फूल इसे पहनाएगा तू?
अपना हाथ घिनाएगा तू?

उठ मन्दिर के दरवाजे से,
जोर लगा खेतों में अपने;
नेता नहीं, भुजा करती है
सत्य सदा जीवन के सपने।
पूजे अगर खेत के ढेले
तो, सचमुच, कुछ पा जाएगा,
भीख याकि वरदान माँगता
पड़ा रहा तो पछताएगा।
इन ढेलों को तोड़,
भाग्य इनसे तेरा जगनेवाला है।
नेताओं का मोह मूढ़!
केवल तुझको ठगनेवाला है।
लगा जोर, अपने भविष्य का बन तू आप प्रणेता।
नेता! नेता! नेता!

(नीम के पत्ते, 1952)

भारत का यह रेशमी नगर

हो गया एक नेता मैं भी? तो बंधु, सुनो,
मैं भारत के रेशमी नगर में रहता हूँ,
जनता तो चट्टानों का बोझ सहा करती,
मैं चाँदनियों का बोझ किसी विध सहता हूँ।

दिल्ली फूलों में बसी, ओस-कण से भींगी,
दिल्ली सुहाग है, सुषमा है, रंगीनी है,
प्रेमिका-कंठ में पड़ी मालती की माला,
दिल्ली सपनों की सेज मधुर रस-भीनी है

बस, जिधर उठाओ दृष्टि, उधर रेशम केवल,
रेशम पर से क्षण-भर को आँख न हटती है,
सच कहा एक भाई ने, दिल्ली में तन से
रेशम से रुखड़ी चीज न कोई सटती है।

आखिर हो भी क्यों नहीं? कि दिल्ली के भीतर
जानें, युग से कितनी सिद्धियाँ समाई हैं!
औ' सबका पहुँचा काल तभी से जब उनकी
आँखें रेशम पर बहुत अधिक ललचाई हैं।

रेशम के कोमल तार, क्लान्तियों के धागे,
हैं बँधे उन्हीं से अंग यहाँ आजादी के,
दिल्लीवाले गा रहे बैठ निश्चिंत, मगन
रेशमी महल में गीत खुरदरी खादी के।

वेतनभोगिनी, विलासमयी यह देवपुरी,
ऊँघती कल्पनाओं से जिसका नाता है,
जिसको इतनी चिंता का भी अवकाश नहीं
खाते हैं जो, वह अन्न कौन उपजाता है।

उद्यानों का यह नगर, कहीं भी जा देखो,
इसमें कुम्हार का चाक न कोई चलता है,
मजदूर मिलें, पर, मिलता कहीं किसान नहीं,
फूलते फूल, पर, मक्का कहीं न फलता है।

क्या ताना है मोहक वितान मायापुर का!
बस, फूल-फूल, रेशम-रेशम फैलाया है;
लगता है, कोई स्वर्ग खमंडल से उड़कर
मदिरा में माता हुआ भूमि पर आया है।

ये, जो फूलों के चीरों में चमचमा रहीं,
मधुमुखी इंद्रजाया की सहचरियाँ होंगी,
ये, जो यौवन की धूम मचाए फिरती हैं,
भूतल पर भटकी हुई इंद्रपरियाँ होंगी।

उभरे गुलाब से घट कर कोई फूल नहीं,
नीचे कोई सौन्दर्य न कसी जवानी से,
दिल्ली की सुषमाओं का कौन बखान करे?
कम नहीं कड़ी कोई भी स्वप्न-कहानी से।

गंदगी, गरीबी, मैलेपन को दूर रखो,
शुद्धोदन के पहरेवाले चिल्लाते हैं;
है कपिलवस्तु पर फूलों का शृंगार पड़ा,
रथ-समारूढ़ सिद्धार्थ घूमने जाते हैं।

सिद्धार्थ देख रम्यता रोज ही फिर आते,
मन में कुत्सा का भाव नहीं, पर, जगता है;

समझाए उनको कौन, नहीं भारत वैसा
दिल्ली के दर्पण में जैसा वह लगता है?

भारत धूलों से भरा, आँसुओं से गीला,
भारत अब भी आकुल विपत्ति के घेरे में।
दिल्ली में तो है खूब ज्योति की चहल-पहल,
पर, भटक रहा है सारा देश अँधेरे में!

रेशमी कलम से भाग्य-लेख लिखनेवालों,
तुम भी अभाव से कभी ग्रस्त हो रोए हो?
बीमार किसी बच्चे की दवा जुटाने में
तुम भी घर भर क्या पेट बाँधकर सोए हो?

असहाय किसानों की किस्मत को खेतों में
क्या अनायास जल में बह जाते देखा है?
'क्या खाएँगें?' यह सोच निराशा से पागल
बेचारों को नीरव रह जाते देखा है?

देखा है ग्रामों की अनेक रंभाओ को,
जिनकी आभा पर धूल अभी तक छाई है?
रेशमी देह पर जिन अभागिनों की अब तक,
रेशम क्या? साड़ी सही नहीं चढ़ पाई है।

पर, तुम नगरों के लाल, अमीरी के पुतले,
क्यों व्यथा भाग्यहीनों की मन में लाओगे?
जलता हो सारा देश, किंतु, होकर अधीर
तुम दौड़-दौड़कर क्यों यह आग बुझाओगे?

चिंता हो भी क्यों तुम्हें? गाँव के जलने से
दिल्ली में तो रोटियाँ नहीं कम होती हैं।
धुलता न अश्रु-बूँदों से आँखों का काजल
गालों पर की धूलियाँ नहीं नम होती हैं।

जलते हैं तो ये गाँव देश के जला करें,
आराम नई दिल्ली अपना कब छोड़ेगी?
या रक्खेगी मरघट में भी रेशमी महल,
या आँधी की खाकर चपेट सब छोड़ेगी।

चल रहे ग्राम-कुंजों में पछिया के झकोर,
दिल्ली, लेकिन, ले रही लहर पुरवाई में।
है विकल देश सारा अभाव के तापों से;
दिल्ली सुख से सोई है नरम रजाई में।

क्या कुटिल व्यंग! दीनता वेदना से अधीर
आशा से जिनका नाम रात-दिन जपती है,
दिल्ली के वे देवता रोज कहते जाते,
'कुछ और धरो धीरज, किस्मत अब छपती है।'

किस्मतें रोज छप रहीं, मगर, जलधार कहाँ?
प्यासी हरियाली सूख रही है खेतों में;
निर्धन का धन पी रहे लोभ के प्रेत छिपे,
पानी विलीन होता जाता है रेतों में।

हिल रहा देश कुत्सा के जिन आघातों से,
वे नाद तुम्हें ही नहीं सुनाई पड़ते हैं?
निर्माणों के प्रहरियों! तुम्हें ही चोरों के
काले चेहरे क्या नहीं दिखाई पड़ते हैं?

तो होश करो, दिल्ली के देवो, होश करो,
सब दिन तो यह मोहिनी न चलने वाली है;
होती जाती हैं गर्म दिशाओं की साँसें,
मिट्टी फिर कोई आग उगलनेवाली है!

हो रहीं खड़ी सेनाएँ फिर काली-काली
मेघों-से उभरे हुए नये गजराजों की,

फिर नये गरुड़ उड़ने को पाँखें तोल रहे,
फिर झपट झेलनी होगी नूतन बाजों की।

वृद्धता भले बँध रहे रेशमी धागों से,
साबित इनको, पर, नहीं जवानी छोड़ेगी;
जिसके आगे झुक गये सिद्धियों के स्वामी,
उस जादू को कुछ नई आँधियाँ तोड़ेंगी।

ऐसा टूटेगा मोह, एक दिन के भीतर
इस राग-रंग की पूरी बर्बादी होगी,
जब तक न देश के घर-घर में रेशम होगा,
तब तक दिल्ली के भी तन पर खादी होगी।

(दिल्ली, 1954)

नील कुसुम

“है यहाँ तिमिर, आगे भी ऐसा ही तम है,
तुम नील कुसुम के लिए कहाँ तक जाओगे?
जो गया, आज तक नहीं कभी वह लौट सका,
नादान मर्द! क्यों अपनी जान गँवाओगे?

प्रेमिका! अरे, उन शोख़ बुतों का क्या कहना!
वे तो यों ही उन्माद जगाया करती हैं;
पुतली से लेतीं बाँध प्राण की डोर प्रथम,
पीछे चुम्बन पर क़ैद लगाया करती हैं।

इनमें से किसने कहा, चाँद से कम लूँगी?
पर, चाँद तोड़ कर कौन मही पर लाया है?
किसके मन की कल्पना गोद में बैठ सकी?
किसका जहाज़ फिर देश लौट कर आया है?”

ओ नीतिकार! तुम झूठ नहीं कहते होगे,
बेकार मगर, पगलों को ज्ञान सिखाना है;
मरने का होगा ख़ौफ़, मौत की छाती में
जिसको अपनी ज़िन्दगी ढूँढ़ने जाना है?

औ' सुना कहाँ तुमने कि ज़िन्दगी कहते हैं,
सपनों ने देखा जिसे, उसे पा जाने को?
इच्छाओं की मूर्तियाँ घूमतीं जो मन में,
उनको उतार मिट्टी पर गले लगाने को?

ज़िन्दगी, आह! वह एक झलक रंगीनी की,
नंगी उँगली जिसको न कभी छू पाती है,
हम जभी हाँफते हुए चोटियों पर चढ़ते,
वह खोल पंख चोटियाँ छोड़ उड़ जाती है।

रंगीनी की वह एक झलक, जिसके पीछे
है मची हुई आपा-धापी मस्तानों में,
वह एक दीप जिसके पीछे हैं डूब रहीं
दीवानों की किश्तियाँ कठिन तूफ़ानों में।

डूबती हुई किश्तियाँ! और यह किलकारी!
ओ नीतिकार! क्या मौत इसी को कहते हैं?
है यही ख़ोफ़, जिससे डरकर जीनेवाले
पानी से अपना पाँव समेटे रहते हैं?

ज़िन्दगी गोद में उठा-उठा हलराती है
आशाओं की भीषिका झेलनेवालों को;
ओ' बड़े शौक़ से मौत पिलाती है जीवन
अपनी छाती से लिपट खेलनेवालों को।

तुम लाशें गिनते रहे खोजनेवालों की,
लेकिन, उनकी असलियत नहीं पहचान सके;
मुरदों में केवल यही ज़िन्दगीवाले थे
जो फूल उतारे बिना लौट कर आ न सके।

हो जहाँ कहीं भी नील कुसुम की फुलवारी,
मैं एक फूल तो किसी तरह ले जाऊँगा,
जूड़े में जब तक भेंट नहीं यह बाँध सकूँ,
किस तरह प्राण की मणि को गले लगाऊँगा?

(नील कुसुम, 1950)

चाँद और कवि

रात यों कहने लगा मुझ से गगन का चाँद,
''आदमी भी क्या अनोखा जीव होता है!
उलझनें अपनी बनाकर आप ही फँसता,
और फिर बेचैन हो जगता न सोता है।

जानता है तू कि मैं कितना पुराना हूँ?
मैं चुका हूँ देख मनु को जनमते-मरते;
और लाखों बार तुझ-से पागलों को भी
चाँदनी में बैठ स्वप्नों पर सही करते।

आदमी का स्वप्न? है वह बुलबुला जल का,
आज बनता और कल फिर फूट जाता है;
किन्तु, तो भी धन्य; ठहरा आदमी ही तो!
बुलबुलों से खेलता, कविता बनाता है।''

मैं न बोला, किन्तु मेरी रागिनी बोली,
''चाँद! फिर से देख मुझको जानता है तू?
स्वप्न मेरे बुलबुले हैं? है यही पानी?
आग को भी क्या नहीं पहचानता है तू?

मैं न वह, जो स्वप्न पर केवल सही करते,
आग में उसको गला लोहा बनाती हूँ;
और उस पर नींव रखती हूँ नये घर की,
इस तरह, दीवार फ़ौलादी उठाती हूँ।

मनु नहीं, मनु-पुत्र है यह सामने, जिसकी
कल्पना की जीभ में भी धार होती है;
बाण ही होते विचारों के नहीं केवल,
स्वप्न के भी हाथ में तलवार होती है।

स्वर्ग के सम्राट को जाकर ख़बर कर दे,
"रोज़ ही आकाश चढ़ते जा रहे हैं ये;
रोकिये, जैसे बने, इन स्वप्नवालों को,
स्वर्ग की ही ओर बढ़ते आ रहे हैं ये।"

(नील कुसुम, 1946)

दर्पण

जा रहीं देवता से मिलने?
तो इतनी कृपा किये जाओ।
अपनी फूलों की डाली में
दर्पण यह एक लिये जाओ।

आरती, फूल, फल से प्रसन्न
जैसे हों, पहले कर लेना;
जब हाल धरित्री का पूछें,
सम्मुख दर्पण यह धर देना।

बिम्बित है इसमें पुरुष पुरातन
के मानस का घोर भँवर;
है नाच रही पृथ्वी इसमें,
है नाच रहा इसमें अम्बर।

यह स्वयं दिखायेगा उनको
छाया मिट्टी की चाहों की,
अम्बर की घोर विकलता की,
धरती के आकुल दाहों की।

ढहती मीनारों की छाया,
गिरती दीवारों की छाया,
बेमौत हवा के झोंके में
मरती झंकारों की छाया।

छाया छाया-ब्रह्माणी की
जो गीतों का शव ढोती है,
भुज में वीणा की लाश लिये
आतप से बचकर सोती है।

झाँकी उस भीत पवन की जो
तूफ़ानों से है डरा हुआ;
उस जीर्ण खमण्डल की जिसमें
आतंक-रोर है भरा हुआ।

हिलती वसुन्धरा की झाँकी,
बुझती परम्परा की झाँकी;
अपने में सिमटी हुई, पलित
विद्या अनुर्वरा की झाँकी।

झाँकी उस नयी परिधि की जो
है दीख रही कुछ थोड़ी-सी;
क्षितिजों के पास पड़ी पतली,
चमचम सोने की डोरी-सी।

छिलके उठते जा रहे, नया
अंकुर मुख दिखलाने को है;
यह जीर्ण तनोवा सिमट रहा,
आकाश नया आने को है।

(नील कुसुम, 1946)

व्याल-विजय

झूमे जहर चरण के नीचे, मैं उमंग में गाऊँ,
तान, तान फण व्याल, कि तुझ पर मैं बाँसुरी बजाऊँ।

[1]

यह बाँसुरी बजी माया के मुकुलित आकुंचन में,
यह बाँसुरी बजी अविनाशी के संवेश गहन में;
अस्तित्वों के अनस्तित्व में, महाशान्ति के तल में,
यह बाँसुरी बजी शून्यासन की समाधि निश्चल में।
कम्पहीन तेरे समुद्र में जीवन-लहर उठाऊँ,
तान, तान फण व्याल, कि तुझ पर मैं बाँसुरी बजाऊँ।

[2]

अक्षय-वट पर बजी बाँसुरी, गगन मगन लहराया,
दल पर विधि को लिये जलधि में नाभि-कमल उग आया।
जनमी नव चेतना, सिहरने लगे तत्व चलदल-से,
स्वर का ले अवलम्ब भूमि निकली प्लावन के जल से।
अपने आर्द्र वसन की वसुधा को फिर याद दिलाऊँ,
तान-तान फण व्याल, कि तुझ पर मैं बाँसुरी बजाऊँ।

[3]

फूली सृष्टि नाद-बन्धन पर, अब तक फूल रही है,
बंसी के स्वर के धागे में, धरती झूल रही है।

आदि छोर पर जो स्वर फूँका, पहुँचा अन्त तलक है,
तार-तार में गूँज गीत की, कण-कण बीच झलक है।
आलापों पर उठा जगत को भर-भर पेंग झुलाऊँ,
तान, तान फण व्याल, कि तुझ पर मैं बाँसुरी बजाऊँ।

[4]

जगमग ओस-विन्दु गुँथ जाते साँसों के तारों में,
गीत बदल जाते अनजाने मोती के हारों में।
जब-जब उठता नाद, मेघ मंडलाकार घिरते हैं,
आस-पास बंसी के गीले इन्द्रधनुष तिरते हैं।
बाँधूँ मेघ कहाँ बंसी पर? सुरधनु कहाँ सजाऊँ?
तान, तान फण व्याल, कि तुझ पर मैं बाँसुरी बजाऊँ।

[5]

इस बंसी के मधुर नाद पर माया डोल चुकी है,
पटावरण कर दूर भेद अन्तर का खोल चुकी है।
झूम चुकी है प्रकृति चाँदनी में मादक गानों पर,
नचा चुका हूँ महानर्तकी को इसकी तानों पर।
विषवर्षी पर, अमृतवर्षिणी का जादू दिखलाऊँ,
तान, तान फण व्याल, कि तुझ पर मैं बाँसुरी बजाऊँ।

[6]

उड़े नाद के जो कण ऊपर, वे बन गये सितारे,
जो नीचे रह गये, कहीं हैं फूल, कहीं अंगारे।
भींगे अधर कभी बंसी के शीतल गंगाजल से,
कभी प्राण तक झुलस उठे हैं इसके हालाहल से।
शीतलता पीकर प्रदाह से कैसे हृदय चुराऊँ?
तान, तान फण व्याल, कि तुझ पर मैं बाँसुरी बजाऊँ।

[7]

यह बाँसुरी बजी, मधु के सोते फूटे मधुवन में,
यह बाँसुरी बजी, हरियाली दौड़ गयी कानन में।
यह बाँसुरी बजी, प्रत्यागत हुए विहंग गगन से,
यह बाँसुरी बजी, सट कर विधु चलने लगा भुवन से।
अमृत-सरोवर में धो-धो तेरा भी ज़हर बहाऊँ,
तान, तान फण व्याल, कि तुझ पर मैं बाँसुरी बजाऊँ।

[8]

यह बाँसुरी बजी पनघट पर कालिन्दी के तट में,
यह बाँसुरी बजी मुरदों के आसन पर मरघट में।
बजी निशा के बीच आलुलायित केशों के तम में,
बजी सूर्य के साथ यही बाँसुरी रक्त-कर्दम में।
कालियदह में मिले हुए विष को पीयूष बनाऊँ,
तान, तान फण व्याल, कि तुझ पर मैं बाँसुरी बजाऊँ।

[9]

फूँक-फूँक विष-लपट, उगल जितना हो जहर हृदय में,
यह बंसी निर्गरल, बजेगी सदा क्षान्ति की लय में।
पहचाने किस तरह भला तू निज विष का मतवाला?
मैं हूँ साँपों की पीठों पर कुसुम लादनेवाला।
विषदह से चल निकल, फूल से तेरा अंग सजाऊँ।
तान, तान फण व्याल, कि तुझ पर मैं बाँसुरी बजाऊँ।

[10]

ओ शंका के व्याल! देख मत मेरे श्याम वदन को,
चक्षुःश्रवा! श्रवण कर बंसी के भीतर के स्वन को।
जिसने दिया तुझे विष, उसने मुझको गान दिया है,
ईर्ष्या तुझे, उसी ने मुझको भी अभिमान दिया है।

इस आशिष के लिए भाग्य पर क्यों न अधिक इतराऊँ?
तान, तान फण व्याल, कि तुझ पर मैं बाँसुरी बजाऊँ।

[11]

विषधारी! मत डोल कि मेरा आसन बहुत कड़ा है,
कृष्ण आज लघुता में भी साँपों से बहुत बड़ा है।
आया हूँ बाँसुरी-बीज उद्धार लिये जनगण का,
फण पर तेरे खड़ा हुआ हूँ भार लिये त्रिभुवन का।
बढ़ा, बढ़ा नासिका, रन्ध्र में मुक्ति-सूत्र पहनाऊँ,
तान, तान फण व्याल, कि तुझ पर मैं बाँसुरी बजाऊँ।

(नील कुसुम, 1949)

स्वप्न और सत्य

तबीयत चाहती है, बात कुछ तुमको सुनाऊँ,
मगर, तुम कौन हो जो पंक्ति मेरी पढ़ रहे हो?

कला के पारखी हो? चाँदनी के चाहनेवाले?
हवा की साँस में जो दर्द है उसको समझते हो?
बितायी है कभी क्या पूर्णिमा की रात खेतों में
खड़ी हरियालियों को देखते, बोले बिना कुछ भी?

पहाड़ों को कभी क्या देखकर यह भाव जागा है,
तुम्हारी और उनकी रूह आपस में सहेली हैं?

सितारों की सभा में बैठते हो? घूमते हो क्या
उषा के जावकों में और सन्ध्या के जुही-वन में?
जवानी की लटों को देख मन करवट बदलता है?
भरे-उभरे बदन से क्या घनों की याद आती है?

रखा है याद सौ में एक कोई गीत वह चुनकर
कि जिस में रूपसी कोई सरोवर में नहाती हो,
पलों के दो दलों पर, बाहु-मूलों पर, कपोलों पर
झलकते हों फुहारे शुभ्र जल के मोतियों-जैसे,
कमल-दल पर सुबह में जिस तरह शबनम चमकती है?

बुलाते हैं इशारों से कभी वे स्वप्न तुमको भी
हमारे हाथ से दो इंच जो आगे बने रहते?

न छू सकते जिन्हें हम औ' न जिनको छोड़ ही सकते,
यही दो इंच की दूरी हजारों कोस बन जाती।
मगर, बेचैनियों से रोशनी कैसी उमड़ती है?

तुम्हें भी रात के सुनसान में आकाश पर दिखते
किसी की माँग के मोती, किसी के हाथ का दर्पण?
किसी के मुक्त कुन्तल-जाल लहराते हुए घन-से
कि जिनमें से चमेली के हजारों फूल झरते हैं?

अहा! क्या बात? ये आकाशवाली सूरतें भोली,
कि जिनके नाम से आहट नयी महसूस होती है;
हृदय में सुगबुगा उठती जुही के फूल-सी कविता,
लहू में रेंगने लगते हजारों साँप सोने के।

सुकेशी, उर्वशी, रम्भा, मृणाली, मेनका, शीला,
न किसके नाम में वैकुण्ठ सिमटा झिलमिलाता है?
न किसके नाम से ही प्राण जगकर बैठ जाते हैं,
समझकर, यह किसी संगीत की पहली कड़ी होगी?

जरा लो नाम, फिर दोनों दृगों को मूँदकर सूँघो,
तुम्हारे घ्राण में सम्पूर्ण दिव की गन्ध आयेगी।

प्रणय की चिर-किशोरी मूर्तियों को काम ही क्या है?
सदा किलकारियाँ भरना, मचलते, खेलते रहना
कभी मन्दार के नीचे, कभी मन्दाकिनी-तट पर।
न इनकी आयु बढ़ती है, न इनका रूप घटता है,
बुढ़ापा क्या? जवानी ही कभी ढीली नहीं होती।

किसी की कुक्षि की कोंपल? नहीं, ये कल्पनाएँ हैं।
निकलती है जवानी की उमंगों से परी उस दिन
मनुज का मन भरे मधुमास में जिस रोज होता है।

टँगे हैं कल्पना की खूँटियों पर चित्र वे, जिनमें
अछूते रंग में हिलडुल मनुज की प्यास जलती है।

कुहासे में, धुएँ में रंग के तूफान पर चढ़कर
हवा पर दौड़ना भी खूब है आगे अगर कोई
परी संकेत करती हो कि मन का देवता उगकर
बुलाता हो तिमिर में, फिर बुलाकर डूब जाता हो।

बड़ा आनन्द है रंगीनियों के बीच चलने में।
बुरा क्या है, कभी यदि मेनका के साथ बादल पर
टहलते-घूमते तुम बेखबर नीचे फिसल जाओ?
अरे, ये मेघ हैं, सड़कें नहीं कंक्रीट-पत्थर की,
गिरो भी तो, नहीं तन में तनिक भी चोट लगती है।

बुरा क्या है, किसी दिन घूमते-फिरते भटक जाओ,
गली सूझे नहीं कोई सितारों से निकलने की?
मजे में रात भर घूमो कभी दाएँ, कभी बाएँ,
उमड़ती बाढ़ में ज्यों गाँव की डोंगी निकलती है
घरों के पास से होकर, बचाकर पेड़-पौधों को;
कि जैसे पर्वतों की गोद में नदियाँ बहा करतीं;
कि जैसे टापुओं के बीच से जलयान चलते हैं,
कि जैसे रेंगते हैं साँप नीचे फूल के वन में,
कि जैसे नाव 'वेनिस' में गृहों के बीच फिरती है।
सितारों की जमीं पर ओस की अच्छी नमी होगी,
धुमैली गन्ध बादल की भरेगी ताजगी मन में।
मजे में रात भर घूमो, मगर, जब भोर होता हो,
क्षितिज के पास कंचन के सरोवर में उतर जाओ,
मिटा लो क्लान्ति, रँग लो प्राण को सौरभ भरे जल से,
उषा को बाँधकर भुज में उतरते-तैरते जाओ,
क्षितिज के पास से पृथ्वी नहीं दो हाथ भर भी है।

अहा! पृथ्वी!
धुओं का जाल ऊपर रह गया उन भावनाओं-सा
उमड़ती हैं घटा-सी जो, नहीं पर, हाथ में आतीं,
तुम्हारे पाँव के नीचे हुई आवाज कुछ ठक-सी?
लगा ऐसा कि जैसे नींद से तुम जाग बैठे हो?
हुआ अनुमान कुछ ऐसा कि जैसे आँख के ऊपर
हरी ऐनक पड़ी थी जो, कहीं वह गिर गयी खुलकर?
अभी तो भोर की भी धूप आँखों में कड़कती है।

यही है जिन्दगी जिसकी गगन में कामना फैली,
मगर, जो खुद खड़ी चट्टान से लोहे बजाती है।
छिटक चिनगारियाँ उड़तीं, वही इसके सितारे हैं,
धुमैली गन्ध जो ऊपर, यहाँ खुशबू पसीने की।

गगन में घूमनेवालो! जिसे तुम खोजते-फिरते,
नहीं वह पूर्णता है शून्य का कीटाणु बनने में।
बढ़ाओ कल्पना का जाल, तब भी व्योम बाकी है,
लगाओ तर्क के सोपान, तब भी प्रश्न रहते हैं।
मृषा ऊहा, वृथा संधान, मन का स्वेद यह झूठा,
अमरता खोजते हो तुम, मगर मरते चले जाते।
इधर तुम खींचते अपनी लकीरें वायुमंडल में,
उधर आकर निरन्तर शून्य उनको एक कर जाता।

इसीसे तो समझता हूँ कि वे अच्छे रहे हमसे
नहीं जिनकी लकीरें वायुमंडल पर, मही पर हैं।
जिन्होंने पर्वतों को काटकर मैदान कर डाला,
नदी संकेत पर जिनके सिमटकर गति बदलती है।
सुबह से शाम तक खटकर पुरुष जो लौटते घर को,
अभी भी वीरता-साहस लिये, गौरव भरे मन में,
प्रिया से भी नहीं कहते कि मेरी देह दुखती है।

बड़ी कविता कि जो इस भूमि को सुन्दर बनाती है,
बड़ा वह ज्ञान, जिससे व्यर्थ की चिन्ता नहीं होती।
बड़ा वह आदमी जो जिन्दगी भर काम करता है;
बड़ी वह रूह जो रोये बिना तन से निकलती है।

(नील कुसुम, 1952)

भावी पीढ़ी से

हम तुम में साकार नहीं तो छिपे हुए हैं।
तुम भी लेकर नाव हमारे उष्ण रुधिर में
घूम रहे इच्छाओं की दुनिया टटोलते,
ले जाने को उसे, तत्व जो अविनश्वर है,
जा सकता है जो कुम्हलाए बिना वहाँ तक,
जहाँ पहुँच तट छोड़ तुम्हें ऊपर आना है।

ये कुछ भींगे कमल और ये गीली कलियाँ?
ऐसी ही थीं, हम सब की ईजाद नहीं हैं।
जो हम को दे गये, उन्होंने भी पाया था,
अपने पूर्व-पुरुष के हाथों से ऐसा ही।
जीत वही, जो मनु के चरणों में लौटी थी;
हार वही, जिसके नीचे वह काँप उठा था।
रहे धूल में पड़ा कि गंगा में नहलाओ,
आदम का बेटा आदम का ही बेटा है।

नयी बात क्या कहें? नया हमने क्या सीखा?
उलट-पुलट कर शब्द खेल जितने दिखलावें;
किन्तु, बात है यही कि जल ठण्डा होता है,
और आग पर चढ़ा उसे जितना खौलाओ,
किन्तु, आग उस पानी से भी बुझ जाती है।

जिज्ञासा का धुआँ उठा जो मनु के सिर से,
सब के माथे से वह उठता ही आया है,

घटी-बढ़ी, पर, नहीं तनिक नीलिमा गगन की,
और न बरसा समाधान कोई अम्बर से।

श्रम है केवल सार, काम करना अच्छा है,
चिन्ता है दुख-भार, सोचना पागलपन है।
पियो सोम या चाय, नाम में जो अन्तर हो,
मगर, स्वाद का हाल वही खट्टा-मीठा है।

(नील कुसुम, 1951)

पावस-गीत

अम्बर के गृह गान रे, घन-पाहुन आये।

इन्द्रधनुष मेचक-रुचि-हारी,
पीत वर्ण दामिनि-द्युति न्यारी,
प्रिय की छवि पहचान रे, नीलम घन छाये।

वृष्टि-विकल घन का गुरु गर्जन,
बूँद-बूँद में स्वप्न-विसर्जन,
वारिद सुकवि समान रे, बरसे कल पाये।

तृण, तरु, लता, कुसुम पर सोयी,
बजने लगी सजल सुधि कोई,
सुन-सुन आकुल प्राण रे, लोचन भर आये।

(नीलकुसुम, 1947)

चन्द्राह्वान

जागो हे अविनाशी!
जागो किरणपुरुष! कुमुदासन! विधु-मंडल के वासी!
जागो हे अविनाशी!

रत्न-जड़ित-पथ-चारी, जागो,
उडु-वन-वीथि-विहारी, जागो,
जागो रसिक विराग-लोक के, मधुवन के संन्यासी!
जागो हे अविनाशी!

जागो शिल्पि अजर अम्बर के!
गायक महाकाल के घर के!
दिव के अमृतकण्ठ कवि, जागो, स्निग्ध-प्रकाश-प्रकाशी।
जागो हे अविनाशी!

विभा-सलिल का मीन करो हे!
निज में मुझको लीन करो हे!
विधु-मंडल में आज डूब जाने का मैं अभिलाषी!
जागो हे अविनाशी!

(नील कुसुम, 1946)

ये गान बहुत रोये

तुम बसे नहीं इनमें आकर,
ये गान बहुत रोये।
बिजली बन घन में रोज हँसा करते हो,
फूलों में बन कर गन्ध बसा करते हो,
नीलिमा नहीं सारा तन ढँक पाती है,
तारा-पथ में पग ज्योति झलक जाती है।
हर तरफ चमकता यह जो रूप तुम्हारा,
रह-रह उठता जगमगा जगत जो सारा,
इनको समेट मन में लाकर
ये गान बहुत रोये।

जिस पथ पर से रथ कभी निकल जाता है,
कहते हैं, उस पर दीपक बल जाता है।
मैं देख रहा अपनी ऊँचाई पर से,
तुम किसी रोज तो गुजरे नहीं इधर से।
अँधियाले में स्वर वृथा टेरते फिरते,
कोने-कोने में तुम्हें हेरते फिरते।
पर, कहीं नहीं तुमको पाकर
ये गान बहुत रोये।

कब तक बरसेगी ज्योति बार कर मुझको?
निकलेगा रथ किस रोज पार कर मुझको?
किस रोज लिये प्रज्वलित बाण आओगे,
खींचते हृदय पर रेख निकल जाओगे?

किस रोज तुम्हारी आग शीश पर लूँगा,
बाणों के आगे प्राण खोल धर दूँगा?
यह सोच विरह में अकुला कर
ये गान बहुत रोये।

(नील कुसुम, 1953)

कवि की मृत्यु

जब गीतकार मर गया, चाँद रोने आया,
चाँदनी मचलने लगी कफन बन जाने को।
मलयानिल ने शव को कन्धों पर उठा लिया,
वन ने भेजे चन्दन-श्रीखण्ड जलाने को।

सूरज बोला, यह बड़ी रोशनीवाला था,
मैं भी न जिसे भर सका कभी उजियाली से;
रँग दिया आदमी के भीतर की दुनिया को
इस गायक ने अपने गीतों की लाली से।

बोला बूढ़ा आकाश, ध्यान जब यह धरता,
मुझमें यौवन का नया वेग जग जाता था।
इसके चिन्तन में डुबकी एक लगाते ही,
तन कौन कहे, मन भी मेरा रँग जाता था।

देवों ने कहा, बड़ा सुख था इसके मन की
गहराई में डूबने और उतराने में।
माया बोली, मैं कई बार थी भूल गयी
अपने को गोपन भेद इसे बतलाने में।

योगी था, बोला सत्य, भागता मैं फिरता,
यह जाल बढ़ाये हुए दौड़ता चलता था।
जब-जब लेता यह पकड़ और हँसने लगता,
धोखा देकर मैं अपना रूप बदलता था।

मर्दों को आयीं याद बाँकपन की बातें,
बोले, जो हो, आदमी बड़ा अलबेला था।
जिसके आगे तूफान अदब से झुकते हैं,
उसको भी इसने अहंकार से झेला था।

नारियाँ बिलखने लगीं बाँसुरी के भीतर
जादू था, कोई अदा बड़ी मतवाली थी,
गर्जन में भी थी नमी, आग से भरे हुए
गीतों में भी कुछ चीज रुलानेवाली थी।

वे बड़ी-बड़ी आँखें आँसू से भरी हुईं,
पानी में जैसे कमल डूब उतराता हो।
वह मस्ती में झूमते हुए उसका आना,
मानों, अपना ही तनय झूमता आता हो।

चिन्तन में डूबा हुआ, सरल, भोला-भाला
बालक था, कोई पुरुष दिव्य अवतारी था।
तुम तो कहते हो मर्द, मगर, मन के भीतर
यह कलावन्त हमसे भी बढ़ कर नारी था।

चुपचाप जिन्दगी भर इसने जो जुल्म सहे,
उतना नारी भी कहाँ मौन हो सहती है?
आँखों के आँसू मन के भेद जता जाते,
कुछ सोच-समझ जिह्वा चाहे चुप रहती है।

पर, इसे नहीं रोने का भी अवकाश मिला,
सारा जीवन कट गया आग सुलगाने में।
आखिर, वह भी सो गया जिन्दगी ने जिसको,
था लगा रखा सोतों को छेड़ जगाने में।

बेबसी बड़ी उन बेचारों की क्या कहिये!
चुपचाप जिन्हें जीवन भर जलना होता है।

ऊपर-नीचे द्वेषों के कुन्त तने होते,
बचकर उनको बेदाग निकलना होता है।

जाओ, कवि, जाओ, मिला तुम्हें जो कुछ हमसे,
दानी को उसके सिवा नहीं कुछ मिलता है।
चुन-चुन कर हम तोड़ते वही टहनी केवल
जिस पर कोई अपरूप कुसुम आ खिलता है।

विष के प्याले का मोल और क्या हो सकता?
प्रेमी तो केवल मधुर प्रीत ही देता है।
कवि को चाहे संसार भेंट दे जो, लेकिन,
बदले में वह निष्कपट गीत ही देता है।

आवरण गिरा, जगती की सीमा शेष हुई,
अब पहुँच नहीं तुम तक इन हाहाकारों की।
नीचे की महफिल उजड़ गयी, ऊपर कल से
कुछ और चमक उट्ठेगी सभा सितारों की।

(नील कुसुम, 1952)

तुम क्यों लिखते हो?

तुम क्यों लिखते हो? क्या अपने अन्तरतम को
औरों के अन्तरतम के साथ मिलाने को?
अथवा शब्दों की तह पर तह पोशाक पहन
जग की आँखों से अपना रूप छिपाने को?

यदि छिपा चाहते हो दुनिया की आँखों से,
तब तो मेरे भाई! तुमने यह बुरा किया।
है किसे फिक्र ही यहाँ, कौन क्या लाया है?
तुमने ही क्यों अपने को अद्‌भुत मान लिया?

कहनेवाले जाने, क्या-क्या कहते आए,
सुननेवालों ने मगर, कहो, क्या पाया है?
मथ रहीं मनुज को जो अनन्त जिज्ञासाएँ,
उत्तर क्या उनका कभी जगत में आया है?

अच्छा बोलो, आदमी एक मैं भी ठहरा,
अम्बर से मेरे लिए चीज क्या लाए हो?
मिट्टी पर हूँ मैं खड़ा, जरा नीचे देखो,
ऊपर क्या है जिस पर टकटकी लगाए हो?

'तारों में है संकेत? चाँदनी में छाया?'
बस, यही बात हो गई सदा दुहराने की?
सनसनी, फेन, बुद्‌बुद, सब कुछ सोपान बना,
अच्छी निकली यह राह सत्य तक जाने की।

दावा करते हैं शब्द जिसे छू लेने का,
क्या कभी उसे तुमने देखा या जाना है?
तुतले कम्पन उठते हैं जिस गहराई से,
अपने भीतर क्या कभी उसे पहचाना है?

जो कुछ खुलता सामने, समस्या है केवल,
असली निदान पर जड़े वज्र के ताले हैं;
उत्तर, शायद, हो छिपा मूकता के भीतर,
हम तो प्रश्नों का रूप सजानेवाले हैं।

तब क्यों रचते हो वृथा स्वाँग, मानो, सारा
आकाश और पाताल तुम्हारे कर में हो?
मानो, मनुष्य नीचे हो तुमसे बहुत दूर
मानो, कोई देवता तुम्हारे स्वर में हो।

मिहिका रचते हो? रचो; किन्तु, क्या फल इसका?
खुलने की जोखिम से वह तुम्हें बचाती है?
लेकिन, मनुष्य की द्वाभा और सघन होती,
धरती की किस्मत और भरमती जाती है।

धो डालो फूलों का पराग गालों पर से,
आनन पर से यह आनन अपर हटाओ तो,
कितने पानी में हो? इसको जग भी देखे,
तुम पल भर को केवल मनुष्य बन आओ तो।

सच्चाई की पहचान कि पानी साफ रहे,
जो भी चाहे, ले परख जलाशय के तल को;
गहराई का वे भेद छिपाते हैं केवल,
जो जान-बूझ गदला करते अपने जल को।

(नील कुसुम, 1950)

जनतन्त्र का जन्म

(26 जनवरी, 1950 ई.)

सदियों की ठंढी-बुझी राख सुगबुगा उठी,
मिट्टी सोने का ताज पहन इठलाती है;
दो राह, समय के रथ का घर्घर-नाद सुनो,
सिंहासन खाली करो कि जनता आती है।

जनता? हाँ, मिट्टी की अबोध मूरतें वही,
जाड़े-पाले की कसक सदा सहनेवाली,
जब अंग-अंग में लगे साँप हों चूस रहे,
तब भी न कभी मुँह खोल दर्द कहनेवाली।

जनता? हाँ, लम्बी-बड़ी जीभ की वही कसम,
"जनता, सचमुच ही, बड़ी वेदना सहती है।"
"सो ठीक, मगर, आखिर, इस पर जनमत क्या है?"
"है प्रश्न गूढ़; जनता इस पर क्या कहती है?"

मानो, जनता हो फूल जिसे एहसास नहीं,
जब चाहो, तभी उतार सजा लो दोनों में,
अथवा कोई दुधमुँही जिसे बहलाने के
जन्तर-मन्तर सीमित हों चार खिलौनों में।

लेकिन, होता भूडोल, बवंडर उठते हैं,
जनता जब कोपाकुल हो भृकुटि चढ़ाती है;

दो राह, समय के रथ का घर्घर-नाद सुनो,
सिंहासन खाली करो कि जनता आती है।

हुंकारों से महलों की नींव उखड़ जाती,
साँसों के बल से ताज हवा में उड़ता है;
जनता की रोके राह, समय में ताव कहाँ?
वह जिधर चाहती, काल उधर ही मुड़ता है।

अब्दों, शताब्दियों, सहस्राब्द का अन्धकार
बीता; गवाक्ष अम्बर के दहके जाते हैं;
यह और नहीं कोई, जनता के स्वप्न अजय
चीरते तिमिर का वक्ष उमड़ते आते हैं।

सबसे विराट जनतन्त्र जगत का आ पहुँचा,
तैंतीस कोटि-हित सिंहासन तैयार करो;
अभिषेक आज राजा का नहीं, प्रजा का है,
तैंतीस कोटि जनता के सिर पर मुकुट धरो।

आरती लिए तू किसे ढूँढ़ता है मूरख,
मन्दिरों, राजप्रसादों में, तहखानों में?
देवता कहीं सड़कों पर गिट्टी तोड़ रहे,
देवता मिलेंगे खेतों में, खलिहानों में।

फावड़े और हल राजदंड बनने को हैं,
धूसरता सोने से शृंगार सजाती है;
दो राह, समय के रथ का घर्घर-नाद सुनो,
सिंहासन खाली करो कि जनता आती है।

(नीलकुसुम, 1950)

नींव का हाहाकार

काँपती है वज्र की दीवार।
नींव में से आ रहा है क्षीण हाहाकार।

जानते हो, कौन नीचे दब गया है?
दर्द की आवाज पहले भी सुनी थी?
या कि यह दुष्काण्ड बिलकुल ही नया है?

वस्त्र जब नूतन बदलते हो किसी दिन,
खून के छींटे पड़े भी देखते हो?
रात को सूनी, सुनहरी कोठरी में
मौन कुछ मुर्दे खड़े भी देखते हो?

रोटियों पर कौर लेते ही कहीं से
अश्रु की भी बूँद क्या चूती कभी है?
बाग में जब घूमते हो शाम को, तब
सनसनाती चीज भी छूती कभी है?

जानते हो, यह अनोखा राज क्या है?
वज्र की दीवार यह क्यों काँपती है?
और गूँगी ईंट की आवाज क्या है?

तोड़ दो इसको, महल को पस्त औ' बर्बाद कर दो।
नींव की ईंटें हटाओ।
दब गये हैं जो, अभी तक जी रहे हैं।
जीवितों को इस महल के बोझ से आजाद कर दो।

तोड़ना है पुण्य जो तोड़ो खुशी से।
जोड़ने का मोह जी का काल होगा।
अनसुनी करते रहे इस वेदना को,
एक दिन ऐसा अचानक हाल होगा—

वज्र की दीवार यह फट जायेगी।
लपलपाती आग या सात्विक प्रलय का रूप धर कर
नींव की आवाज बाहर आयेगी।

वज्र की दीवार जब भी टूटती है,
नींव की यह वेदना विकराल बन कर छूटती है।
दौड़ता है दर्द की तलवार बन कर
पत्थरों के पेट से नरसिंह ले अवतार।
काँपती है वज्र की दीवार।

(नील कुसुम, 1953)

शबनम की जंजीर

रचना तो पूरी हुई, जान भी है इसमें?
पूछूँ जो कोई बात, मूर्त्ति बतलाएगी?
लग जाए आग यदि किसी रोज देवालय में,
चौंकेगी या यह खड़ी-खड़ी जल जाएगी?

ढाँचे में तो सब ठीक-ठीक उतरा, लेकिन,
बेजान बुतों के कारीगर, कुछ होश करो,
जब तक पत्थर के भीतर साँस नहीं चलती,
सौगन्ध इसी की तुम्हें, न तुम सन्तोष करो।

भर सको अगर तो प्रतिमा में चेतना भरो,
यदि नहीं, निमन्त्रण दो जीवन के दानी को।
विभ्राट, महाबल जहाँ थके-से दीख रहे,
आगे आने दो वहाँ क्षीणबल प्राणी को।

तैरता हवा में जो, वह क्या भारी होगा?
सपनों के तो सारथी क्षीणबल होते हैं;
संसार पुष्प से अपने को भूषित करता,
ये गन्धभार अपनी आत्मा में ढोते हैं।

सपनों का वह सारथी, यान जिसका कोमल
आँखों से ओझल हृदय-हृदय में चलता है;
जिसके छूते ही मन की पलक उधर जाती,
विश्वास भ्रान्ति को भेद दीप-सा बलता है।

सपनों का वह सारथी, रात की छाया में
आते जिसकी श्रुति में संवाद सितारों से,
सरिताएँ जिससे अपना हाल कहा करतीं,
बातें करता जो फूलों और पहाड़ों से।

पपड़ियाँ तोड़ फूटते जिन्दगी के सोते,
रथ के चक्के की लीक जहाँ भी पड़ती है।
प्रतिमा सजीव होकर चलने-फिरने लगती
मिट्टी की छाती में चेतना उमड़ती है।

छनी-टाँकी क्या करें? जिन्दगी की साँसें
लोहे पर धरकर नहीं बनाई जाती हैं;
धाराएँ जो मानव को उद्वेलित करतीं,
यन्त्रों के बल से नहीं बहाई जाती हैं।

विज्ञान काम कर चुका; हाथ उसका रोको,
आगे आने दो गुणी! कला कल्याणी को।
जो भार नहीं विभ्राट, महाबल उठा सके,
दो उसे उठाने किसी क्षीणबल प्राणी को।

मानव-मन को बेघते फूल के दल केवल,
आदमी नहीं कटता बरछों से, तीरों से,
लोहे की कड़ियों की साजिश बेकार हुई,
बाँधो मनुष्य को शबनम की जंजीरों से।

(नील कुसुम, 1950)

किसको नमन करूँ मैं?

तुझको या तेरे नदीश, गिरि, वन को नमन करूँ मैं?
मेरे प्यारे देश! देह या मन को नमन करूँ मैं?
किसको नमन भरूँ मैं भारत! किसको नमन करूँ मैं?

भू के मानचित्र पर अंकित त्रिभुज, यही क्या तू है?
नर के नभश्चरण की दृढ़ कल्पना नहीं क्या तू है?
भेदों का ज्ञाता निगूढ़ताओं का चिर ज्ञानी है;
मेरे प्यारे देश! नहीं तू पत्थर है, पानी है।
जड़ताओं में छिपे किसी चेतन को नमन करूँ मैं?
किसको नमन करूँ मैं भारत! किसको नमन करूँ मैं?

तू वह, नर ने जिसे बहुत ऊँचा चढ़कर पाया था;
तू वह, जो सन्देश भूमि को अम्बर से आया था।
तू वह, जिसका ध्यान आज भी मन सुरभित करता है;
थकी हुई आत्मा में उड़ने की उमंग भरता है।
गन्ध-निकेतन इस अदृश्य उपवन को नमन करूँ मैं?
किसको नमन करूँ मैं भारत! किसको नमन करूँ मैं?

वहाँ नहीं तू, जहाँ जनों से ही मनुजों को भय है;
सबको सबसे त्रास सदा, सब पर सब का संशय है।
जहाँ स्नेह के सहज स्रोत से हटे हुए जनगण हैं,
झण्डों या नारों के नीचे बँटे हुए जनगण हैं।
कैसे इस कुत्सित, विभक्त जीवन को नमन करूँ मैं?
किसको नमन करूँ मैं भारत! किसको नमन करूँ मैं?

तू तो वह लोक जहाँ उन्मुक्त मनुज का मन है;
समरसता को लिये प्रवाहित शीत-स्निग्ध जीवन है।
जहाँ पहुँच मानते नहीं नर-नारी दिग्बन्धन को;
आत्म-रूप देखते प्रेम में भरकर निखिल भुवन को।
कहीं खोज इस रुचिर स्वप्न पावन को नमन करूँ मैं?
किसको नमन करूँ मैं भारत! किसको नमन करूँ मैं?

भारत नहीं स्थान का वाचक, गुण विशेष नर का है,
एक देश का नहीं, शील यह भूमण्डल भर का है।
जहाँ कहीं एकता अखण्डित, जहाँ प्रेम का स्वर है;
देश-देश में वहाँ खड़ा भारत जीवित भास्वर है।
निखिल विश्व को, जन्मभूमि-वन्दन को नमन करूँ मैं।
किसको नमन करूँ मैं भारत! किसको नमन करूँ मैं?

खण्डित है यह मही शैल से, सरिता से, सागर से;
पर, जब भी दो हाथ निकल मिलते आ द्वीपान्तर से;
तब खाई को पाट शून्य में महा मोद मचता है;
दो द्वीपों के बीच सेतु यह भारत ही रचता है।
मंगलमय इस महासेतु-बन्धन को नमन करूँ मैं।
किसको नमन करूँ मैं भारत! किसको नमन करूँ मैं?

दो हृदयों के तार जहाँ भी जो जन जोड़ रहे हैं,
मित्र-भाव की ओर विश्व की गति को मोड़ रहे हैं।
घोल रहे हैं जो जीवन-सरिता में प्रेम-रसायन,
खोल रहे हैं देश-देश के बीच मुँदे वातायन।
आत्मबन्धु कह कर ऐसे जन-जन को नमन करूँ मैं।
किसको नमन करूँ मैं भारत! किसको नमन करूँ मैं?

उठे जहाँ भी घोष शान्ति का, भारत, स्वर तेरा है,
धर्म-दीप हो जिसके भी कर में, वह नर तेरा है।

तेरा है वह वीर, सत्य पर जो अड़ने जाता है,
किसी न्याय के लिए प्राण अर्पित करने जाता है।
मानवता के इस ललाट-चन्दन को नमन करूँ मैं।
किसको नमन करूँ मैं भारत! किसको नमन करूँ मैं?

(नील कुसुम, 1963)

लोहे के पेड़ हरे होंगे

लोहे के पेड़ हरे होंगे, तू गान प्रेम का गाता चल,
नम होगी यह मिट्टी जरूर, आँसू के कण बरसाता चल।

सिसकियों और चीत्कारों से जितना भी हो आकाश भरा,
कंकालों का हो ढेर, खप्परों से चाहे हो पटी धरा।
आशा के स्वर का भार पवन को लेकिन, लेना ही होगा,
जीवित सपनों के लिए मार्ग मुर्दों को देना ही होगा।
रंगों के सातों घट उँड़ेल, यह अँधियाली रँग जाएगी,
ऊषा को सत्य बनाने को जावक नभ पर छितराता चल।

आदर्शों से आदर्श भिड़े, प्रज्ञा प्रज्ञा पर टूट रही,
प्रतिमा प्रतिमा से लड़ती है, धरती की किस्मत फूट रही।
आवर्त्तों का है विषम जाल, निरुपाय बुद्धि चकराती है,
विज्ञान-यान पर चढ़ी हुई सभ्यता डूबने जाती है।
जब-जब मस्तिष्क जयी होता, संसार ज्ञान से जलता है,
शीतलता की है राह हृदय, तू यह संवाद सुनाता चल।

सूरज है जग का बुझा-बुझा, चन्द्रमा मलिन-सा लगता है,
सबकी कोशिश बेकार हुई, आलोक न इनका जगता है।
इन मलिन ग्रहों के प्राणों में कोई नवीन आभा भर दे,
जादूगर! अपने दर्पण पर घिसकर इनको ताजा कर दे।
दीपक के जलते प्राण, दिवाली तभी सुहावर होती है,
रौशनी जगत को देने को अपनी अस्थियाँ जलाता चल।

क्या उन्हें देख विस्मित होना, जो हैं अलमस्त बहारों में,
फूलों को जो हैं गूँथ रहे सोने-चाँदी के तारों में।
मानवता का तू विप्र! गन्ध-छाया का आदि पुजारी है,
वेदना-पुत्र! तू तो केवल जलने भर का अधिकारी है।
ले बड़ी खुशी से उठा, सरोवर में जो हँसता चाँद मिले,
दर्पण में रचकर फूल, मगर, उसका भी मोल चुकाता चल।

काया की कितनी धूम-धाम? दो रोज चमक बुझ जाती है;
छाया पीती पीयूष, मृत्यु को ऊपर ध्वजा उड़ाती है।
लेने दे जग को उसे, ताल पर जो कलहंस मचलता है,
तेरा मराल जल के दर्पण में नीचे-नीचे चलता है।
कनकाभ धूल झर जाएगी, ये रंग कभी उड़ जाएँगे,
सौरभ है केवल सार, उसे तू सबके लिए जुगाता चल।

क्या अपनी उनसे होड़, अमरता की जिनको पहचान नहीं,
छाया से परिचय नहीं, गन्ध के जग का जिनको ज्ञान नहीं?
जो चतुर चाँद का रस निचोड़ प्यालों में ढाला करते हैं,
भट्ठियाँ चढ़ाकर फूलों से जो इत्र निकाला करते हैं।
ये भी जागेंगे कभी, मगर, आधी मनुष्यता वालों पर,
जैसे मुसकाता आया है, वैसे अब भी मुसकाता चल।

सभ्यता-अंग पर क्षत कराल, यह अर्ध मानवों का बल है,
हम रोकर भरते उसे, हमारी आँखों में गंगाजल है।
शूली पर चढ़ा मसीहा को वे फूले नहीं समाते हैं,
हम शव को जीवित करने को छायापुर में ले जाते हैं।
भींगी चाँदनियों में जीता, जो कठिन धूप में मरता है,
उजियाली से पीड़ित नर के मन में गोधूलि बसाता चल।

यह देख नई लीला उनकी, फिर उनसे बड़ा कमाल किया,
गांधी के लोहू से सारे भारत-सागर को लाल किया।
जी उठे राम, जी उठे कृष्ण, भारत की मिट्टी रोती है,
क्या हुआ कि प्यारे गांधी की यह लाश न जिन्दा होती है?

तलवार मारती जिन्हें, बाँसुरी उन्हें नया जीवन देती,
जीवन-शक्ति के अभिमानी! यह भी कमाल दिखलाता चल।

धरती के भाग हरे होंगे, भारती अमृत बरसाएगी,
दिन की कराल दाहकता पर चाँदनी सुशीतल छाएगी।
ज्वालामुखियों के कंठों में कलकंठी का आसन होगा,
जलदों से लदा गगन होगा, फूलों में भरा भुवन होगा।
बेजान, यन्त्र-विरचित, गूँगी मूर्तियाँ एक दिन बोलेंगी,
मुँह खोल-खोल सबके भीतर शिल्पी! तू जीभ बिठाता चल।

(धूप और धूआँ, 1951)

हिमालय का सन्देश

[1]

लिये अन्तर में व्यथा अथाह।
हम भी तो दिन-रात यही सोचा करते हैं मौन,
पृथ्वी पर अवतरित हुआ आलोक नया यह कौन?
पाकर जिसे बढ़ी जाती है और अधिक उद्भ्रान्ति,
अन्धकार के साथ दूर भागी जाती है शान्ति।
चढ़ता ज्यों-ज्यों समय और बढ़ता है हाहाकार।
बड़ी विपद में आन फँसा है, सचमुच ही संसार।

[2]

दिशाओं में किरणों की धूम, धौंकता किरणों से आकाश,
गगन के रन्ध-रन्ध्र में बसा नये युग का प्रज्वलित प्रकाश।

जहाँ थी पहले थोड़ी छाँह, कुंज वे फूलों के भी गये,
कहीं पर भी द्वाभा का लेश नहीं छोड़ेंगे पण्डित नये।

रहस्यों में करते विश्लेष चली दुनिया ऐसे मग से,
महीतल से रूठी गोधूलि, चाँदनी विदा हुई जग से।

धूप का ऐसा तना वितान, अँधेरा कठिनाई में फँसा,
भागने को न मिली जब राह, आदमी के भीतर जा बसा।

सघन जब हो उठता है तिमिर, दृष्टि कुछ देख न पाती है,
ज्योति भी होकर सीमातीत अन्धता ही उपजाती है।

एक काली होती अन्धता, ज्योति से जो पलती है दूर,
एक उजली होती जो सदा ज्ञान से ही रहती है चूर।

आज जो लगी हुई है आग, ज्ञान के घर से आयी है,
जगत् की आँखों पर रोशनी, अन्धता बनकर छायी है।

[3]

कभी सोचा भी है, तुम क्या हो?
बल के अहंकार में भूले, भरे नित्य रहते हो,
सुनता हूँ, अपने को अपना ईश्वर भी कहते हो।

करते हो बन दास यन्त्र-चक्रों की नित्य गुलामी,
किन्तु, प्रकृति का कहते हो अपने को जेता-स्वामी।

नगरों को निर्मल रखने का ऐसा ढंग निकाला,
नदियों को कलुषित, समुद्र तक को दूषित कर डाला।

जीव-जन्तु को नशा, स्वच्छ कर डाला विपिन गहन को,
सब निचोड़ निस्तैल किये जा रहे मही के तन को।

लक्ष-लक्ष वर्षों के संचित खनिज लूट क्रम-क्रम से,
किये जा रहे रिक्त हृदय वसुधा का तुम निर्मम-से।

धरती का अन्तर खँगालना ही अब बड़ी प्रगति है,
हरियालियाँ जला कर ही अब करता जग उन्नति है।

यह सन्तुलन-विनाश प्रकृति का वृथा नहीं जायेगा,
आज दुखी है मनुज और कल निश्चय पछतायेगा।

करते नहीं प्रहार प्रकृति पर, गढ़ते क्लेश नया हो।
कभी सोचा भी है, तुम क्या हो?

[4]

युगों में अद्भुत रूप तुम्हारा!
भू पर तुम-सा विज्ञ मूढ़ पहले न कभी आया था,
वसुधा पर अन्धा प्रकाश यह कभी नहीं छाया था।

नहीं वंशधर तुम अतीत के, नूतन योनि अपर हो,
जो न कभी पहले जन्मा था, वह बौद्धिक बर्बर हो।

ज्ञान तुम्हारा अन्धकार है, किरण तुम्हारी तम है,
धर्म तुम्हारा ध्वंस, पूज्य देवता तुम्हारा यम है।

छाने तुमने अमित लोक, पर, मन को कभी न छाना,
लाखों आविष्कार किये, पर, अपना मर्म न जाना।

दृश्य-दृश्य रटते-रटते कुछ ऐसे दृश्य हुए तुम,
आत्मदेवता के मन्दिर में भी अस्पृश्य हुए तुम।

छूट गयी भाषा अदृश्य की अकथ कथा कहने की,
बकते-बकते भूल गये तुम महिमा चुप रहने की।

सतत-चारियो! कभी-कभी रुक जाने में भी सुख है।
अहंकार को भूल कहीं झुक जाने में भी सुख है।

देख लिया, नीचे पृथ्वी, ऊपर अनन्त अम्बर है,
अब तो मानचित्र में खोजो, कहाँ तुम्हारा घर है।

जान चुके, कर दौड़-धूप कुछ और न जान सकोगे,
अब आगे का भेद ठहर कर ही पहचान सकोगे।

बिना रुके मिलता न शान्ति का शीतल कूल-किनारा।
युगों में अद्‌भुत रूप तुम्हारा।

[5]

कहें भी तो उससे क्या बात?
अभी भूख से ही जो प्राणी तड़प रहा दिन-रात,
रोटी की चिन्ता में कटते जिसके सायं-प्रात।

दहक रहे भीषण क्षुधाग्नि से जिसके प्राण अभागे,
निर्दय है, दर्शन परोसता है जो उसके आगे।

रोटी दो, मत उसे गीत दो, जिसको भूख लगी है,
भूखों में दर्शन उभारना छल है, दगा, ठगी है।

रोटी और वसन, ये जीवन के सोपान प्रथम हैं,
नवयुग के चिन्तको! तुम्हें इसमें भी कोई भ्रम है?

व्यष्टि-समष्टि-विवाद व्यर्थ है, झगड़ा मनमाना है,
है समष्टि ही हार, व्यक्ति तो मोती का दाना है।

बूँदें जब गिरतीं समुद्र में, व्यथा कौन पाती हैं?
सागर में मिलकर अगाध सागर ही बन जाती हैं।

आते सारे भाव व्यक्तियों के समाज से छन कर,
पुनः लौट जाते समष्टि में ही वे गायन बन कर।

जैसे मेघ धरा से उठ कर अम्बर पर घिरता है,
और वारि बन फिर वसुधा के ही तन पर गिरता है।

जहाँ व्यष्टि स्वाधीन अधिक है, नाश वहाँ छायेगा,
अनुशासन के बिना व्यक्ति कुछ प्राप्त न कर पायेगा।

झुक समष्टि के सम्मुख जिस दिन व्यष्टि दान देती है,
तभी व्यक्ति के भीतर, करुणा-विनय जन्म लेती है।

भरो विश्व-सर में करुणा के कमल सहज अवदात।
कहें भी तो उससे क्या बात?

[6]

वृथा मत लो भारत का नाम।
मानचित्र में जो मिलता है, नहीं देश भारत है,
भू पर नहीं, मनों में ही, बस, कहीं शेष भारत है।

भारत एक स्वप्न, भू को ऊपर ले जानेवाला,
भारत एक विचार, स्वर्ग को भू पर लानेवाला।

भारत एक भाव, जिसको पाकर मनुष्य जगता है,
भारत एक जलज, जिस पर जल का न दाग लगता है।

भारत है संज्ञा विराग की, उज्ज्वल आत्म-उदय की,
भारत है आभा मनुष्य की सबसे बड़ी विजय की।

भारत है भावना दाह जग-जीवन का हरने की,
भारत है कल्पना मनुज को राग-मुक्त करने की।

जहाँ कहीं एकता अखण्डित, जहाँ प्रेम का स्वर है,
देश-देश में खड़ा वहाँ भारत जीवित, भास्वर है।

भारत वहाँ, जहाँ जीवनसाधना नहीं है भ्रम में,
धाराओं को समाधान है मिला हुआ संगम में।

जहाँ त्याग माधुर्यपूर्ण हो, जहाँ भोग निष्काम,
समरस हो कामना, वहीं भारत को करो प्रणाम।
वृथा मत लो भारत का नाम।

[7]

साधना इस व्रत की भारी।
पग-पग पर हिंसा की ज्वाला, चारों ओर गरल है।
मन को बाँध शान्ति का पालन करना नहीं सरल है।

तब भी जो नर-वीर असिव्रत दारुण पाल सकेंगे,
वसुधा को विष के विवर्त से नहीं निकाल सकेंगे।

मना रहे क्यों, यह व्रतपाली केवल भारत होगा?
शेष विश्व हिंसा-लिप्सा में, इसी भाँति, रत होगा?

किसी एक को नहीं, बदलना होगा साथ सभी को,
करना होगा ग्रहण शील भारत का निखिल मही को।

शमित करेगा कौन वह्नि प्रहरी का जाल बिछा कर?
रोकेगा विस्फोट विश्व को बल से कौन दबा कर?

तब उतरेगी शान्ति, मनुज का मन जब कोमल होगा,
जहाँ आज है गरल, वहाँ शीतल गंगाजल होगा।

देश-देश में जाग उठेंगे जिस दिन नर-नारी।
साधना इस व्रत की भारी।

[8]

धर्म को, श्रद्धा को मत त्यागो।
शील मुकुट नरता का, सबसे बड़ी भव्यता का है,
नहीं धर्म से बढ़कर कोई मित्र सभ्यता का है।

नरी बुद्धि के लिए भावना का मत दलन करो रे!
जो अदृश्य प्रहरी है, उससे भी तो कभी डरो रे!

शान्ति चाहते हो तो पहले सुमति शून्य से माँगो,
नवयुग के प्राणियो! ऊर्ध्वमुख जागो, जागो, जागो।
धर्म को, श्रद्धा को मत त्यागो।

(नील कुसुम)

झील

मत छुओ इस झील को।
कंकड़ी मारो नहीं,
पत्तियाँ डारो नहीं,
फूल मत बोरो।
और कागज की तरी इसमें नहीं छोड़ो।

खेल में तुमको पुलक-उन्मेष होता है,
लहर बनने में सलिल को क्लेश होता है।

(सीपी और शंख)

वातायन

मैं झरोखा हूँ
कि जिसकी टेक लेकर
विश्व की हर चीज बाहर झाँकती है।

पर, नहीं मुझ पर,
झुका है विश्व तो उस जिन्दगी पर
जो मुझे छूकर सरकती जा रही है।

जो घटित होता है, यहाँ से दूर है।
जो घटित होता, यहाँ से पास है।
कौन है अज्ञात? किसको जानता हूँ?

और की क्या बात?
कवि तो आप अपना भी नहीं है।

(सीपी और शंख)

समुद्र का पानी

बहुत दूर पर
अट्टहास कर
सागर हँसता है।
दशन फेन के,
अधर व्योम के।

ऐसे में सुन्दरी! बेचने तू क्या निकली है,
अस्त-व्यस्त, झेलती हवाओं के झकोर
सुकुमार वक्ष के फूलों पर?

सरकार!
और कुछ नहीं,
बेचती हूँ समुद्र का पानी।

तेरे तन की श्यामता नील दर्पण-सी है,
श्यामे! तूने शोणित में है क्या मिला लिया?

सरकार!
और कुछ नहीं,
रक्त में है समुद्र का पानी।

माँ! ये तो खारे आँसू हैं,
ये तुझको मिले कहाँ से?

सरकार!
आँख से झरता है केवल समुद्र का पानी।
यह हृदय! और यह कड़वाहट।
ये दोनों मिले कहाँ पर?

सरकार!
बहुत ही कड़वा होता है समुद्र का पानी।

बहुत दूर पर
अट्टहास कर
सागर हँसता है।
दशन फेन के,
अधर व्योम के।

(सीपी और शंख)

नाम

तुम कहाँ से आ रहे हो?
नाम क्या है?
वह पुकारू शब्द मत मुझको बताओ,
जो तुम्हारा आवरण है।

पर, कहो वह नाम
जिसको फूल औ' नक्षत्र, ये कहते नहीं हैं।
नाम जो असहाय मर जाता उसी दिन,
जिस दिवस हम भूमितल पर जन्म लेते हैं।

तुम जवानी हो?
कि शैशव आप अपना पाठ फिर दुहरा रहा है?
जिन्दगी हो?
या सुनहला रूप धर कर मृत्यु विचरण कर रही है?

(सीपी और शंख)

कवि और प्रेमी

प्राप्त है इनको सखे! कुछ ज्ञान भी, अज्ञान भी।
वायु हैं ये,
विश्व के मन को बहा कर
सत्य-सुषमा की दिशा की ओर करते हैं।
मानवों में देवता जो सो रहे, उनको जगाते हैं।
रात्रि के ये क्रोध हैं,
हुँकार भरते हैं तिमिर में
और हाहाकार करके भोर करते हैं।

आँख के हैं अश्रु कोई भी न जिनको जानता है।
सिन्धु-तट की वह मधुरता हैं
न जो मिटती कभी है।

बालुका पर मनुज के पद-चिन्ह जो पड़ते,
ये जुगा उनको भविष्यत के लिए धरते।

(सीपी और शंख)

तुम सड़क पर जा रहे थे

तुम सड़क पर जा रहे थे,
मैं बगल की वीथि पर;
तुम बहुत थे तेज,
मेरी चाल अतिशय मन्द थी।

और तब मैंने तुम्हें देखा।
मगर, यह क्या हुआ?
पड़ गये मेरे चरण किस व्यूह में?
पाश था वह कौन जिसमें पाँव मेरे फँस गये?
चेतना यह भी नहीं थी जानती,
मैं तुम्हारे पास हूँ या दूर हूँ?

आज भी हैं वीथि पर मेरे चरण,
आज भी तो तुम सड़क पर जा रहे।
वीथि, लेकिन मन्दतर है मन्द से;
तुम निकलते जा रहे, लेकिन, सुरीले छन्द-से।

(सीपी और शंख)

जान सकता हूँ अगर साहस करूँ

जान सकता हूँ अगर साहस करूँ
शृंखला वह जो पवन में, वह्नि में, तूफान में है
और चल उत्ताल सागर में।
जान सकता हूँ अगर साहस करूँ
चेतना का रूप वह जिसमें,
वृक्ष से झर कर मही पर पत्र गिरते हैं।

वायु में सूराख हैं,
सर्वत्र ही कब्रें खुली हैं
हम मनुष्यों को गरसने के लिए।

सातवें के बाद
और पहले रंग के पहले
अँधेरा ही अँधेरा है।

शब्द के उपरान्त केवल स्तब्धता है।
गूँज उसकी जतुक सुनते हैं
कि सुनते मीन सागर के हृदय के।

इन्द्रियों की स्पर्श-रेखा के परे
घूमते हैं चक्र अणुओं, तारकों, परमाणुओं के,
जिन्दगी जिनसे बुनी जाती।

जिन अगम गहराइयों से भागते हैं,
छोड़ कर उनको कहीं आश्रय नहीं मिलता।

गूँजती शंका जभी जीवन-गुफा में,
गूँज उठता है अमरता के परे का व्योम भी।

और निद्रा में
अमित अव्यक्त भावों के
सहस्रों स्वप्न चलते हैं।
ये सहस्रों स्वप्न जो अपने नहीं हैं।

(सीपी और शंख)

आधा चाँद

सरसी में लो उतर गया अब चाँद,
व्योम अभी कितना निश्चल लगता है!

तारों की जो फसल ताल में लहराती है,
हँसिया बन कर चाँद काटने को आया है।

किन्तु, एक मेढ़क उस पर यों झपट रहा है,
मानो, वह चन्द्रमा नहीं, दर्पण हो कोई।

(सीपी और शंख)

प्रेम

प्रेम क्या है?
क्षीर का निर्झर,
कि जब यह फूटता है,
हृदय नर का सन्त का आवास हो जाता।
पुण्यमय मैं हो गया हूँ।

किन्तु, तुमने क्यों मुझे उतना सराहा था,
जब बड़ाई की न कोई बात थी वैसी?
निरा औद्धत्य, केवल गर्व,
शब्दों की लिये पूँजी
वृथा मैं बोलता था,
किन्तु, मन के कोष रीते थे।

वस्तु जो उठती तुरत बाजार में,
भीड़ उसको श्रेष्ठ सबसे मानती है।
दासता की दृष्टि ही संसार में
क्रोध को सबसे प्रबल कर जानती है।

देवगुण को पूजते, लेकिन, वही,
जो स्वयं ही देवता के तुल्य हैं।

(सीपी और शंख)

तूफान

मेरे भीतर का ईश्वर,
विकराल क्रोध है ऊसर, अनजोती जमीन
पर तांडव का त्योहार रचानेवाला!
मेरे भीतर का ईश्वर,
है मेरे मन के स्वर्ग-लोक की नींव हिला
मेरे भीतर भूकम्प मचानेवाला।
मेरे भीतर का ईश्वर,
है अग्नि चंड, मैं उसके भीतर जलता हूँ।

मेरे भीतर का ईश्वर,
है घन घमंड, अम्बर का उद्वेलित समुद्र,
मेघों को, जानें, हाँक कहाँ से लाता है।
मेरे भीतर का ईश्वर,
है नामहीन, एकाकी, अभिशापित विहंग,
जो हृदय-व्योम में चिल्लाता, मँडराता है।
मेरे भीतर का ईश्वर,
है जोर-जोर से पटक रहा मेरे मस्तक को पत्थर पर।

मेरे भीतर का ईश्वर,
यह महाघोर चतुरंग प्रभंजन वेगवान
मेरे मन के निर्जन, अकूल, आश्रयविहीन,
उत्तप्त प्रान्त में ज्वालाएँ भड़काता है।
भीतर उर के मुद्रित कपाट,

बाहर-बाहर वह प्रलय-केतु फहराता है।
मेरे भीतर का ईश्वर
है जोर-जोर से पटक रहा मेरे मस्तक को पत्थर पर।

(सीपी और शंख)

त्राता

न्याय के हे देवता!
कब सिखाओगे मनुष्यों को
कि अपनी आप वे रक्षा करें?
त्राण, वैसे तो, उन्हें हैं मिले लाखों बार,
पर, हर बार त्राता ने उन्हें फिर बेच डाला है।

न्याय के हे देवता!
रोक रक्खो रक्षकों को स्वर्ग में।
देव! त्राता मानवों का और मत भेजो।

जब कभी त्राता मनुष्यों का कहीं पर त्राण करता है,
बेच ही है डालता अपने पिता के हाथ वह उनको।

लोग रोते,
"त्राण तो हम पा गए, पर, हाय, भूखों मर रहे हैं।"
और वह कहता,
"बहुत-सी पक रही हैं कल्पना की पूड़ियाँ
मेरे पिता के गेह में, धीरज धरो,
फिर पेट भर खाना।"

लोग कहते हैं,
"एक टुकड़ा दे नहीं सकते हमें सामान्य रोटी का?"
हुक्म वह देता,

"नहीं, वैकुंठ चलकर ही तुम्हें भोजन मिलेगा।
और वह सामान्य क्यों?
अद्भुत, अमूल्य, अपूर्व होगा।

याकि कहता गर्व से नेपोलियन,
"दुष्ट प्रभुओं से तुम्हें हमने छुड़ाया है।
तुम हमारी, इसलिए, सम्पत्ति हो।
हम जब कहें, जैसे कहें, लड़ना पड़ेगा,
हम जिस जगह चाहें, तुम्हें मरना पड़ेगा।"

या कहीं जनतन्त्रवादी लोग यह कहते,
"तुम हमारे ही बचाए बच सके हो।
इसलिए, तुम कोष हो, पूँजी, बचत हो।
हम तुम्हें लेकर बड़ा वाणिज्य साधेंगे।"

याकि फिर लेनिन कहीं पर घोषणा करता,
"बच गए तुम, किन्तु, मत भूलो
कि तुम खुदरा नहीं हो, थोक हो।
त्राण खुदरे का नहीं, कल्याण है यह थोक का।
याद रक्खो, आज से तुम रह न पाओगे।
आदमी यानी अधम वह बुर्जुआ।
सोवियत सरकार की चीजों, मदों की सूचियों में
माल हो, असबाब हो, तुम जिन्स हो, मद हो।
रसद तो हर जिन्स को, हर चीज को मिलता,
सत्य केवल राज्य है लेकिन,
सत्य केवल सोवियत सरकार है,
सत्य है वह शक्ति,
जिसने जुल्म से तुमको बचाया है।
और जिन्सों की कहो तो मोल क्या उनका?
वे महज मद, जिन्स या असबाब हैं।"
और यह क्रम बस इसी ढब से चला करता,
त्राण देना, और फिर रक्षित जनों को

बेच देना, क्योंकि वे असबाब हैं, मद हैं।

न्याय के हे देवता!
कब सिखाओगे मनुष्यों को
कि अपनी आप वे रक्षा करें?

(सीपी और शंख)

पुरूरवा की उक्ति

कौन है अंकुश, इसे मैं भी नहीं पहचानता हूँ।
पर, सरोवर के किनारे कंठ में जो जल रही है,
उस तृषा, उस वेदना को जानता हूँ।

आग है कोई, नहीं जो शान्त होती;
और खुलकर खेलने से भी निरन्तर भागती है।

रूप का रसमय निमंत्रण
या कि मेरे ही रुधिर की वह्नि
मुझ को शान्ति से जीने न देती।
हर घड़ी कहती, उठो,
इस चन्द्रमा को हाथ से धर कर निचोड़ो,
पान कर लो यह सुधा, मैं शान्त हूँगी,
अब नहीं आगे कभी उद्‌भ्रान्त हूँगी।

किन्तु, रस के पात्र पर ज्यों ही लगाता हूँ अधर को,
घूँट या दो घूँट पीते ही
न जानें, किस अतल से नाद यह आता,
"अभी तक भी न समझा?
दृष्टि का जो पेय है, वह रक्त का भोजन नहीं है।
रूप की आराधना का मार्ग आलिंगन नहीं है।"

टूट गिरती है उमंगें,
बाहुओं का पाश हो जाता शिथिल है।

अप्रतिभ मैं फिर उसी दुर्गम जलधि में डूब जाता,
फिर वही उद्विग्न चिन्तन,
फिर वही पृच्छा चिरन्तन,
"रूप की आराधना का मार्ग
आलिंगन नहीं तो और क्या है?
स्नेह का सौन्दर्य को उपहार
रस-चुम्बन नहीं तो और क्या है?"

रक्त की उत्तम लहरों की परिधि के पार
कोई सत्य हो तो,
चाहता हूँ, भेद उसका जान लूँ।
पथ हो सौन्दर्य की आराधना का व्योम में यदि
शून्य की उस रेख को पहचान लूँ।

पर, जहाँ तक भी उड़ूँ, इस प्रश्न का उत्तर नहीं है।
मृत्ति महदाकाश में ठहरे कहाँ पर? शून्य है सब।
और नीचे भी नहीं सन्तोष,
मिट्टी के हृदय से
दूर होता ही कभी अम्बर नहीं है।

इस व्यथा को झेलता
आकाश की निस्सीमता में
घूमता फिरता विकल, विभ्रान्त
पर, कुछ भी न पाता।
प्रश्न को कढ़ता,
गगन की शून्यता में गूँजकर सब ओर
मेरे ही श्रवण में लौट आता।

और इतने में मही का गान फिर देता सुनाई,
"हम वही जग हैं, जहाँ पर फूल खिलते हैं।
दूब है शय्या हमारे देवता की,
पुष्प के वे कुंज मन्दिर हैं,

जहाँ शीतल, हरित, एकान्त मंडप में प्रकृति के
कंटकित युवती-युवक स्वच्छन्द मिलते हैं।"

"इन कपोलों की ललाई देखते हो?
और अधरों की हँसी यह कुन्द-सी, जूही-कली-सी?
गौर चम्पक-यष्टि-सी यह देह श्लथ पुष्पाभरण से,
स्वर्ण की प्रतिमा कला के स्वप्न-साँचे में ढली-सी?"

"यह तुम्हारी कल्पना है, प्यार कर लो।
रूपसी नारी प्रकृति का चित्र है सबसे मनोहर।
ओ गगनचारी! यहाँ मधुमास छाया है।
भूमि पर उतरो,
कमल, कर्पूर, कुंकुम से, कुटज से
इस अतुल सौन्दर्य का शृंगार कर लो।"

गीत आता है मही से?
या कि मेरे ही रुधिर का राग
यह उठता गगन में?
बुलबुलों-सी फूटने लगतीं मधुर स्मृतियाँ हृदय में;
याद आता है मदिर उल्लास में फूला हुआ वन,
याद आते हैं तरंगित अंग के रोमांच, कम्पन;
स्वर्णवर्णा वल्लरी में फूल-से खिलते हुए मुख,
याद आता है निशा के ज्वार में उन्माद का सुख।
कामनाएँ प्राण को हिलकोरती हैं।
चुम्बनों के चिह्न जग पड़ते त्वचा में।

फिर किसी का स्पर्श पाने को तृषा चीत्कार करती।

मैं न रुक पाता कहीं,
फिर लौट आता हूँ पिपासित
शून्य से साकार सुषमा के भुवन में,
युद्ध से भागे हुए उस वेदना-विह्वल युवक-सा

जो कहीं रुकता नहीं,
बेचैन जा गिरता अकुंठित
तीर-सा सीधे प्रिया की गोद में।

चूमता हूँ दूब को, जल को, प्रसूनों, पल्लवों को,
वल्लरी की बाँह भर उर से लगाता हूँ;
बालकों-सा मैं तुम्हारे वक्ष में मुँह को छिपाकर
नींद की निस्तब्धता में डूब जाता हूँ।

नींद जल का स्रोत है, छाया सघन है,
नींद श्यामल मेघ है, शीतल पवन है।

किन्तु, जगकर देखता हूँ,
कामनाएँ वर्त्तिका-सी बल रही हैं,
जिस तरह पहले पिपासा से विकल थीं,
प्यास से आकुल अभी भी जल रही हैं।

रात भर, मानो, उन्हें दीपक-सदृश जलना पड़ा हो,
नींद में, मानो, किसी मरुदेश में चलना पड़ा हो।

फिर क्षुधित कोई अतिथि आवाज़ देता,
फिर अधर-पुट खोजने लगते अधर को,
कामना छूकर त्वचा को फिर जगाती है,
रेंगने लगते सहस्रों साँप सोने के रुधिर में,
चेतना रस की लहर में डूब जाती है।

और तब सहसा
न जानें, ध्यान खो जाता कहाँ पर।
सत्य ही, रहता नहीं यह ज्ञान,
तुम कविता, कुसुम या कामिनी हो।
आरती की ज्योति को भुज में समेटे
मैं तुम्हारी ओर अपलक देखता एकान्त मन से

रूप के उद्गम अगम का भेद गुनता हूँ।
साँस में सौरभ, तुम्हारे वर्ण में गायन भरा है,
सींचता हूँ प्राण को इस गन्ध की भीनी लहर से,
और अंगों की विभा की वीचियों से एक होकर
मैं तुम्हारे रंग का संगीत सुनता हूँ।

और फिर यह सोचने लगता, कहाँ, किस लोक में हूँ?
कौन है यह वन सघन हरियालियों का,
झूमते फूलों, लचकती डालियों को?
कौन है यह देश जिसकी स्वामिनी मुझको निरन्तर
वारुणी की धार से नहला रही है?
कौन है यह जग, समेटे अंक में ज्वालामुखी को
चाँदनी चुमकार कर बहला रही है?

कौमुदी के इस सुनहरे जाल का बल तोलता हूँ,
एक पल उड्डीन होने के लिए पर खोलता हूँ।

पर, प्रभंजन मत्त है इस भाँति रस-आमोद्र में,
उड़ न सकता, लौट गिरता है कुसुम की गोद में।

टूटता तोड़े नहीं यह किसलयों का दाम,
फूलों की लड़ी जो बँध गई, खुलती नहीं है।
कामनाओं के झकोरे रोकते हैं राह मेरी,
खींच लेती है तृषा पीछे पकड़कर बाँह मेरी।

सिन्धु-सा उद्दाम, अपरम्पार मेरा बल कहाँ है?
गूँजता जिस शक्ति का सर्वत्र जयजयकार,
उस अटल संकल्प का सम्बल कहाँ है?

यह शिला-सा वक्ष, ये चट्टान-सी मेरी भुजाएँ,
सूर्य के आलोक से दीपित, समुन्नत भाल,
मेरे प्राण का सागर अगम, उत्ताल, उच्छल है।

सामने टिकते नहीं वनराज, पर्वत डोलते हैं,
काँपता है कुंडली मारे समय का व्याल,
मेरी बाँह में मारुत, गरुड़, गजराज का बल है।

मर्त्य मानव की विजय का तूर्य हूँ मैं,
उर्वशी! अपने समय का सूर्य हूँ मैं।
अन्ध तम के भाल पर पावक जलाता हूँ,
बादलों के सीस पर स्यन्दन चलाता हूँ।

पर, न जानें, बात क्या है!
इन्द्र का आयुध पुरुष जो झेल सकता है,
सिंह से बाँहें मिलाकर खेल सकता है,
फूल के आगे वही असहाय हो जाता,
शक्ति के रहते हुए निरुपाय हो जाता।
विद्ध हो जाता सहज बंकिम नयन के बाण से,
जीत लेती रूपसी नारी उसे मुसकान से।

मैं तुम्हारे बाण का बींधा हुआ खग,
वक्ष पर धर सीस मरना चाहता हूँ।
मैं तुम्हारे हाथ का लीला-कमल हूँ,
प्राण के सर में उतरना चाहता हूँ।

कौन कहता है,
तुम्हें मैं छोड़कर आकाश में विचरण करूँगा?
बाहुओं के इस वलय में गात्र की वंदी नहीं है,
वक्ष के इस तल्प पर सोती न केवल देह,
मेरे व्यग्र, व्याकुल प्राण भी विश्राम पाते हैं।

मर्त्य नर को देवता कहना मृषा है,
देवता शीतल, मनुज अंगार है।
देवताओं की नदी में ताप की लहरें न उठतीं,
किन्तु, नर के रक्त में ज्वालामुखी हुँकारता है,

घूर्णियाँ चिनगारियों की नाचती हैं,
नाचते उड़कर दहन के खंड पत्तों-से हवा में,
मानवों का मन गले-पिघले अनल की धार है।

चाहिए देवत्व,
पर, इस आग को धर दूँ कहाँ पर?
कामनाओं को विसर्जित व्योम में कर दूँ कहाँ पर?

वह्नि का बेचैन यह रसकोष, बोलो, कौन लेगा?
आग के बदले मुझे सन्तोष, बोलो, कौन देगा?
फिर दिशाएँ मौन, फिर उत्तर नहीं है।

प्राण की चिर-संगिनी यह वह्नि,
इसको साथ लेकर
भूमि से आकाश तक चलते रहो।
मर्त्य नर का भाग्य!
जब तक प्रेम की धारा न मिलती,
आप अपनी आग में जलते रहो।

एक ही आशा, मरुस्थल की तपन में
ओ सजल कादम्बिनी! सिर पर तुम्हारी छाँह है।
एक ही सुख है, उरस्थल से लगा हूँ,
ग्रीव के नीचे तुम्हारी बाँह है।

इन प्रफुल्लित प्राण-पुष्पों में मुझे शाश्वत शरण दो,
गन्ध के इस लोक से बाहर न जाना चाहता हूँ।
मैं तुम्हारे रक्त के कण में समाकर
प्रार्थना के गीत गाना चाहता हूँ।

(उर्वशी)

उर्वशी की उक्ति

पर, क्या बोलूँ? क्या कहूँ?
भ्रान्ति, यह देह-भाव।

मैं मनोदेश की वायु व्यग्र, व्याकुल, चंचल;
अवचेत प्राण की प्रभा, चेतना के जल में
मैं रूप-रंग-रस-गन्ध-पूर्ण साकार कमल।

मैं नहीं सिन्धु की सुता;
तलातल-अतल-वितल-पाताल छोड़,
नीले समुद्र को फोड़ शुभ्र, झलमल फेनांशुक में प्रदीप्त
नाचती ऊर्मियों के सिर पर
मैं नहीं महातल से निकली।

मैं नहीं गगन की लता
तारकों में पुलकित फूलती हुई;
मैं नहीं व्योमपुर की बाला,
विधु की तनया, चन्द्रिका-संग,
पूर्णिमा-सिन्धु की परमोज्ज्वल आभा-तरंग,
मैं नहीं किरण के तारों पर झूलती हुई भू पर उतरी।

मैं नाम-गोत्र से रहित पुष्प,
अम्बर में उड़ती हुई मुक्त आनन्द-शिखा
इतिवृत्तहीन,
सौन्दर्य-चेतना की तरंग;

सुर-नर-किन्नर-गन्धर्व नहीं,
प्रिय! मैं केवल अप्सरा
विश्वनर के अतृप्त इच्छा-सागर से समुद्भूत।

कामना-तरंगों से अधीर
जब विश्वपुरुष का हृदय-सिन्धु
आलोड़ित, क्षुभित, मथित होकर,
अपनी समस्त वड़वाग्नि
कण्ठ में भरकर मुझे बुलाता है;
तब मैं अपूर्वयौवना
पुरुष के निभृत प्राणतल से उठकर
प्रसरित करती निर्वसन, शुभ्र, हेमाभ कान्ति
कल्पना-लोक से उतर भूमि पर आती हूँ,
विजयिनी विश्वनर को अपने उत्तुङ्ग वक्ष
पर सुला अमित कल्पों के अश्रु सुखाती हूँ।

जन-जन के मन की मधुर वह्नि, प्रत्येक हृदय की उजियाली,
नारी की मैं कल्पना चरम नर के मन में बसनेवाली।

विषधर के फण पर अमृतवर्त्ति;
उद्धत, अदम्य, बर्बर बल पर
रूपांकुश, क्षीण मृणाल-तार।
मेरे सम्मुख नत हो रहते गजराज मत्त;
केसरी, शरभ, शार्दूल भूल निज हिंस्र भाव
गृह-मृग-समान निर्विष, अहिंस्र बनकर जीते।
मेरी भ्रू-स्मिति को देख चकित, विस्मित, विभोर
शूरमा निमिष खोले अवाक् रह जाते हैं;
श्लथ हो जाता स्वयमेव शिंजिनी का कसाव,
संस्रस्त करों से धनुष-बाण गिर जाते हैं।

कामना-वह्नि की शिखा मुक्त मैं अनवरुद्ध,
मैं अप्रतिहत, मैं दुर्निवार;

मैं सदा घूमती फिरती हूँ
पवनान्दोलित वारिद-तरंग पर समासीन
नीहार-आवरण में अम्बर के आर-पार;
उड़ते मेघों को दौड़ बाहुओं में भरती,
स्वप्नों की प्रतिमाओं का आलिंगन करती।

विस्तीर्ण सिन्धु के बीच शून्य, एकान्त द्वीप,
यह मेरा उर।
देवालय में देवता नहीं, केवल मैं हूँ।
मेरी प्रतिमा को घेर उठ रही अगुरु-गन्ध,
बज रहा अर्चना में मेरी मेरा नूपुर।

मैं कला-चेतना का मधुमय, प्रच्छन्न स्रोत,
रेखाओं में अंकित कर अंगों के उभार,
भंगिमा, तरंगित वर्तुलता, वीचियाँ, लहर,
तन की प्रकान्ति रंगों में लिये उतरती हूँ।

पाषाणों के अनगढ़ अंगों को काट-छाँट
मैं ही निविडस्तननता, मुष्टिमध्यमा,
मदिरलोचना, कामलुलिता नारी
प्रस्तरावरण कर भङ्ग,
तोड़ तम को उन्मत्त उभरती हूँ।

भू-नभ का सब संगीत नाद मेरे निस्सीम प्रणय का है,
सारी कविता जयगान एक मेरी त्रयलोक-विजय का है।
प्रिय मुझे प्रखर कामना-कलित, सन्तप्त, व्यग्र, चंचल चुम्बन,
प्रिय मुझे रसोदधि में निमग्न उच्छल, हिल्लोल-निरत जीवन।

तारों की झिलमिल छाया में फूलों की नाव बहाती हूँ,
मैं नैश प्रभा, सब के भीतर निश की कल्पना जगाती हूँ।

मादन सुगन्ध पवमान-दलित सन्ध्या-तन से उठनेवाली,
नभ से आलिंगित कुमुदवती चन्द्रिका-यामिनी मतवाली,

कबरी के फूलों का सुवास, आकुंचित अधरों का कम्पन,
परिरम्भ-वेदना से विभोर, कंटकित अंग, मधुमत्त नयन;

दो प्राणों से उठनेवाली वे झंकृतियाँ गोपन, मधुमय,
जो अगुरु-धूम-सी हो जाती ऊपर उठ एक अपर में लय।

दो दीपों की सम्मिलित ज्योति, वह एक शिखा जब जगती है,
मन के अगाध रत्नाकर में यह देह डूबने लगती है।

दो हृदयों का वह मूक मिलन, तन शिथिल, स्रस्त अतिशय सुख से,
अलसित आँखें देखतीं, न कोई शब्द निकलता है मुख से।

कितनी पावन वह रस-समाधि! जब सेज स्वर्ग बन जाती है,
गोचर शरीर में विभा अगोचर सुख की झलक दिखाती है!

देवता एक है शयित कहीं इस मदिर शान्ति की छाया में,
आरोहण के सोपान लगे हैं त्वचा, रुधिर में, काया में।
परिरम्भ-पाश में बँधे हुए उस अम्बर तक उठ जाओ रे!
देवता प्रेम का सोया है, चुम्बन से उसे जगाओ रे!

चिन्तन की लहरों के समान सौन्दर्य-लहर में भी है बल,
सातों अम्बर तक उड़ता है रूपसी नारि का स्वर्णांचल।
जिस मधुर भूमिका में जन को दर्शन-तरंग पहुँचाती है,
उस दिव्य लोक तक हमें प्रेम की नाव सहज ले जाती है।

ओ शून्य पवन में मुझे देख चुम्बन अर्पित करनेवालो!
सम्पूर्ण निशा मेरी छवि का उन्निद्र ध्यान धरनेवालो!

मैं देश-काल से परे चिरन्तन नारी हूँ।
मैं आत्मतंत्र यौवन की नित्य नवीन प्रभा,
रूपसी अमर मैं चिर-युवती सुकुमारी हूँ।
तुम त्रिभुवन में अथवा त्रिकाल में जहाँ कहीं भी हो,
अन्तर में धैर्य धरो।
सरिता, समुद्र, गिरि, वन मेरे व्यवधान नहीं।
मैं भूत, भविष्यत्, वर्तमान की कृत्रिम बाधा से विमुक्त;
मैं विश्वप्रिया।

तुम पंथ जोहते रहो,
अचानक किसी रात मैं आऊँगी।
अधरों में अपने अधरों की मदिरा उँड़ेल,
मैं तुम्हें वक्ष से लगा
युगों की संचित तपन मिटाऊँगी।

(उर्वशी)

सैनिक-संवाद

खंड एक

गरदन पर किसका पाप वीर! ढोते हो?
शोणित से तुम किसका कलंक धोते हो?

उनका, जिनमें कारुण्य असीम तरल था,
तारुण्य-ताप था नहीं, न रंच गरल था;
सस्ती सुकीर्ति पा कर जो फूल गए थे,
निर्वीर्य कल्पनाओं में भूल गए थे;

गीता में जो त्रिपिटक-निकाय पढ़ते हैं,
तलवार गला कर जो तकली गढ़ते हैं;
शीतल करते हैं अनल प्रबुद्ध प्रजा का,
शेरों को सिखलाते हैं धर्म अजा का;

सारी वसुन्धरा में गुरु-पद पाने को,
प्यासी धरती के लिए अमृत लाने को
जो सन्त लोग सीधे पाताल चले थे,
(अच्छे हैं अब : पहले भी बहुत भले थे।)

हम उसी धर्म की लाश यहाँ ढोते हैं,
शोणित से संतों का कलंक धोते हैं।

खंड दो

हे वीर बन्धु! दायी है कौन विपद का?
हम दोषी किसको कहें तुम्हारे वध का?

यह गहन प्रश्न; कैसे रहस्य समझाएँ?
दस-बीस वधिक हों तो हम नाम गिनाएँ?
पर, कदम-कदम पर यहाँ खड़ा पातक है,
हर तरफ लगाए घात खड़ा घातक है।

घातक है, जो देवता-सदृश दिखता है,
लेकिन, कमरे में ग़लत हुक्म लिखता है।
जिस पापी को गुण नहीं; गोत्र प्यारा है,
समझो, उसने ही हमें यहाँ मारा है।

जो सत्य जान कर भी न सत्य कहता है,
या किसी लोभ के विवश मूक रहता है,
उस कुटिल राजतंत्री कदर्य को धिक् है,
यह मूक सत्यहन्ता कम नहीं वधिक है।

चोरों के हैं जो हितू, ठगों के बल हैं,
जिनके प्रताप से पलते पाप सकल हैं,
जो छल-प्रपंच, सब को प्रश्रय देते हैं,
या चाटुकार जन से सेवा लेते हैं;

यह पाप उन्हीं का हमको मार गया है,
भारत अपने घर में ही हार गया है।

है कौन यहाँ, कारण जो नहीं विपद् का?
किस पर जिम्मा है नहीं हमारे वध का?
जो चरम पाप है, हमें उसी की लत है,
दैहिक बल को कहता यह देश ग़लत है।

नेता निमग्न दिन-रात शान्ति-चिन्तन में,
कवि-कलाकार ऊपर उड़ रहे गगन में।
यज्ञाग्नि हिन्द में समिध नहीं पाती है,
पौरुष की ज्वाला रोज बुझी जाती है।

ओ बदनसीब अंधो! कमजोर अभागो?
अब भी तो खोलो नयन, नींद से जागो।
वह अघी, बाहुबल का जो अपलापी है,
जिसकी ज्वाला बुझ गई, वही पापी है।

जब तक प्रसन्न यह अनल, सुगुण हँसते हैं;
है जहाँ खड्ग, सब पुण्य वहीं बसते हैं।
वीरता जहाँ पर नहीं, पुण्य का क्षय है,
वीरता जहाँ पर नहीं, स्वार्थ की जय है।

तलवार पुण्य की सखी, धर्मपालक है,
लालच पर अंकुश कठिन, लोभ-सालक है।
असि छोड़ भीरू बन जहाँ धर्म सोता है,
पातक प्रचण्डतम वहीं प्रकट होता है।

तलवारें सोतीं जहाँ बन्द म्यानों में,
किस्मतें वहाँ सड़ती हैं तहखानों में।
बलिवेदी पर बालियाँ-नथें चढ़ती हैं,
सोने की ईंटें, मगर, नहीं कढ़ती हैं।

पूछो कुबेर से, कब सुवर्ण वे देंगे?
यदि आज नहीं तो सुयश और कब लेंगे?
तूफान उठेगा, प्रलय-बाण छूटेगा,
है जहाँ स्वर्ण, बम वहीं, स्यात्, फूटेगा।

जो करें, किन्तु, कंचन यह नहीं बचेगा,
शायद, सुवर्ण पर ही संहार मचेगा।

हम पर अपने पापों का बोझ न डालें,
कह दो सब से, अपना दायित्व सँभालें।

कह दो प्रपंचकारी, कपटी, जाली से,
आलसी, अकर्मठ, काहिल, हड़ताली से,
सी लें जबान, चुपचाप काम पर जाएँ,
हम यहाँ रक्त, वे घर में स्वेद बहाएँ।

हम देंगे तुम को विजय, हमें तुम बल दो,
दो शस्त्र और अपना संकल्प अटल दो।
हों खड़े लोग कटिबद्ध वहाँ यदि घर में,
है कौन, हमें जीते जो यहाँ समर में?

हो जहाँ कहीं भी अनय, उसे रोको रे!
जो करें पाप शशि-सूर्य, उन्हें टोको रे!

जा कहो, पुण्य यदि बढ़ा नहीं शासन में,
या आग सुलगती रही प्रजा के मन में;
तामस बढ़ता यदि गया ढकेल प्रभा को,
निर्बन्ध पन्थ यदि मिला नहीं प्रतिभा को,

रिपु नहीं, यही अन्याय हमें मारेगा,
अपने घर में ही फिर स्वदेश हारेगा।

खंड तीन

किरिचों पर कोई नया स्वप्न ढोते हो?
किस नई फसल के बीज वीर! बोते हो?

दुर्दान्त दस्यु को सेल हूलते हैं हम;
यम की दंष्ट्रा से खेल झूलते हैं हम।

वैसे तो कोई बात नहीं कहने को,
हम टूट रहे केवल स्वतन्त्र रहने को।

सामने देशमाता का भव्य चरण है,
जिह्वा पर जलता हुआ एक, बस प्रण है,
काटेंगे अरि का मुंड कि स्वयं कटेंगे,
पीछे, परन्तु, सीमा से नहीं हटेंगे।

फूटेंगी खर निर्झरी तप्त कुंडों से,
भर जाएगा नगराज रुंड-मुंडों से।
माँगेगी जो रणचंडी भेंट, चढ़ेगी,
लाशों पर चढ़ कर आगे फौज बढ़ेगी।

पहली आहुति है अभी, यज्ञ चलने दो,
दो हवा, देश की आग जरा जलने दो।
जब हृदय-हृदय पावक से भर जाएगा,
भारत का पूरा पाप उतर जाएगा;

देखोगे, कैसा प्रलय चंड होता है!
असिवन्त हिन्द कितना प्रचंड होता है!

बाँहों से हम अम्बुधि अगाध थाहेंगे,
धँस जाएगी यह धरा, अगर चाहेंगे।
तूफान हमारे इंगित पर ठहरेंगे,
हम जहाँ कहेंगे, मेघ वहीं घहरेंगे।

जो असुर, हमें सुर समझ, आज हँसते हैं,
वंचक श्रृंगाल भूँकते, साँप डँसते हैं,
कल यही कृपा के लिए हाथ जोड़ेंगे,
भृकुटी विलोक दुष्टता-द्वन्द्व छोड़ेंगे।

गरजो, अम्बर को भरो रणोच्चारों से,
क्रोधान्ध रोर, हाँकों से, हुँकारों से।
यह आग मात्र सीमा की नहीं लपट है,
मूढ़ो! स्वतन्त्रता पर ही यह संकट है।

जातीय गर्व पर क्रूर प्रहार हुआ है,
माँ के किरीट पर ही यह वार हुआ है।
अब जो सिर पर आ पड़े, नहीं डरना है,
जनमे हैं तो दो बार नहीं मरना है।

कुत्सित कलंक का बोध नहीं छोड़ेंगे,
हम बिना लिए प्रतिशोध नहीं छोड़ेंगे,
अरि का विरोध-अवरोध नहीं छोड़ेंगे,
जब तक जीवित हैं, क्रोध नहीं छोड़ेंगे।

गरजो हिमाद्रि के शिखर, तुंग पाटों पर,
गुलमर्ग, विन्ध्य, पश्चिमी, पूर्व घाटों पर,
भारत-समुद्र की लहर, ज्वार-भाटों पर,
गरजो, गरजो मीनार और लाटों पर।

खँडहरों, भग्न कोटों में, प्राचीरों में,
जाह्नवी, नर्मदा, यमुना के तीरों में,
कृष्णा-कछार में, कावेरी-कूलों में,
चित्तौड़-सिंहगढ़ के समीप धूलों में—

सोए हैं जो रणबली, उन्हें टेरो रे!
नूतन पर अपनी शिखा प्रत्न फेरो रे!

झकझोरो, झकझोरो महान् सुप्तों को,
टेरो, टेरो चाणक्य-चन्द्रगुप्तों को;
विक्रमी तेज, असि की उद्दाम प्रभा को,
राणा प्रताप, गोविन्द, शिवा, सरजा को;

वैराग्यवीर, बन्दा फकीर भाई को,
टेरो, टेरो माता लक्ष्मीबाई को।

आजन्म सहा जिसने न व्यंग्य थोड़ा था,
आजिज आ कर जिसने स्वदेश छोड़ा था,
हम हाय, आज तक जिसको गुहराते हैं,
'नेताजी अब आते हैं, अब आते हैं';

साहसी, शूर-रस के उस मतवाले को,
टेरो, टेरो आज़ाद हिन्दवाले को।

खोजो, टीपू सुलतान कहाँ सोए हैं?
अशफ़ाक और उसमान कहाँ सोए हैं?
बमवाले वीर जवान कहाँ सोए हैं?
वे भगतसिंह बलवान कहाँ सोए हैं?

जा कहो, करें अब कृपा, नहीं रूठें वे,
बम उठा बाज़ के सदृश व्यग्र टूटें वे।

हम मान गए, जब क्रान्तिकाल होता है,
सारी लपटों का रंग लाल होता है।
जाग्रत पौरुष प्रज्वलित ज्वाला होता है,
शूरत्व नहीं कोमल, कराल होता है।

वास्तविक मर्म जीवन का जान गए हैं,
हम भलीभाँति अघ को पहचान गए हैं।
हम समझ गए हैं खूब धर्म के छल को,
बम की महिमा को और विनय के बल को।

हम मान गए, वे धीर नहीं उद्धत थे,
वे सही, और हम विनयी बहुत ग़लत थे।

जा कहो, करें अब क्षमा, नहीं रूठें वे;
बम उठा बाज़ के सदृश व्यग्र टूटें वे।

साधना स्वयं स्वयं कर में असि धार रही है,
सतलज को साबरमती पुकार रही है।

वे उठें, देश उनके पीछे हो लेगा,
हम कहते हैं, कोई न व्यंग्य बोलेगा।
है कौन मूढ़, जो पिटक आज खोलेगा?
बोलेगा जय वह भी, न खड्ग जो लेगा।

वे उठें, हाय, नाहक विलम्ब होता है,
अपनी भूलों के लिए देश रोता है।

जिसका सारा इतिहास तप्त, जगमग है,
वीरता-वह्नि से भरी हुई रग-रग है,
जिसके इतने बेटे रण झेल चुके हैं,
शूली, किरीच, शोलों से खेल चुके हैं,

उस वीर जाति को बंदी कौन करेगा?
विकराल आग मुट्ठी में कौन धरेगा?

केवल कृपाण को नहीं, त्याग-तप को भी,
टेरो, टेरो साधना, यज्ञ, जप को भी।
गरजो, तरंग से भरी आग भड़काओं,
हों जहाँ तपी, तप से तुम उन्हें जगाओ।

युग-युग से जो ऋद्धियाँ यहाँ उतरी हैं,
सिद्धियाँ धर्म की जो भी छिपी, धरी हैं,
उन सभी पावकों से प्रचण्डतम रण दो,
शर और शाप, दोनों को आमंत्रण दो।

चिन्तको! चिन्तना की तलवार गढ़ो रे!
ऋषियों! कृशानु-उद्दीपन मंत्र पढ़ो रे!
योगियो! जगो, जीवन की ओर बढ़ो रे!
बंदूकों पर अपना आलोक मढ़ो रे!

है जहाँ कहीं भी तेज, हमें पाना है,
रण में समग्र भारत को ले जाना है।

पर्वतपति को आमूल डोलना होगा,
शंकर को ध्वंसक नयन खोलना होगा।
असि पर अशोक को मुंड तोलना होगा,
गौतम को जयजयकार बोलना होगा।

यह नहीं शान्ति की गुफा, युद्ध है, रण है,
तप नहीं, आज केवल तलवार शरण है।
ललकार रहा भारत को स्वयं मरण है,
हम जीतेंगे यह समर, हमारा प्रण है।

(परशुराम की प्रतीक्षा)

परशुराम का उपदेश

[1]

सिखलाएगा वह, ऋत एक ही अनल है,
जिंदगी नहीं वह, जहाँ नहीं हलचल है।
जिनमें दाहकता नहीं, न तो गर्जन है,
सुख की तरंग का जहाँ अंध वर्जन है,
जो सत्य राख में सने, रुक्ष, रूठे हैं,
छोड़ों उनको, वे सही नहीं, झूठे हैं।

[2]

वैराग्य छोड़ बाँहों की विभा सँभालो,
चट्टानों की छाती से दूध निकालो।
है रुकी जहाँ भी धार, शिलाएँ तोड़ो,
पीयूष चन्द्रमाओं को पकड़ निचोड़ो।
चढ़ तुंग शैल-शिखरों पर सोम पियो रे!
योगियों नहीं, विजयी के सदृश जियो रे!

[3]

जब कुपित काल धीरता त्याग जलता है,
चिनगी बन फूलों का पराग जलता है,
सौन्दर्य-बोध बन नई आग जलता है,
ऊँचा उठकर कामार्त्त राग जलता है।
अम्बर पर अपनी विभा प्रबुद्ध करो रे!
गरजे कृशानु, तब कंचन शुद्ध करो रे!

[4]

भामा ह्लादिनी-तरंग, तडिन्माला है,
वह नहीं काम की लता, वीर बाला है,
आधी हालाहल-धार, अर्ध हाला है।
जब भी उठती हुंकार युद्ध-ज्वाला है,
चंडिका कान्त को मुंड-माल देती है;
रथ के चक्के में भुजा डाल देती है।

[5]

खोजता पुरुष सौन्दर्य, त्रिया प्रतिभा को,
नारी चरित्र-बल को, नर मात्र त्वचा को।
श्री नहीं पाणि जिसके सिर पर धरती है,
भामिनी हृदय से उसे नहीं वरती है।
पाओ रमणी का हृदय विजय अपना कर,
या बसो वहाँ बन कसक वीर-गति पाकर।

[6]

जिसकी बाँहें बलमयी, ललाट अरुण है,
भामिनी वही तरुणी, नर वही तरुण है।
है वही प्रेम जिसकी तरंग उच्छल है,
वारुणी-धार में मिश्रित जहाँ गरल है।
उद्दाम प्रीति बलिदान-बीज बोती है;
तलवार प्रेम से और तेज होती है।

[7]

पी जिसे उमड़ता अनल, भुजा भरती है,
वह शक्ति सूर्य की किरणों में झरती है।
मरु के प्रदाह में छिपा हुआ जो रस है,
तूफान-अन्धड़ों में जो अमृत-कलस है,
उस तपन-तत्त्व से हृदय-प्राण सींचो रे!
खींचो, भीतर आँधियाँ और खींचो रे!

[8]

छोड़ो मत अपनी आन, सीस कट जाए,
मत झुको अनय पर, भले व्योम फट जाए।
दो बार नहीं यमराज कंठ धरता है,
मरता है जो, एक ही बार मरता है।
तुम स्वयं मरण के मुख पर चरण धरो रे!
जीना हो तो मरने से नहीं डरो रे!

[9]

स्वातन्त्र्य जाति की लगन, व्यक्ति की धुन है,
बाहरी वस्तु यह नहीं, भीतरी गुण है।
नत हुए बिना जो अशनि-घात सहती है,
स्वाधीन जगत् में वही जाति रहती है।
वीरत्व छोड़ पर का मत चरण गहो रे!
जो पड़े आन, खुद ही सब आग सहो रे!

[10]

दासत्व जहाँ है, वहीं स्तब्ध जीवन है,
स्वातन्त्र्य निरन्तर समर, सनातन रण है।
स्वातन्त्र्य समस्या नहीं आज या कल की,
जागृति तीव्र वह घड़ी-घड़ी, पल-पल की।
पहरे पर चारों ओर सतर्क लगो रे!
धर धनुष-बाण उद्यत दिन-रात जगो रे!

[11]

आँधियाँ नहीं जिसमें उमँग भरती हैं,
छातियाँ जहाँ संगीनों से डरती हैं,
शोणित के बदले जहाँ अश्रु बहता है,
वह देश कभी स्वाधीन नहीं रहता है।
पकड़ो अयाल, अन्धड़ पर उछल चढ़ो रे!
किरिचों पर अपने तन का चाम मढ़ो रे!

[12]

जब कभी अहं पर नियति चोट देती है,
कुछ चीज अहं से बड़ी जन्म लेती है।
नर पर जब भी भीषण विपत्ति आती है,
वह उसे और दुर्धर्ष बना जाती है।
चोटें खा कर बिफरो, कुछ अधिक तनो रे!
धधको, स्फुलिंग-से, बढ़ अंगार बनो रे!

[13]

धन-धाम, ज्ञान-विज्ञान मात्र सम्बल है,
बस, एक मात्र बलिदान जाति का बल है।
सिर देने में जो लोग नहीं डरते हैं,
वे ही प्रभंजनों पर शासन करते हैं।
जब पड़े विपद्, अपनी उमंग जाँचो रे!
विकराल काल के फण पर चढ़ नाचो रे!

[14]

हैं खड़े हिंस्र वृक-व्याघ्र, खड़ा पशुबल है;
ऊँची मनुष्यता का पथ नहीं सरल है।
ये हिंस्र साधु पर भी न तरस खाते हैं,
कंठी-माला के सहित चबा जाते हैं।
जो वीर काट कर इन्हें पार जाएगा,
उत्तुंग शृंग पर वही पहुँच पाएगा।

[15]

उपशम को ही जो जाति धर्म कहती है,
शम, दम, विराग को श्रेष्ठ कर्म कहती है,
धृति को प्रहार, क्षान्ति को वर्म कहती है,
अक्रोध, विनय को विजय-मर्म कहती है,
अपमान कौन, वह जिसको नहीं सहेगी?
सब को असीस, सब का बन दास रहेगी।

[16]

यह कठिन शाप सुकुमार धर्म-साधन का,
रण-विमुख, शान्त जीवन के आराधन का;
जातियाँ पावकों से बच कर चलती हैं।
निर्वीर्य कल्पनाएँ रच कर चलती हैं।
वृन्तों पर जलते सूर्य छोड़ देती हैं,
चुन-चुन कर केवल चाँद तोड़ लेती हैं।

[17]

दो उन्हें राम, तो मात्र नाम वे लेंगी,
विक्रमी शरासन से न काम वे लेंगी;
नवनीत बना देतीं भट अवतारी को,
मोहन मुरलीधर पांचजन्य-धारी को।
पावक को बुझा तुषार बना देती हैं,
गाँधी को शीतल क्षार बना देती हैं।

[18]

भव को न अग्नि करने को क्षार बनी थी,
रखने को बस, उज्ज्वल आचार बनी थी।
शिव नहीं, शक्ति सर्जन-आधार बनी थी;
जब बनी सृष्टि, पहले तलवार बनी थी।
वह कालकंठ स्रज नहीं, न कुंकुम-रज है।
सत्य ही कहा गुरु ने, अकाल असि-ध्वज है।

[19]

स्वर में पावक यदि नहीं, वृथा वन्दन है,
वीरता नहीं, तो सभी विनय क्रन्दन है।
सिर पर जिसके असिघात, रक्त-चन्दन है,
भ्रामरी उसी का करती अभिनन्दन है।
दानवी रक्त से सभी पाप धुलते हैं,
ऊँची मनुष्यता के पथ भी खुलते हैं।

[20]

हैं दुखी मेष, क्यों लहू शेर चखते हैं,
नाहक इतने क्यों दाँत तेज़ रखते हैं।
पर, शेर द्रवित हो दशन तोड़ क्यों लेंगे?
मेषों के हित व्याघ्रता छोड़ क्यों देंगे?
एक ही पन्थ, तुम भी आघात हनो रे!
मेषत्व छोड़ मेषो! तुम व्याघ्र बनो रे!

[21]

जो अड़े, शेर उस नर से डर जाता है,
है विदित, व्याघ्र को व्याघ्र नहीं खाता है।
सच पूछो तो अब भी सच यही वचन है,
सभ्यता क्षीण, बलवान हिंस्र कानन है।
एक ही पन्थ अब भी जग में जीने का,
अभ्यास करो छागियो! रक्त पीने का।

[22]

जब शान्तिवादियों ने कपोत छोड़े थे,
किसने आशा से नहीं हाथ जोड़े थे?
पर, हाय, धर्म यह भी धोखा है, छल है;
उजले कबूतरों में भी छिपा अनल है।
पंजों में इनके धार धरी होती है,
कइयों में तो बारूद भरी होती है।

[23]

हैं जिन्हें दाँत, उनसे अदन्त कहते हैं,
यानी शूरों को देख संत कहते हैं,
"तुम तुड़ा दाँत क्यों नहीं पुण्य पाते हो?
यानी तुम भी क्यों भेड़ न बन जाते हो?"
पर कौन शेर भेड़ों की बात सुनेगा,
जिन्दगी छोड़ मरने की राह चुनेगा?

[24]

सुर नहीं शान्ति आँसू बिखेर लाएँगे;
मृग नहीं, युद्ध का शमन शेर लाएँगे।
विनयी न विनय को लगा टेर लाएँगे,
लाएँगे तो वह दिन दिलेर लाएँगे।
बोलती बन्द होगी पशु की जब भय से,
उतरेगी भू पर शान्ति छूट संशय से।

[25]

वे देश शान्ति के सब से शत्रु प्रबल हैं,
जो बहुत बड़े होने पर भी दुर्बल हैं,
हैं जिनके उदर विशाल, बाँह छोटी हैं,
भोथरे दाँत, पर, जीभ बहुत मोटी है।
औरों के पाले जो अलज्ज पलते हैं,
अथवा शेरों पर लदे हुए चलते हैं।

[26]

सिंहों पर अपना अतुल भार मत डालो,
हाथियो! स्वयं अपना तुम बोझ सँभालो।
यदि लदे फिरे, यों ही, तो पछताओगे,
शव मात्र आप अपना तुम रह जाओगे।
यह नहीं मात्र अपकीर्ति, अनय की अति है।
जानें, कैसे सहती यह दृश्य प्रकृति है!

[27]

उद्‌देश्य जन्म का नहीं कीर्ति या धन है,
सुख नहीं, धर्म भी नहीं, न तो दर्शन है;
विज्ञान, ज्ञान-बल नहीं, न तो चिन्तन है,
जीवन का अन्तिम ध्येय स्वयं जीवन है।
सब से स्वतन्त्र यह रस जो अनघ पियेगा,
पूरा ज़ीवन केवल वह वीर जियेगा।

(परशुराम की प्रतीक्षा)

आपद्धर्म

अरे उर्वशीकार!
कविता की गरदन पर धर कर पाँव खड़ा हो।
हमें चाहिए गर्म गीत उन्माद प्रलय का,
अपनी ऊँचाई से तू कुछ और बड़ा हो।

कच्चा पानी ठीक नहीं,
ज्वर-ग्रसित देश है।
उबला हुआ समुष्ण सलिल है पथ्य,
वही परिशोधित जल दे।
जाड़े की है रात, गीत की गरमाहट दे,
तप्त अनल दे।

रोज़ पत्र आते हैं, जलते गान लिखूँ मैं,
जितना हूँ, उससे कुछ अधिक जवान दिखूँ मैं।

और, सत्य ही, मैं भी युग के ज्वरावेग से चूर,
दूर उर्वशी-लोक से,
गई जवानी की बुझती भट्ठी फिर सुलगाता हूँ।
जितनी ही फैलती देश में भीति युद्ध की,
मैं उतना ही कंठ फाड़, कुछ और जोर से,
चिल्लाता, चीखता, युद्ध के अन्ध गीत गाता हूँ।

किन्तु हृदय से जब भी कोई आग उमड़ कर
चट्टानों की वज्र-मधुर रागिनी
कंठ-स्वर में भरने आती है,

ताप और आलोक, जहाँ दोनों बसते आए थे,
वहाँ दहकते अंगारे केवल धरने आती है;
तभी प्राण के किसी निभृत कोने से
कहता है कोई, माना, विस्फोट नहीं यह व्यर्थ है,
किन्तु, बुलाने को जिसको तू गरज रहा है,
उसे पास लाने में केवल गर्जन नहीं समर्थ है।

रोष, घोष, स्वर नहीं, मौन शूरता मनुज का धन है।
और शूरता नहीं मात्र अंगार,
शूरता नहीं मात्र रण में प्रकोप से धुँधुआती तलवार;
शूरता स्वस्थ जाति का चिर-अनिद्र, जाग्रत स्वभाव,
शूरत्व मृत्यु के वरने का निर्भीक भाव;
शूरत्व त्याग; शूरता बुद्धि की प्रखर आग;
शूरत्व मनुज का द्विधा-मुक्त चिन्तन है।

विजय-केतु गाड़ते वीर जिस गगनजयी चोटी पर,
पहले वह मन की उमंग के बीच चढ़ी जाती है,
विद्युत् बन छूटती समर में जो कृपाण लोहे की,
भट्ठी में पीछे, विचार में प्रथम गढ़ी जाती है।

आँख खोलकर देख, बड़ी से बड़ी सिद्धि का
कारण केवल एक अंश तलवार है;
तीन अंश उसका निमित्त संकल्प-शुद्धि है,
आशा है, साहस है, शुद्ध विचार है।

सोच, कहाँ है उस दुरन्त,
पापिनी बुद्धि का मूल, तुझे जो
बार-बार आकर अपनी छलना से छल जाती है?
बार-बार तू उदय-शृंग पर चढ़ क्यों गिर जाता है?
बार-बार कर में आकर क्यों सिद्धि निकल जाती है?

ओ विराग को सकल सुकृत का मर्म समझनेवाले!
आत्मघात को उच्च धर्म के हित अर्पित बलिदान,

शत्रु के रक्त-पान को
मानवता का पतन, कलुष का कर्म समझनेवाले!

ओ निरग्नि! ओ शान्त! प्रश्न तेरा गम्भीर, गहन है।
रोष, घोष, हुंकार, गर्जनों से उद्धार न होगा।
भुजा नहीं बलहीन,
रक्त की आभा नहीं मलीन,
अरे, ओ नर पवित्र! प्राचीन!
दीन, लेकिन, तेरा चिन्तन है।

विजय चाहता है, सचमुच,
तू अगर विषैले नाग पर,
तो कहता हूँ, सुन,
दिल में जो आग लगी है,
उसे बुद्धि में घोल,
उठाकर ले जा उसे दिमाग पर।

तुझ से जो माँगते उबलते गीत अनल के,
पूछ कि वे कूटस्थ आग लेकर क्या भला करेंगे?
क्या प्रमाण है, यह सूखी बारूद नहीं सीलेगी?
घर में बिखरी हुई बर्फ वे कहाँ समेट धरेंगे?

अच्छा है, वे लड़ें नहीं, जिनके जीवन में
विचिकित्सा जीवित है धर्म-अधर्म की।
अच्छा है, वे अड़ें आन पर नहीं,
न खेलें कभी जान पर,
चबा रही है जिन्हें युगों से
दुविधा कर्म-अकर्म की।

क्योंकि युद्ध में जीत कभी भी उसे नहीं मिलती है,
प्रज्ञा जिसकी विकल,
द्विधा-कुंठित कृपाण की धार है,

परम धर्म पर टिकने की सामर्थ्य नहीं है
और न आपद्धर्म जिसे स्वीकार है।

तुझसे जो माँगते उबलते गीत अनल के,
पूछ, धर्म की वे किंचित् सीमा स्वीकार करेंगे?
मानवीय मूल्यों की जब कुछ आहुतियाँ पड़ती हों,
रोयेंगे तो नहीं? पाप से तो वे नहीं डरेंगे?

अगर कहे तू, युद्ध पुष्प, बमबाजी फुलझड़ियाँ हैं,
ये रोने की नहीं, मस्त, खुश होने की घड़ियाँ हैं;
दाँतों से तर्जनी दबा वे चुप तो नहीं रहेंगे?
तुझ को वे दानव या दीवाना तो नहीं कहेंगे?

तब भी श्येन-धर्म ही सच है, गलत युद्ध में पिक है,
पूर्ण चेतना गलत, आज पागलपन स्वाभाविक है।

जूझ वीरता से, प्रंचडता से, बलिष्ठ तन, मन से;
आँख मूँद कर जूझ अन्ध निर्दयता, पागलपन से।

समर पाप साकार, समर क्रीड़ा है पागलपन की,
सभी द्विधाएँ व्यर्थ समर में साध्य और साधन की।

एक वस्तु है ग्राह्य युद्ध में,
और सभी कुछ देय है;
पुण्य हो कि हो पाप,
जीत केवल दोनों का ध्येय है।

सच है, छल की विजय, अन्त तक,
विजय नहीं, अभिशाप है।
किन्तु, भूल मत, और पाप जितने घातक हों,
समर हारने से बढ़कर घातक न दूसरा पाप है।

(परशुराम की प्रतीक्षा, 10-12, 1962)

एनार्की

[1]

“अरे, अरे, दिन-दहाड़े ही जुल्म ढाता है!
रेलवे का स्लीपर उठाए कहाँ जाता है?”

“बड़ा बेवकूफ़ है, अजब तेरा हाल है;
तुझे क्या पड़ी है? य' तो सरकारी माल है।”

“नेता या प्रणेता! तेरा ठीक तो ईमान है?
पर, दिया जाता अब देश में न कान है।
बने जाते कल-कारखाने आलीशान भी,
साथ-साथ तेरे कुछ अपने मकान भी।”

“भाई, बकने दो उन्हें, तुम तो सुजान हो,
कविता बनाते हो, हमारे अभिमान हो।
मान लो, कभी जो चूर-धुन थोड़ा पाते हैं,
भारत से बाहर तो फेंक नहीं आते हैं।
जो भी बनवाये, अपना ही व' भवन है,
देश में ही रहता है, देश का जो धन है।”

“और, अरे यार! तू तो बड़ा शेर-दिल है,
बीच राह में ही लगा रखी महफ़िल है!
देख, लग जाएँ नहीं मोटर के झटके,
नाचना जो हो तो नाच सड़क से हटके।”

"सड़क से हट तू ही क्यों न चला जाता है?
मोटर में बैठ बड़ी शान दिखलाता है!
झाड़ देंगे तुझमें जो तड़क-भड़क है,
टोकने चला है, तेरे बाप की सड़क है?

सिर तोड़ देंगे, नहीं राह से टलेंगे हम,
हाँ, हाँ, जैसे चाहें, वैसे नाच के चलेंगे हम।
बीस साल पहले की शेखी तुझे याद है।
भूल ही गया है, अब भारत आज़ाद है।"

[2]

सुनिये क्रोपोत्किन-गोर्की!
भारत में फैली है आज़ादी बड़े ज़ोर की।
सुनता न कोई फ़रियाद है।
देखिए जिसे ही, वही ज़ोर से आज़ाद है।

लोग हैं आज़ाद बिललाने को।
नेता हैं आज़ाद जहाँ चाहें, वहाँ जाने को।
अफ़सर परम स्वतन्त्र हैं।
मन्त्रीजी हजार पढ़ें, लगते न मन्त्र हैं।
साहब तो खुद परीशान हैं।
चपरासी देते उन्हें पानी न तो पान हैं।
अजब हमारा यह तन्त्र है।
नक़ली दवाइयों का व्यापारी स्वतन्त्र है।
पुलिस करे जो कुछ, पाप है।
चोर का जो चाचा है, पुलिस का भी बाप है।
अखबार मुक्त हैं चुपाने को,
विज्ञापनदाताओं का मरम छुपाने को।

और छात्र बड़े पुरज़ोर हैं।
कालिजों में सीखने को आए तोड़-फोड़ हैं।
कहते हैं, पाप है समाज में,

धिक् हम पे! जो कभी पढ़ें इस राज में।
अभी पढ़ने का क्या सवाल है?
अभी तो हमारा धर्म एक हड़ताल है।

कोई नहीं कैद है कपाट में,
हाट में जो आया नहीं, होगा अभी बाट में।
हाथ में हो केक या कि रोटी हो,
सूट में हो लैस या कि पहने लँगोटी हो,
कवि हो कि नेता हो कि छात्र हो,
या कि ठेला हाँकता हो, करुणा का पात्र हो;
एक बात में सभी समान हैं;
दूसरों की बात पे न देते कभी कान हैं।

हलचल बड़ी है बाज़ार में,
कोई पाँव-पैदल, चढ़ा है कोई कार में।
लेकिन, सभी की यह टेक है,
अब किसी में भी नहीं बुद्धि या विवेक है।
सरकार से न यदि ऊबेगा,
डूबेगा, अवश्य, यह सारा देश डूबेगा।

[3]

सोच-सोच आनन मलीन है,
एक ओर पाकिस्तान, एक ओर चीन है।
समझ न पड़ता चरित्र है,
रूस-अमरीका में से कौन बड़ा मित्र है।

दोस्त ही है, देख के डरो नहीं।
कम्यूनिस्ट कहते हैं, चीन से लड़ो नहीं।
चिन्तन में सोशलिस्ट गर्क है,
कम्यूनिस्ट और कांगरेसी में क्या फ़र्क़ है?
जनसंघी भारतीय शुद्ध हैं।
इसीलिए, आज महावीर बड़े क्रुद्ध हैं।

और कांगरेसी भी तबाह है।
ठीक-ठीक जान ही न पाता, कौन राह है।
दायाँ या कि बायाँ? कौन ठीक है?
पूछता है, यार, गाँधीजी की कौन लीक है?

एक कहता है, "चलो रूस को।"
दूसरा है चीखता कि "मारो मनहूस को।
वाणी की स्वतन्त्रता प्रमुख है।
चुप रहने से बड़ा और कौन दुःख है?"

"तो फिर अमेरिका की बात हो?"
"लोभी, मेरे मस्तक पै भारी वज्रपात हो।
गाँधीजी की बात नहीं याद है?
आदमी को यन्त्र कर देता बरबाद है।"

"तो फिर चलाएँ, चलो तकली।"
"हम गाँधीजी के भक्त होंगे नहीं नक़ली।
दबा नहीं अपने को पायेंगे;
गाँधीजी के पास हरगिज नहीं जायेंगे।"

"तब तुम्हीं बोलो, हम क्या करें?"
"चाय पियें और जी में आये जो, बका करें।
बकना ही असली स्वराज है।
बाक़ी तो जहाँ भी देखो, डाकुओं का राज है।"

भोर में पुकारो सरदार को,
जीत में जो बदल देते थे कभी हार को।
तब कहो, ढोल की य' पोल है,
नेहरू के कारण ही सारा गण्डगोल है।

फिर ज़रा राजाजी का नाम लो।
याद करो जे.पी. को, विनोबा को प्रणाम दो।

तब कहो, लोहिया महान है।
एक ही तो वीर यहाँ सीना रहा तान है।

ऊपर बढ़े जो और गर्मी,
एकबारगी दो छोड़ बची-खुची नरमी।
कहो, राम! तिमिर में राह दो,
डिमाक्रेसी दूर करो, हमें तानाशाह दो।

और फिर माला ले के हाथ में
देवता से माँगो वरदान आधी रात में।
दूर रखो हमको गुनाह से,
देश को बचाये रखो राम! तानाशाह से।

क्षमा करो, क्षमा, मन्द मति है;
नेहरू को छोड़ हमें और नहीं गति है।
और जब पुन : प्रकाश हो;
बोलो, कांगरेसियो! तुम्हारा सर्वनाश हो।

[4]

जहाँ भी सुनो, वहीं आवाज़ है,
भारत में आज, बस, जीभ का स्वराज है।
और मन्त्री भी न अप्रमुख हैं।
एक कैबिनेट के अनेक यहाँ मुख हैं।

एक कहता है, हाहाकार है,
दाम पै लगाम कसो, देश की पुकार है।
दूसरे की मति अति शुद्ध है,
कहता है, नीति यह धर्म के विरुद्ध है।

गाँधीजी की याद नहीं टेक है?
पूँजीपति और जनता का भाग्य एक है।

आज़ादी की धार घहराने दो,
जो भी चाहता हो, उसे छूट के कमाने दो।

[5]

चिन्तकों में अजब उमंग है।
जनता चकित और सारा विश्व दंग है।
एक कहता है, किस बात में
हम हैं स्वतन्त्र, यदि लाठी नहीं हाथ में?

घूम रहा देश किस ध्यान में,
बकरी का दूध पी के शेरों के जहान में?
वही है स्वतन्त्र, जो समर्थ है,
परमाणु-बम जो नहीं, तो सब व्यर्थ है।

दूसरा है रोता, विधि वाम है;
सेनाओं का गाँधीजी के देश में क्या काम है?
अहिंसा का तत्व यदि जानते,
हाय नेहरू जो गाँधीजी को पहचानते,

सीमा पर शत्रु कोई आता क्यों?
आँखें दिखला के हमें कोई धमकाता क्यों?
भीति युद्ध-बीज सदा बोती है।
शस्त्र जहाँ रहते हैं, हिंसा वहीं होती है।

[6]

राम जानें, भीतर क्या बल है!
तब भी बखूबी यह देश रहा चल है।
गण, जन, किसी का न तन्त्र है।
साफ़ बात यह है कि भारत स्वतन्त्र है।
भिन्नता सँभाले तार-तार की,
राज करती है यहाँ चैन से 'एनार्की'।

(परशुराम की प्रतीक्षा, 1962)

पुरानी और नई कविताएँ

"नो, हिज़ फर्स्ट वर्क वाज़ द बेस्ट।"

–एज़रा पौंड

दोस्त मेरी पुरानी ही कविताएँ पसन्द करते हैं;
दोस्त और खास कर औरतें।

पुरानी कविताओं में रस है, उमंग है;
जीवन की राह वहाँ सीधी, बे-कटीली है;
सरिताएँ जितनी हैं, फूलों की छाँह में हैं;
सागर में नीलिमा है, चंचल तरंग है।

पुरुष बड़े ही पुरज़ोर हैं;
या तो बड़े कोमल हैं अथवा कठोर हैं।
क्रोध में कभी जो नर-नाहर ये बोलते हैं;
भूमि काँपती है, कोल-कमठ कलमल होते,
दिग्गज दहाड़ते, समस्त शैल डोलते हैं।

नारियाँ बड़ी ही अनमोल हैं;
नख-सिख तक नपी-तुली,
ठीक-ठीक साँचे में ढली हुई;
चन्दन, कदम्ब और कदली की छाया में
दूध और घी पर पली हुई।
भंगिमा स्वरूप को सँवारती है;
वृत्त की गोलाई, जो भी देखे, उसे मारती है।

तेजी है अनोखी काम-बाण में।
घाव जो लगेंगे कभी प्राण में,
रेखा में कहूँ तो 'राय जामिनी' की तूलिका की
चित्रकारी के वे प्रतिमान होंगे
छन्द में कहूँ तो रोला-छप्पय के समान होंगे।

चर्म को न छीलता, न छाँटता है।
काम का पुराना बाण
गोदता नहीं है प्राण,
दोहों के समान नपे-तुले व्रण काटता है।

किन्तु, नई कविता? गणेशजी का नाम लो।
बुद्धि और कल्पना के चौक पै खड़ी हुई
कहती है, बुद्धि ही कशा है, इसे तेज रखो,
कल्पना बढ़े जो तो लगाम जरा थाम लो।

कविता न गर्जन, न सूक्ति है।
वीर का न घोष, न तो वाणी खर चिन्तकों की,
चौंके हुए आदमी की उक्ति है।

कविता न पूर्ति है, न माँग है।
सीढ़ियाँ नहीं हैं कि हरेक पाँव सीधा पड़े,
'लाजिक' नहीं है, य' छलाँग है।

अर्थ नहीं, काव्य शब्द-योग है।
वासना का कीर्तन नहीं है, खुद वासना है,
रागों का य' कागजी बखान नहीं, भोग है।

तन्तुओं के जाल शब्द को जो कहीं बाँधते हों,
सारे बन्धनों के तार तोड़ दो;
अर्थ से बचो कि अर्थ बेड़ी है परम्परा की,

अर्थ को दबाने से ही शब्द बड़ा होता है।
निश्चित-अनिश्चित का संगम जहाँ है सूक्ष्म,
कविता का सद्म निरालंब खड़ा होता है।

और वे तरंगमयी नारियाँ?
पुष्ट देहवाली सुकुमारियाँ?
सोची गईं इतनी कि सोच में समा गईं।
स्थूल से निकल सूक्ष्म कल्पना में छा गईं।
नारी अब स्वप्न है, विचार है।
बाहु-पाश में जो कभी दामिनी-सी नाचती थी,
'साइक' में करती विहार है।

नारी शक्ति, नारी धूप-छाँव है।
जानना हो विश्व को, तो नारियों के प्राण पढ़ो,
भागना हो विश्व से तो नारी तेज़ नाव है।

और नर भी न नर ठेठ है।
शंकित, सजग, स्याद्वादी, अनेकान्तवादी,
कोई 'फास्ट', कोई 'हैमलेट' है।

आखिर मनुष्य और क्या करे?
जितना ही ज्यादा हम जानते हैं,
लगता है, आप अपने को उतना ही कम,
उतना ही कम पहचानते हैं।

जितनी ही झाँकी बुद्धि लाती दूर, पार की,
उतने ही जोर से गुफाएँ बन्द गूँजती हैं,
चीखती है कुंजी अनजाने, बन्द द्वार की।

केवल कवित्व ही समर्थ है।
सीढ़ियाँ नहीं हैं जहाँ, सारा तर्क व्यर्थ है।

तब भी समस्या बड़ी गूढ़ है।
हम दोनों में से, राम जानें, कौन मूढ़ है।
भूले भी न मेरी विपदाएँ थाहते हैं दोस्त,
केवल पुरानी कविताएँ चाहते हैं दोस्त,
दोस्त और, खास कर, औरतें।

(कोयला और कवित्व)

ओ नदी!

ओ नदी!
सूखे किनारों के कटीले बाहुओं से डर गई तू।
किन्तु, दाई कौन?
तू होती अगर,
यह रेत, ये पत्थर, सभी रसपूर्ण होते;
कौंधती रशना कमर में मछलियों की,
नागफनियों के न उगते झाड़,
तट पर दूब होती, फूल होते,
देखतीं, निज रूप जल में नारियाँ,
पाँव मल-मल घाट पर लक्तक बहा कर
तैरतीं तुझ में उतर सुकुमारियाँ।

किलकते फिरते तटों पर फूल-से बच्चे,
वहन करती अछूते अंकुरों के स्वप्न का संभार
कागज की जरा-सी डोंगियाँ तिरतीं लहर पर।
और हिल-डुल कर वहीं फिर डूब जातीं।

तीर पर उठतीं किलक किलकारियाँ,
नाचते बच्चे बजा कर तालियाँ,
द्वीप पर नौसार्थ, मानो, आ गया हो,
स्वप्न था भेजा जिसे, मानो, उसे वह पा गया हो।

द्रोणियों पर दीप बहते रात के पहले पहर में,
हेम की आभामयी लड़ियाँ हृदय पर जगमगातीं,
जगमगाते गीत हैं जैसे समय की धार पर।

किन्तु, अब सब झूठ; तारे तो गगन में हैं,
मगर, पानी कहाँ जिसमें जरा वे झिलमिलाएँ?
तू गई, जादू जहर का चल गया,
कूल का सौन्दर्य सारा जल गया।

और जीवित ही खड़ी तू मुस्कुराती है अभी भी?
फूल जब मुरझा रहे थे, क्यों तुझे मूर्च्छा न आई?
क्यों नहीं, हरियालियाँ मरने लगीं, तब मर गई तू?

ओ नदी!
सूखे किनारों के कटीले बाहुओं से डर गई तू।

(कोयला और कवित्व)

नदी और पीपल

मैं वहीं हूँ, तुम जहाँ पहुँचा गए थे।
खँडहरों के पास जो स्रोतस्विनी थी,
अब नहीं वह शेष, केवल रेत भर है।

दोपहर को रोज लू के साथ उड़कर बालुका यह
व्याप्त हो जाती हवा-सी फैलकर सारे भवन में।
खिड़कियों पर, फर्श पर, मसिपात्र, पोथी, लेखनी में
रेत की कचकच।
कलम की नोंक से फिर वर्ण कोई भी न उगता है।
कल्पना मल-मल दृगों को लाल कर लेती।
आँख की इस किरकिरी में दर्द कम ही हो भले,
पर, खीज, बेचैनी, परेशानी बहुत है।

किन्तु, घर के पास का पीपल पुराना
आज भी पहले सरीखा ही हरा है।
गर्मियों में भी नहीं ये पेड़ शीतल सूखते हैं।

पक्षियों का ग्राम केशों में बसाए
यह तपस्वी वृक्ष सबको छाँह का सुख बाँटता है।

छाँह यानी पेड़ की करुणा,
सहेली स्निग्ध, शीतल वारि की, कर्पूर, चन्दन की।

इस पुरातन वृक्ष के नीचे पहुँचते ही हृदय की
हलचलें सब शान्त हो जातीं,

बहुत बातें पुरानी याद आती हैं।

और तब बादल हृदय के कूप से बाहर निकल कर
दृष्टि के पथ को उमड़ कर घेर लेते हैं।
सूझता कुछ भी नहीं, निर्वाक् खो जाता कहीं पर
मैं नयन खोले हुए निष्प्राण प्रतिमा-सा।

टूट गिरते शीर्ण-से दो पत्र;
मानो, वृद्ध तरु की आँख से आँसू चुए हों।

फिर वही अनुभूति,
नदियाँ स्नेह को भी एक दिन सिकता बना देतीं,
सन्त, पर, करुणा-द्रवित आँसू बहाते हैं।

(कोयला और कवित्व)

बादलों की फटन

बादलों के बीच छोटी-सी फटन है,
ज्यों, गुलाबी रंग का परदा कहीं से फट गया हो।
इस फटन के बीच से होकर अगर मैं कूद जाऊँ,
कौन गिरने से उधर मुझको सँभालेगा?

मूढ़! ये पत्थर नहीं, है फूल पानी के, धुओं के,
उस तरफ का फर्श भी हलका, मुलायम है;
कूदना हो तो अभी ही कूद जा ऊपर घटा में,
अन्यथा, क्षण में, फटन यह बन्द होती है।

(कोयला और कवित्व)

आज शाम को

आज शाम को फिर तुम आए उतर कहीं से मन में
बहुत देर कर आनेवाले मनमौजी पाहुन-से।
लगा, प्राप्त कर तुम्हें गया भर सूनापन कमरे का,
गमक उठा एकान्त सुवासित कबरी के फूलों से।

लेकिन, सब को कौन खबर दे आया शुभागमन की?
फुनगी उठा लता वातायन पर से झाँक रही है,
बारम्बार पवन आता है परदे हटा-हटा कर।
और सितारे अन्तरिक्ष की चौखट लाँघ रहे हैं,
मानो, नभ से उतर यहाँ वे भी आनेवाले हों।

(कोयला और कवित्व)

गृहमुख

रक्त में कोई नई कल्लोलिनी घर कर गई है,
आजकल ये बहुत भाते हैं–
रात का एकान्त, ये सुनसान सड़कें,
फूल, फूलों की हवा, आकाश, बादल, चाँदनी
और सन्ध्या के समय मैदान के दूर्वादलों पर
देर तक लेटे हुए गिनना सितारों का।

भागने जब से लगा हूँ कीर्त्ति के कोलाहलों से,
हूक उठती है, अरे, मैं तो प्रवासी था।
अब बहुत दिन बाद अपने देश वापस जा रहा हूँ।

वायु हलके पंख से सिर का पसीना पोंछती है।
राह की चिकनी, मुलायम धूल
गुदगुदा कर पाँव की विक्लान्ति हर लेती।
प्यास लगने पर पिला देते ढहे-टूटे कुएँ
कुछ याद बीती बात की अपने सलिल में घोल कर।

मैं बड़े हलके कदम धरता उछलता जा रहा हूँ
फूल-सा शीतल पवन के दोल पर।

जा रहा हूँ धूप से शीतल द्रुमों की छाँव में,
छोड़ कर पक्की सड़क मन के मटीले गाँव में,

दूर कोलाहल-भरे संसार से,
दूर भोंपू, रेडियो, अखबार से,
दूर उस मन में जहाँ एकान्त है,
जिन्दगी चलती, मगर, सब शान्त है।

(कोयला और कवित्व,

अन्तिम पुरुषार्थ

प्राण में जब क्लान्ति,
जीवन में थकन जब व्यापती है,
स्वप्न सारे टूट कर उड्डीन हो जाते
रूख के पत्ते यथा पतझाड़ में।

स्वप्न मेरे भी चतुर्दिक् टूटकर उड़ने लगे हैं;
और मैं दुबली भुजाओं पर उठाए
व्योम का विस्तार एकाकी खड़ा हूँ।

इस भरोसे में नहीं, कोई बड़ा पुरुषार्थ है यह,
किन्तु, केवल, इसलिए, अब और चारा ही नहीं है।

(कोयला और कवित्व)

नदी और पेड़

[पेड़ की उक्ति]

क्या हुआ उस दिन?
तुम्हें मैंने छुआ था
मात्र सेवा-भाव से, करुणा, दया से।

स्पर्श में, लेकिन, कहीं कोई सुधा की रागिनी है।
और त्वचा के भी श्रवण हैं।
स्पर्श का झंकारमय यह गीत सुनते ही
त्वचा की नींद उड़ जाती;
लहू की धार में किरणें कनक की झिलमिलाती हैं।

रोम-कूपों से उठी संगीत की झंकार;
नाव-सी कोई लगा खेने रुधिर में।
तीर पर सूखा खड़ा यह वृक्ष अकुलाने लगा फिर
स्पर्श की संजीवनी, हरियालियों के ज्वार से।

खिल पड़े सहसा जुही के फूल सेवा के हृदय में,
शुभ्र-सित आनन दया का लाल हो आया।
और गैरिक चीर करुणा के सुशीतल, शान्त तन का
रँग गया आखिर गुलाबी रंग में।

फिर लगा ऐसा कि मेरे बन्ध सारे खुल गए हैं
और मिट्टी से उखड़ मैं भूमि पर चलने लगा हूँ;

या नदी खुद ही बताए राह लेती जा रही है
उँगलियाँ पकड़े हुए बेहोश, संज्ञाहीन तरु को
तीर से नीचे सलिल की धार में।

तीर, जिस पर रेत है सूखी, शिला है;
धार, जिसके स्पर्श से हरियालियाँ उत्पन्न होतीं
और सूखे वृक्ष में पत्ते निकलते हैं।

और इतने में, न जानें,
सोचकर क्या बात मन में हँस पड़ीं तुम।
मैं, न जानें, देख क्या सकुचा गया।
एक पीला पत्र धारा में बहा कर
वृक्ष फिर अपनी जगह पर आ गया।

गूँजती है आज भी उज्ज्वल हँसी वह कान में।
आँख मूँदे मैं खड़ा हूँ तीर की सैकत शिला पर
आज भी तसवीर उस दिन की जुगाए ध्यान में।

(कोयला और कवित्व)

विदेहिनी

तुम अचानक ही कहाँ से आ गई थीं,
रूह की प्रतिमा
निकल सहसा द्रुमों की छाँह से,
या अतर्कित ही
तिमिर से फूटनेवाली किरण कोई?

हाथ पर तुमने रखा जब हाथ,
शीतलता गई भर;
प्यास से जलती हुई आतुर भुजाएँ
फैल कर फिर मुड़ गईं स्वयमेव
जैसे साँप दीपक देख कर
फण तोड़ लेता है।

दृष्टि में थी कौन पावन धार
मैं जिसकी लहर में
डूब कर निकला लिए
निस्तप्त मन शुकदेव का?

चन्दासन पर बिठा,
कर्पूर-नीराजन सजाकर
मैं तुम्हारी ओर अपलक
देखता खोता गया—
भूमि से ऊपर गगन में,

स्यात्, उसके भी परे
मन के अनन्ताकाश में।

चाहता था, बोल कर कुछ बात
तुम मेरा अकेलापन
जरा कुछ मन्द कर देतीं।
पर, नहीं बोलीं, रहीं, जब तक,
सदा हँसती रहीं
निर्मल हँसी, निश्छल हँसी,
बेसुध हँसी वह सन्त की।

सन्त, जिनके स्पर्श से तूफान सो जाते;
सन्त, जो जल पर टहल कर भी चलें तो
पाँव में जल का न कोई दाग लगता है।

(कोयला और कवित्व)

धन्यवाद, मैं, सचमुच, नहीं मरूँगा

प्रथम-प्रथम तुम से जब आँखें चार हुईं
दहल उठा था मैं अपनी दीनता देखकर।
तुम सुवर्ण साकार,
ताम्र का मैं सिक्का खोटा-सा;
मैं करील श्रीहीन,
दीपती-सी तुम लता विभा की,
तुम गिरि की निर्झरी,
गाँव का मैं सोता छोटा-सा।

कुसुम-कलेवर में प्रकाश का मन देखा,
कहूँ, चमेली को करते चिन्तन देखा।
और सोचने लगा, आरती अबकी कहाँ सजाऊँ मैं?
मन की किस ऊँची तरंग पर इस छवि को ले जाऊँ मैं?

तुलसी-कानन दूर, निकट पाटल का वन है।
निकट भूमि की गन्ध, दूर निर्मेघ गगन है।
हाय, सूक्ष्म होने पर भी कितना दुर्बल चिन्तन है!
द्विधामूढ़ मेरा मन मुझको मार गया।
स्वयं आप अपने से ही मैं हार गया।

जो भी करो उपाय, नहीं रुकता है ज्वार रुधिर का।
फूलों की माधुरी बुद्धि को व्याकुल कर देती है।
रोको चाहे लाख, किन्तु, वारुणी हृदय की

अपनी लाल तरंग उठा आँखों में भर देती है।
सब समेट कर, तब भी, मैं चुपचाप रहा,
भीतर ही सहता भीतर का ताप रहा।
जैसे अगणित लोग जगत् में मौन रहा करते हैं,
छिपे-छिपे प्राणों की सारी आग सहा करते हैं।

तब साहसा तुम बोल उठीं (है याद?) एक दिन–
"नहीं, अशिव मरघट की मैं चिनगारी नहीं चुनूँगी,
जितने भी हैं गीत तुम्हारे, सब मुझको भाते हैं;
किन्तु मरण के गान, हाय, मैं कवि से नहीं सुनूँगी।"

स्वर मेरा काँपने लगा आनन्द से।
खिलने-सा कुछ लगा रुधिर में; और कंठ से
छन्द फूटने लगे, खुशी में भर, पागल बेछन्द से।

कितनी अच्छी बात! अभी जीवित है स्रोत सुधा का;
कमी नहीं अब भी करुणा की वायु की,
कवि! समाज अब भी तुझको अपना बेटा कहता है।
मातृजाति को अब भी है चिन्ता तेरी परमायु की।

अमृत-मन्त्र; आभास हुआ, मानो, मस्तक पर
अँचल की छाया देकर जीवनदायिनी खड़ी हो।
लगा रही हो स्वयं जिन्दगी, मानो, मुझे हृदय से,
मानो, मुझ पर अनायास हरियाली बरस पड़ी हो।

देवि! अमृत से तुमने मुझको सींच दिया।
अनायास ही तुमने मेरी बाँह पकड़ कर
सचमुच ही, कुछ दूर मरण से खींच लिया।

मातृजाति का यही मूक वरदान; नयन से–
जाने, वे क्या अमृत पिला देती हैं।

दृष्टि मात्र से भर देतीं झंकार रुधिर में,
मरती हुई शिखा को देकर स्नेह जिला देती हैं।

धन्यवाद! मैं सचमुच, नहीं मरूँगा।
जब तक मेरे लिए कहीं भी करुणा का लवलेश है,

जब तक मेरे लिए सुधा का बिन्दु कहीं भी शेष है,
मरण-कोट पर चढ़ जीवन की ध्वजा उड़ाकर
मैं मृत्युंजय कवि प्रकाश की जय का गान करूँगा।

(कोयला और कवित्व)

कांस्य-प्रतिमा

गिर जाए यदि महल,
ढूह में जब जाए यदि नाम,
बीम-बरगों, ईंटों को हटा
व्यर्थ उद्धार न करना।

कांस्य-मूर्त्ति की प्रथा बहुत निर्दोष नहीं है।
प्रतिमाओं के कन्धों पर कौए करते हैं बीट।
और जो जीवन में जलते थे,
शायद उनके प्रेत, मरे पर भी, न चैन पाते हैं।
चौराहे पर खड़ी मूर्त्ति को देख
दग्ध ये रोते-पछताते हैं।

''हाय, किराये के हुँड़ार क़ितने थे मेरे!
लिखवाए इसके विरुद्ध क्यों नहीं और भी ग्रन्थ?
तब भी, मैंने कम तो नहीं किया था!
लेने इसको दम तो नहीं दिया था!
फिर भी, पा ही गया दुष्ट,
अचरज तो देखो,
मर कर भी चौराहे पर जीवित रहने का पन्थ।
चेलों को अमरूद खिलाना व्यर्थ हुआ।
काफी औ' वरमूद पिलाना व्यर्थ हुआ।''

खाँसे जो कोई,
तो क्या तूफान कभी रुकता है?

तब भी, लोग अकारण ही
खाँसते, छींकते, आँख दिखाते हैं।
और अगर अपशकुन नहीं माना तुमने तो,
अन्धकार में वे अपने कुत्ते हुलकाते हैं।

बड़ी विपद की बात,
जियें तो खैर नहीं है।
और अगर मर कर
प्रतिमा बन खड़े हुए तो,
जल उठता है मरे मित्र का प्रेत,
भूलता वैर नहीं है।

मर कर भी जीवित रहने का
लोभ न करना चाहिए।
मरे अगर कवि, तो
उसको पूरा ही मरना चाहिए।

मृत्यु अशब्दित, निस्तरंग, नीरव जीवन है।
गहन शान्ति, निश्चिंत नींद,
विस्मृति उसकी आभा है।
भूल गए हम जिन्हें,
सत्य ही, बड़े भाग्यशाली थे।

(कोयला और कवित्व)

समाधान

दिनकर केवल प्रश्न उठाता है।
समाधान की बात न कोई पास,
मूढ़ समस्याओं का केवल दास।
न तो समझता शास्त्र, न तो कानून;
सिर पर चन्दन नहीं, न तो दाढ़ी चेहरे पर,
न तो गले में 'टाई', न तो नीचे कोई पतलून।
वृथा चौंकते हो,
इसको क्या आता-जाता है?
दिनकर केवल प्रश्न उठाता है।

उत्तर के गाहको! निराशा से घबरा कर
मरो नहीं, चिन्तनशील यह देश
नाप में बहुत बड़ा है।
देखो जहाँ, वहीं—
दफ्तर, कालेज-कक्ष में,
सभा-मंच पर या विद्या के चबूतरे पर—
समाधान देनेवाला निश्चिन्त खड़ा है।

क्या कहते हो,
प्रश्न गूढ़ हों तो चिन्ता में,
यह मनुष्य भी चार मिनट तक मौन रहेगा?
राम कहो,
ऐसा-वैसा यह नहीं,
बड़ा पक्का पंडित है।

इसमें जा कर शमित हो गया
सारा बुद्धि-विवाद है;
बड़े-बड़े ग्रन्थों में जो कुछ लिखा हुआ है,
इस पंडित को सभी जबानी याद है।
एक मिनट भी नहीं वीर यह मौन रहेगा।
जैसे ही पूछोगे, वह बेधड़क कहेगा–

"हिंसा? हिंसा कौन बड़ा भारी सवाल है?
विनय मित्र, मानवता का अभिमान काल है।
हम में जो है क्रोध,
वही सारे जग का अभिशाप है।
गांधी जी कह गए
कि मरना पुण्य, मारना पाप है।

"और काम का समाधान?
अत्यन्त सरल है।
पूजा भर है अमृत,
स्पर्श-भावना गरल है।
ब्याह करो, लेकिन रक्खो,
साबित तब भी ईमान को।
गांधी जी कह गए,
जन्म लेने दो मत सन्तान को।"

(कोयला और कवित्व,

पाँच मुक्तक

दर्द

दर्द को तुम फेन की धारा बनाओ।
फेन तो बह जायगा;
नीर निर्मल सिन्धु में रह जायगा।

वायु

चाहता हूँ, मानवों के हेतु अर्पित
आयु यह हो जाय।
आयु यानी वायु, जो छू कर सभी को
शून्य विस्मृति-कोष में खो जाय।

आँसू

खिड़की के शीशे पर कोई बूँद पड़ी है।
अर्ध रात्रि में यह आँसू किसका टपका है?
देख न सकता तुम्हें, किन्तु, ओ रोनेवाले!
रजनी हो दीर्घायु भले, पर अमर नहीं है।
अरुण-बिन्दु-धारिणी उषा आती ही होगी।

नाव

प्रत्येक नया दिन नई नाव ले आता है,
लेकिन, समुद्र है वही, सिन्धु का तीर वही।

प्रत्येक नया दिन नया घाव दे जाता है,
लेकिन, पीड़ा है वही, नयन का नीर वही।

स्मृति

शब्द साथ ले गए, अर्थ जिनसे लिपटे थे;
छोड़ गए हो छन्द, गूँजता है वह ऐसे,
मानो, कोई वायु कुंज में तड़प-तड़प कर
बहती हो, पर, नहीं पुष्प को छू पाती हो।

(कोयला और कवित्व)

देवता हैं नहीं

देवता हैं नहीं,
तुम्हें दिखलाऊँ कहाँ?
सूना है सारा आसमान,
धुएँ में बेकार भरमाऊँ कहाँ?

इसलिए, कहता हूँ,
जहाँ भी मिले मौज, ले लो।
जी चाहता हो तो टेनिस खेलो
या बैठ कर घूमो कार में
पार्कों के इर्द-गिर्द अथवा बाजार में।
या दोस्तों के साथ मारो गप्प,
सिगरेट पियो।
तुम जिसे मौज मानते हो, उसी मौज से जियो।
मस्ती को धूम बन छाने दो,
उँगली पर पीला-पीला दाग पड़ जाने दो।

लेकिन, देवता हैं नहीं,
तुम्हारा जो जी चाहे, करो।
फूलों पर लोटो
या शराब के शीशी में डूब मरो।
मगर, मुझे अकेला छोड़ दो।
मैं अकेला ही रहूँगा।
और बातें जो मन पर बीतती हैं,
उन्हें अवश्य कहूँगा।

मसलन, इस कमरे में कौन है
जिसकी वजह से हवा ठंडी है,
चारों ओर छायी शान्ति मौन है?
कौन यह जादू करता है?
मुझमें अकारण आनन्द भरता है।

कौन है जो धीरे से
मेरे अन्तर को छूता है?
किसकी उँगलियों से
पीयूष यह चूता है?

दिल की धड़कनों को
यह कौन सहलाता है?
अमृत की लकीर के समान
हृदय में यह कौन आता-जाता है?

कौन है जो मेरे बिछावन की चादर को
इस तरह चिकना गया है,
उस शीतल, मुलायम समुद्र के समान
बना गया है,
जिसके किनारे, जब रात होती है,
मछलियाँ सपनाती हुई सोती हैं?

कौन है, जो मेरे थके पाँवों को
धीरे-धीरे सहलाता और मलता है,
इतनी देर कि थकन उतर जाये,
प्राण फिर नयी संजीवनी से भर जाये?

अमृत में भींगा हुआ यह किसका
अंचल हिलता है?
पाँव में भी कमल का फूल खिलता है।

और विश्वास करो,
यहाँ न तो कोई औरत है, न मर्द;
मैं अकेला हूँ।

अकेलेपन की आभा जैसे-जैसे गहनाती है,
मुझे उन देवताओं के साथ नींद आ जाती है,
जो समझो तो हैं, समझो तो नहीं हैं;
अभी यहाँ हैं, अभी और कहीं हैं।

देवता सरोवर हैं, सर हैं, समुद्र हैं।
डूबना चाहो,
तो जहाँ खोजो, वहीं पानी है।
नहीं तो सब स्वप्न की कहानी है।

(आत्मा की आँखें)

रहस्यवाद

अनुभूतियाँ तो सारी की सारी
इन्द्रियों से आती हैं।
मगर, जब हम उनका स्वाद
जरा ध्यान से लेते हैं,
लोग कह उठते हैं,
यह रहस्यवादी है।

कोई किसी की जबान को
रोक नहीं सकता।
जमहूरियत, असल में,
बोलने की आजादी है।

तब भी, अगर मैं कोई आम खाता हूँ,
तो क्या, उसमें केवल आम ही होता है?
मुझे तो आम खाते समय
कई चीजों का ध्यान होता है।
आम के रस में वसन्त की हवा,
सूरज की गर्मी और धरती का रस,
इन सब का भान होता है।

मेरा ख्याल है,
आम खाने का यही सही तरीका है।
और छिपाने की बात भी क्या है?
यह भाव
मैंने रहस्यवादियों से सीखा है।

खाते समय सभी इन्द्रियों को बुलाओ।
एक इन्द्रिय से कभी भी कोई चीज मत खाओ।
सभी इन्द्रियाँ जब एक बिन्दु पर मिलती हैं,
एकाग्रता जन्म लेती है।
और तब रोटी भी रहस्यवाद का मजा देती है।

(कोयला और कवित्व)

पाप से भागो

कुछ लोग उठें और पाप से भागें,
नहीं तो सब नष्ट होनेवाला है।
समय आ गया है कि हम जागें,
नहीं तो हालत ठीक नहीं रहेगी।

ठीक है कि दुनिया ने, घूमते-घामते,
एक रास्ता पकड़ लिया है,
लेकिन, बहुत शीघ्र यह लीक नहीं रहेगी।

अनेक लोगों में जो पापमय विचार भरे हैं,
उनके कारण
दुनिया की रूह गुनहगार हो गयी है
हमने जो छुरी अपने दुश्मन के लिए गढ़ी थी,
वह देवता के हृदय के आर-पार हो गयी है।

रहम से जमाने का दिल बिलकुल खाली है,
लगता है, दुनिया राख बननेवाली है।

पाप कहाँ-कहाँ छिपा है,
गिनाऊँ क्या?
उसके रहने की जगहें तुम्हें,
दिखाऊँ क्या?

रुपये कमाने की आकुलता पाप है।
हर औरत के पीछे भागने की व्याकुलता पाप है।

यन्त्र का चक्र घूम कर पाप करता है।
और मशीनें जब आदमी पर दौड़ती हैं,
पाप जीता और पुण्य मरता है।

पाप है ज्ञान को अमूर्त बनाना,
अर्थ-पद्धति को उस तरह समझाना
जिसे समझता तो कोई नहीं,
लेकिन सब मानते हैं।
बिना समझे-बूझे
उसकी महिमा बखानते हैं।

विज्ञान का अमूर्त्तीकरण पाप है।
शिक्षा में से मानवीयता का हरण पाप है।

'जाज'-संगीत, सिनेमा और रेडियो,
यह सब जीवन का अमूर्त्तीकरण है;
और राजनीति तो, प्रत्यक्ष ही,
मनुष्य की ऋजुता का हरण है।

पाप ने हमें गरस लिया है।
पाप हम पर छा गया है।
कुछ लोग उठें
और पाप को चुनौती भेजें,
मेरे जानते, समय वह आ गया है।

उठो, और कोई द्वीप बसाओ,
या कोई बड़ा-सा किला बनवाओ
जिसकी दीवारों को पाप नहीं तोड़ सके,
कोशिश करने पर भी, सेंध नहीं फोड़ सके।

(कोयला और कवित्व)

मध्यम वर्ग

मध्यम वर्ग के लोग
सूर्यविहीन होते हैं।
कपड़ों से साफ-सुथरे होने पर भी,
मन से पंगु और दीन होते हैं।

दो ही गज हैं,
जिनसे वे दुनिया को नापते हैं।
एक गज है रुपये का,
दूसरा है भोंडे जनमत का।

भीतर के प्रकाश से वे
न तो परिचित हैं, न डरते हैं।
सूर्यगुण की तो कभी
बात ही न करते हैं।

जनमत पर तुमने यदि
अपने को छोड़ दिया,
तो यह समझो कि अपना
अस्तित्व तुमने तोड़ दिया।
तब तुम आत्मा के पुरुष नहीं,
मानव न स्वीय हो।
मध्यम-वर्गीय हो।

क्योंकि नीचे अगर लोग नहीं हों,
तो मध्यम वर्ग मान कहाँ पायेगा?
खुद ही लुढ़क कर निम्न-वर्ग बन जायेगा।

और ऊपर अगर उच्च वर्ग नहीं हो,
तो मध्यम-वर्ग नंबर दो किसका रहेगा?
क्या तुम समझते हो कि
तब वह तरक्की पा जायेगा
और अपने को अमीर कहेगा?

फरजी की जगह प्यादा होने से रहा।
मध्यम-वर्ग जीरो से ज्यादा होने से रहा।

दो वास्तविकताओं के बीच
एक अवास्तविकता विभाजक बनकर पड़ी है।
मध्यम श्रेणी दोनों का मुँह जोहती खड़ी है।

न तो सूरज है, न धरती है।
एक पर मध्यम श्रेणी का काबू नहीं,
और दूसरे से वह डरती है।

लहू में जोश नहीं, आँखों में प्रभात नहीं।
बुर्जुआपन से आगे कोई बात नहीं।

शकट का चक्का फँसा कीच में है।
मध्यम-वर्ग हर चीज के बीचो-बीच में है।

ताला हाथ में है,
मगर, किवाड़ में न कुण्डी है।
मध्यम वर्ग दिवालिया बैंक की हुण्डी है।

(कोयला और कवित्व)

मच्छर

मच्छर खफीफ जानवर है।
मगर, वह खूब जानता है
कि वह शिकारी है।

वह दूसरों का लहू पीता है।
एक जीव दूसरे के रक्त पर जीता है।
मगर, इंसाफ की बात कहनी हो
तो यह कहना चाहिए
कि जितने से पेट भरे,
उतना ही खून वह चखता है।
और आदमियों के बदन से लहू चूसकर
वह बैंक में नहीं रखता है।

(आत्मा की आँखें)

बीमारी का इलाज

मैं यन्त्र नहीं हूँ,
न फ़क़त कल-पुर्जों का जोड़ हूँ।

मैं बीमार इसलिए नहीं हूँ
कि मेरा यन्त्र बिगड़ गया है,
कोई काँटी काम नहीं करती है
या किसी पुर्जे का पेंच उखड़ गया है।

मैं बीमार इसलिए हूँ
कि मेरी आत्मा को चोट लगी है;
भावनाओं की अज्ञात गहराई में
कहीं कोई वेदना जगी है।

और आत्मा का घाव
बहुत जल्दी नहीं सूखता।
इसकी चिकित्सा का एक ही राज है
कि एकान्त पा कर पछताओ और रोओ,
अपने घाव को अपने ही आँसुओं से धोओ।
क्योंकि काल सबसे बड़ा वैद्य है
और सब्र से बैठना
ऐसी पीड़ाओं का सबसे सही इलाज है।

(आत्मा की आँखें)

विचारों की माता

संध्या का गुलाबी आसमान,
सुहावनी घड़ी है;
क्षितिज के पास, आदमी के दरवाजे पर
विचारों की एक माता
चादर लपेटे खड़ी है।

और मर्दों का हाल देखो कि वे
इस सुन्दरी से अपना मुँह छिपा रहे हैं।
तेजस्विनी का रूप इतना प्रखर है
कि मर्द उसकी आँखों से
आँखें नहीं मिला सकते;
लगता है, वे अपनी नामर्दी के कारण
शरमा रहे हैं।

औरत तो उस दुल्हे की खोज में है,
जो बीज बोकर विचार उपजाये;
मगर, घबराये हुए मर्द चाहते हैं
कि दरवाजे से यह रूपसी लौट जाये।

मर्दो! अगर इस नारी के
उर्वर आलिंगन से इनकार करोगे,
तो घाव इसे नहीं, तुम्हीं को लगेगा।
और दर्द से यह औरत नहीं मरेगी,
बल्कि, तुम खुद मरोगे।

(आत्मा की आँखें)

आदमी

आदमी के बारे में
मैं केवल यह चाहता हूँ
कि उसके भीतर की चिनगारी
अभंग रहे।
अपनी आग को वह.कभी भी बुझने नहीं दे।
और जो आपदाएँ पड़ें,
वीरता के साथ सहे।

चिनगारी चमकती रहे
सदा उज्ज्वल होकर,
आदमी बचाये उसे
सर्वस्व खो कर।

लेकिन, हाय!
सभ्यता ने तृष्णा की अति से
इस आग को कुचल डाला है;
दीपक की लौ को तोड़ दिया है।
आदमी के भीतर अब आग कहाँ जलती है?
सभ्यता ने उसे
मिट्टी का जीवित पुतला बनाकर छोड़ दिया है।

क्योंकि चिनगारी जब बुझ जाती है,
शैतान का काम बन जाता है।
आदमी तब रुपयों का दास,
मजदूरी का गुलाम बन जाता है।

(आत्मा की आँखें)

विनम्रता

डींग हाँकना विनम्रता नहीं है।
मगर, लोग विनम्रता की भी डींग हाँकते हैं।
जो चीज उन्हें स्वाभाविकता से नहीं मिली,
उसे विनम्र होकर माँगते हैं।

सच पूछो, तो ये लोग खटमल हैं।
जब आदमी नींद में होता है,
ये उसका लहू पीते हैं।
सिर तान कर चलनेवाले जिन्दा लोग
इन्हें पसन्द नहीं आते।
ये मरे या मुमूर्षु जीवों को
खाकर जीते हैं।

दूसरों के सामने
तैयारी से झुकना विनम्रता नहीं,
अपने आपका अपमान है।
मैं तो किसी के भी सामने नहीं झुकता,
क्योंकि मैं मानता हूँ
कि मेरी ही तरह
हर आदमी ऊँचा इंसान है।

अच्छा हो कि नकली विनम्रता का
रिवाज रुके।
न मैं किसी के सामने झुकूँ,
न कोई मेरे सामने झुके।

लेकिन, जब भी किसी आदमी के भीतर
मैं रोशनी की लपट
या जीवात्मा की तड़प पाता हूँ,
तो उसे बुलाता नहीं, उसके पास मैं खुद जाता हूँ।
और कहता हूँ–
कि ओ मेरे आत्म-बन्धु!
मैं तुम्हारा अभिनन्दन करता हूँ।
और तुम्हारे पाँव में जो धूल लगी है,
उसका मैं चंदन करता हूँ।

(आत्मा की आँखें)

पाप

पाप ईश्वर के खिलाफ काम है,
ऐसा कहना सन्देह से खाली नहीं है।
ईश्वर न पुण्य से खुश होता है,
न पाप से डरता है।
सच तो यह हैं कि वह
पुण्य और पाप की परवाह ही नहीं करता है।

लेकिन आत्मा,
जो हमारे रक्त और मांस में रहती है,
अन्याय से दुख मानती है
और पाप को वह बिलकुल नहीं सहती है।

आत्मा हमारी सबसे बड़ी गहराई का नाम है।
और उसका यह काम है
कि वह बिना भाषा के बोले;
हम जो कुछ सोचते या करते हैं,
उसे समझे, बूझे और तोले।
घड़ी-घड़ी हमें सावधान करे,
उस ऊँचाई पर से हमारा आह्वान करे,
जहाँ देवता आते-जाते हैं
और इशारों से हमें अपने पास बुलाते हैं।

इसलिए अगर हम
अपनी गम्भीरतम चेतना के खिलाफ जाते हैं,
तो हम पापी हैं

क्योंकि हमारे भीतर जो असली तत्त्व है,
उसे हम बेवकूफी में गँवाते हैं।

मन के भीतर अगर कोई गाँठ पड़ गई,
तो वह खोले नहीं खुलेगी।
और भीतर चेतना में अगर कालिख लग गई,
तो वह मुश्किल से धुलेगी।

(आत्मा की आँखें)

पुराने ज़माने के मर्द

जब अफलातून ने विचारों के बहाने
बहुत-सी झूठी बातों का प्रचार किया,
उसके पहले आदमी आदमी था;

बदन से भरा-पूरा और भीतर से पुष्ट;
तृषाओं का तत्वज्ञानी नहीं;
बल्कि, हँसता-खेलता खुशी से जीनेवाला प्राणी,
अपने आपसे संतुष्ट;
चिंताओं से मुक्त,
पागल कर देनेवाले विचारों से बिलकुल अछूता,
आन्तरिक द्वन्द्वों से सर्वथा विहीन;
धरती पर उस प्रकार निश्चिन्त विचरनेवाला
जैसे नदियों में मौज से तैरते हैं मीन।

तब मर्दों के बाल 'सैमसन' के समान लम्बे थे।
शेर अगर राह रोकें,
तो मर्द उनसे खम ठोंककर भिड़ते थे।
उनकी धनुर्ज्या से बल-भरी टंकार उठती थी।
और उनके बाण
लक्ष्य से अलग नहीं गिरते थे।

उन्हें मालूम था
कि अपने अनस्तित्व का पता लगाना
कोई अच्छा काम नहीं है।
और अस्तित्व से खाली वे थे भी नहीं,

आज के नकली आदमियों के समान
मर्द वे नकली और जाली थे भी नहीं।

मुझे लगता है, वे भरे-पूरे मर्द
फिर आ रहे हैं।
सुनो, यह उन्हीं दाढ़ीदार मर्दों का
गगनभेदी अट्टहास है।
नदियाँ सहम रही हैं,
पर्वत थर्रा रहे हैं।

योद्धाओं की-सी कमर पतली और कसी हुई,
चौड़ी छातियों पर निशान भालों के,
पाँव ऐसे सुघड़ और सुडौल हैं,
मानो, हों चाँदनी में नाचनेवालों के।

नाचते-नाचते ही वे अदृश्य हुए थे,
और नाचते-नाचते ही फिर आ रहे हैं।
नया आदमी यह समझता भी नहीं
कि उनके चेहरे
क्यों इतने पुष्ट और लाल हैं।
न हम यही समझ पाते हैं
कि वे इतना खुलकर क्यों हँसते हैं;
क्यों इतनी बेफ़िक्री से गा रहे हैं।

(आत्मा की आँखें)

ईश्वर की देह

ईश्वर वह प्रेरणा है,
जिसे अब तक शरीर नहीं मिला है।
टहनी के भीतर अकुलाता हुआ फूल,
जो वृन्त पर अब तक नहीं खिला है।

लेकिन, रचना का दर्द छटपटाता है,
ईश्वर बराबर अवतार लेने को अकुलाता है।

इसीलिए, जब तब हम
ईश्वरीय विभूति का प्रसार देखते हैं।
आदमी के भीतर
छोटा-मोटा अवतार देखते हैं।

जब भी कोई 'हेलेन',
शकुन्तला या रूपमती आती है,
अपने रूप और माधुर्य में
ईश्वरीय विभूति की झलक दिखा जाती है।

और जो भी पुरुष
निष्पाप है, निष्कलंक है, निडर है,
उसे प्रणाम करो,
क्योंकि वह छोटा-मोटा ईश्वर है।

ईश्वर उड़नेवाली मछली है।
झरनों में हहराता दूध के समान सफेद जल है।

ईश्वर देवदार का पेड़ है।
ईश्वर गुलाब है, ईश्वर कमल है।

मस्ती में गाते हुए मर्द,
धूप में बैठ बालों में कंघी करती हुई नारियाँ,
तितलियों के पीछे दौड़ते हुए बच्चे,
फुलवारियों में फूल चुनती हुईं सुकुमारियाँ,
ये सब के सब ईश्वर हैं।
क्योंकि जैसे ईसा और राम आये थे,
ये भी उसी प्रकार आये हैं।
और ईश्वर की कुछ थोड़ी विभूति
अपने साथ लाये हैं।

ये हैं ईश्वर–
जिनके भीतर कोई अलौकिक प्रकाश जलता है।
लेकिन, वह शक्ति कौन है,
जिसका पता नहीं चलता है?

(आत्मा की आँखें)

मुझसे भी कहा था

उसने मुझसे भी कहा था,
"तुम इतना क्यों शरमाते हो?
छाती के पास अगर बटन खुले हैं,
तो उन्हें खुला रहने दो।
मुझे देखते ही
यह बटन तुम क्यों लगाते हो?

"वह तुम पर खूब सुहानी लगती है,
कमीज से झाँकती जो बालों की कतार है।
यह अच्छा है कि तुम्हारे पाँव कड़े लगते हैं,
चेहरा कुछ रूखा, लेकिन, रोबदार है।

"मगर, तुम बुद्धू हो,
क्योंकि तुम्हें लाज लगती है।
सभी मर्द बुद्धू होते हैं,
क्योंकि यह कँपकँपी हर एक में जगती है।

"सभी जीवों के बीच
लाज मर्दों के हिस्से पड़ी थी।
शायद, इसलिए
कि उस समय वहाँ कोई औरत खड़ी थी।

"इसी से, औरतों को देखते ही
मर्द घबराता है।

अपने कपड़े-लत्ते ठीक करके
अदब से बैठ जाता है।

"मगर, जब तुम घबराते हो,
मुझे हँसी नहीं आती,
प्यार आता है।

"कनखियों से ही सही,
मगर, कुछ और देख लूँ,
ऐसा खयाल बार-बार आता है।

"भगवान ने तुम्हें अपने हाथों से गढ़ा था।
और तुम में जीवन फूँकते समय
जो मन्त्र पढ़ा था,
वह आज भी तुम्हारे स्वर में
प्रत्यक्ष गूँजता है।
और नहीं तो संसार तुम्हें क्यों पूजता है?

तुम्हारी आवाज सुनने को
दुनिया उमड़ कर क्यों आती है?
और, खास कर, नारियाँ
तुम पर क्यों बलि जाती हैं?

"जो तुम्हें बुरी नजर से देखे,
उसकी आँखों में खाक पड़े।
तुम्हारा बाल नहाते समय भी न टूटे,
न तुम्हारे पाँव में कंकड़ी का दाग पड़े।

"आह! तुम खूबसूरत हो,
खुशमिजाज और प्यारे भी।
सारी दुनिया तुम्हें अपना समझती है।
हम समझती हैं, हो हमारे भी।"

और इतना कह कर,
उसने मेरे कन्धे पर
अपना हाथ धर दिया।

हाथ क्या रखा!
मेरे भीतर
कोई नशा-सा भर दिया।

मैं सोचने लगा,
"अजीब बात!
क्या इतना अन्धा और उतावला
स्नेह हो सकता है?
क्या मुझ में कोई ऐसी बात नहीं है,
जिस पर इसे संदेह हो सकता है?"

(आत्मा की आँखें)

राजर्षि-अभिनन्दन

[स्वर्गीय राजर्षि पुरषोत्तमदास टंडन के अभिनन्दन में]

जन-हित निज सर्वस्व दान कर तुम तो हुए अशेष;
क्या देकर प्रतिदान चुकाए ऋषे! तुम्हारा देश?

राजदंड केयूर, क्षत्र, चामर, किरीट, सम्मान;
तोड़ न पाये यती! ध्येय से बँधा तुम्हारा ध्यान!

ऐश्वर्यों के मोह-कुंज में भी न धीरता डोली,
तुमने तो की ग्रहण देवता! केवल अक्षत-रोली।

जय कामना-जयी! व्रतचारी! मधुकर चम्पक-वन के!
जय हो अभिनव भरत भव्य भारत के राजभवन के!

गत की तिमिराच्छन्न गुफा में शिखा सजानेवाले!
जय जीवित, उज्जवल अतीत की ध्वजा उठानेवाले!

ऋषे! मरेगा कभी न भारतवर्ष तुम्हारे मन का,
अब तो वह बन रहा ध्येय जग भर के अन्वेषण का।

टूट रहीं परतें, स्वरूप अपना घुलता जाता है,
मन्द-मन्द मुदित सरोज का मुख खुलता जाता है।

मन्द-मन्द उठ रही हमारी ध्वजा धर्म की, बल की,
विभा नर्मदा-कावेरी की, प्रभा जह्नुजा-जल की।

क्षमा, शान्ति, करुणा, ममता, ये सब आकार धरेंगे,
शमन किसी दिन हालाहल का जग में हमीं करेंगे।

संस्कृति से संपृक्त यहाँ विज्ञान मुक्त-दव होगा,
हुआ नहीं जो कहीं और, भारत में सम्भव होगा।

एक हाथ में कमल, एक में धर्मदीप्त विज्ञान,
ले कर उठनेवाला है धरती पर हिन्दुस्तान।

(मृत्ति-तिलक)

राम, तुम्हारा नाम

राम, तुम्हारा नाम कंठ में रहे,
हृदय, जो कुछ भेजो, वह सहे,
दुख से त्राण नहीं माँगूँ।

माँगूँ केवल शक्ति दुख सहने की,
दुर्दिन को भी मान तुम्हारी दया
अकातर ध्यानमग्न रहने की।

देख तुम्हारे मृत्यु-दूत को डरूँ नहीं,
न्योछावर होने में दुविधा करूँ नहीं।
तुम चाहो, दूँ वही,
कृपण हो प्राण नहीं माँगूँ।

(हारे को हरिनाम)

कविता और विज्ञान

हम रोमांटिक थे;
हवा में महल बनाया करते थे।
चाँद के पास हमने एक नीड़ बसाया था,
मन बहलाने को हम उसमें आया-जाया करते थे।

लेकिन तुम हमसे ज्यादा होशियार होना,
कविता पढ़ने में समय मत खोना।
पढ़ना ही हो, तो बजट के आँकड़े पढ़ो।
वे ज्यादा सच्चे और ठोस होते हैं।

अगर तुम यह समझते हो
 कि तुम केवल शरीर नहीं,
 आत्मा भी हो,
तो यह अनुभूति तुम्हें,
 तकलीफ में डालेगी।
जो सभ्यता अदृश्य को नहीं मानती,
 वह आत्मा को कैसे पालेगी?

विज्ञान की छड़ी जहाँ तक पहुँची है,
बुद्धि सत्य को वहीं तक मानती है।
मशीनों को लाख समझाओ,
वे आत्मा को नहीं पहचानती हैं।
सांख्यिकी बढ़ती पर है,

दर्शन की शिखा मन्द हुई जाती है।
हवा में बीज बोने वाले हँसी के पात्र हैं,
कवि और रहस्यवादी होने की राह
बन्द हुई जाती है।

(हारे को हरिनाम)

रहस्य और विज्ञान

इतना जिया कि जीते-जीते
            सारी बात भूल गया।

शब्दों के कुछ निश्चित अर्थ
                    मैंने भी सीखे थे।
और उन अर्थों पर मुझे भी नाज था।
और नहीं, तो उतने ज़ोर से
            बोलने का क्या राज़ था?

स्त्रियों के बाल मुझे भी
            रेशम-से दिखायी देते थे।
और चाँद की ओर आँखें किये
            मैं सारी रात जगता था।
सच तो यह है कि सितारों से
            चाँदी के घुँघुरुओं की आवाज़ आती थी।
और चाँद मुझे औरत के
            मुँह-जैसा लगता था।

सोचता था, प्रकृति के पीछे कोई विद्यमान है,
            जो मेरा प्रेमी और सखा है।
(देखा-देखी रहस्यवाद का मज़ा
            थोड़ा-बहुत मैंने भी चखा है।)
मगर विज्ञान ने सारी बातें

तितर-बितर कर दीं।
और विज्ञान से मेरा कुछ मतभेद है।

गरचे मुझे खेद है
कि न तो मैं विज्ञान को समझता हूँ,
न विज्ञान मुझे समझ पाता है।
ऐसे में गुरो!
केवल आपका नाम याद आता है।

(हारे को हरिनाम)

नेमत

कविता भक्ति की लिखूँ
या शृंगार की,
सविता एक ही है,
जो शब्दों में जलता है।

अक्षर चाहे जो भी उगें,
कलम के भीतर
भगवान मौजूद रहते हैं।

दूसरों से मुझे जो कुछ कहना है,
वह बात प्रभु पहले
मुझसे कहते हैं।

करुण काव्य लिखते समय
कवि पीछे रोता है,
भगवान पहले रोते हैं।

क्रोध की कविता
भगवान को भी चढ़ानी है।

और प्रशंसा नर की करो
या नारी की,
भगवान नाराज़ नहीं,
खुश होते हैं।

कविता सबसे बड़ा तो नहीं,
फिर भी अच्छा वरदान है।
मगर मालिक की अजब शान है।
जिसे भी यह वरदान मिलता है,
उसे जीवन भर पहाड़ ढोना पड़ता है।
एक नेमत के बदले
अनेक नेमतों से हाथ धोना पड़ता है।

(हारे को हरिनाम)

रक्षा करो देवता

रक्षा करो! रक्षा करो!
देवता! हमारा क्या गुनाह है?
तीन ककारों में पड़ी दुनिया तबाह है।

संसार तुमने बहुत सोच-समझ कर रचा है।
मगर, एक-एक से पूछ कर देख लो,
कामिनी, कंचन और कीर्ति से कौन बचा है!

मुनियों ने मेनका को गोद में बिठाया।
राजाओं ने कंगालों का कोष चुराया।

और कीर्ति?
यह चश्मा तो सर्वत्र उबलता है।
शहीद शहीद की जड़ खोदते हैं
और एक साधु दूसरे साधु से जलता है।

सच है कि कामिनी काल पा कर छूट जाती है।

लेकिन कंचन और कीर्ति?
रक्षा करो, रक्षा करो देवता!
जब तक जीवित हैं,
कुछ न कुछ खाना ही पड़ेगा।
जितने अच्छे हैं,
उससे ज्यादा बताना ही पड़ेगा।

(हारे को हरिनाम)

जूठा पत्ता

रामकृष्ण और रमण,
रोग की यातना दोनों ने सही थी।
मगर अपने अन्तिम दिनों में
महर्षि ने एक बात कही थी।

जीवन भोज है,
शरीर केले का पत्ता है।

इस पत्ते पर आदमी
भोजन तो बड़े प्रेम से करता है।
लेकिन खाना खत्म होते ही
वह उसे फेंक देता है।

जूठा पत्ता भी कभी कोई
सँभाल कर धरता है?

(हारे को हरिनाम)

नीरवता

रात ने चुप्पी साध ली है।
सपने शान्ति में समा गये हैं।
अन्तःकपाट आप-से-आप
खुलने लगा है।
देवता शायद दरवाजे पर आ गये हैं।

(हारे को हरिनाम)

असंभव

टहलना छोड़ दूँ,
यह हो सकता है।
लेकिन टहलूँ
और जमीन से पाँव न लगे,
यह अनहोनी बात है।

पानी से दूर रहूँ,
यह संभव है।
लेकिन पानी में तैरे
और वस्त्र न भीगें,
यह करिश्मा कौन कर सकता है?

अगर यह कमजोरी है,
तो इसका राज़ क्या है?
अगर यह बीमारी है,
तो इसका इलाज क्या है?

तब भी तेरी महिमा अपार है।
तू चाहे, तो यह असमर्थता भी
हर सकता है।

इसीलिए तो ऐसे लोग हैं,
जो पाँव छुलाये बिना
जमीन पर चलते हैं।
और आग में खड़े हो कर भी
नहीं जलते हैं।

(हारे को हरिनाम)

देवता और प्रेत

कवि के मन में देवता और प्रेत,
दोनों बसते हैं।
प्रेत जब कलम में घुस कर
कविता लिखता है,
देवता हँसते हैं।

देवता की राह हिंसा नहीं,
अहिंसा की राह है।
वे इन्द्रियों से लड़ते नहीं,
पुचकार कर उन्हें पास बुलाते हैं।

देवता के पास पीपल की छाया होती है।
वे छाँह में इन्द्रियों को
प्रेम से सुलाते हैं।

लेकिन प्रेत कहता है,
जीवन से युद्ध करो,
मारो, मारो, इन्द्रियों को मारो
और अपने को शुद्ध करो।

आँख, कान, नासिका और त्वचा
क्या हमने इसीलिए पायी थीं?
इन्द्रियाँ क्या केवल
मार खाने को आयी थीं?

देवता अच्छे हैं
कि कीचड़ में ईंट नहीं फेंकते हैं;
न पंचधूनी जला कर
अपनी इन्द्रियों को सेंकते हैं।

(हारे को हरिनाम)

कृतज्ञता-ज्ञापन

वासना को विज्ञान
बनाने वाली, सुनो।
देह की वाटिका में स्वर्ग की
झलक दिखाने वाली, सुनो।

शिराओं में कवित्व
सरसाने वाली, सुनो।
सपने में आने-जाने वाली, सुनो।

सुनो, जो मुझ पर आशीर्वाद
बन कर छायी थी।
सुनो, जो मन से निकल कर
मेरी हथेली पर आयी थी।

मेरी पूजा में पगी रहने वाली, सुनो।
शाम से सुबह तक जगी रहने वाली, सुनो।

सुनो, जिसे देख कर
मैं दुर्दिन में जिया था,
सुनो, जिसके साथ
वस्त्र भिंगोये बिना
मैंने सागर पार किया था।

केवल दृष्टि से
आयु प्रदान करने वाली, सुनो।
मुझे कल्पना
और उमंग से भरने वाली, सुनो।

सुनो, जिसका सौरभ
मेरे प्राण में व्यापा है।
सुनो, जिसने मुझे
काँगड़ी बना कर तापा है।
मेरे पौरुष का उत्पीड़न
सहने वाली, सुनो।
बिना कुछ बोले
सब कुछ कहने वाली, सुनो।

सुनो, जो आँखों के आगे
केवल आयी गयी हो;
फिर भी मेरे दर्पण में
जिसका बिम्ब पड़ा है;
सुनो, जो मेरी कविता में
जहाँ-तहाँ पायी गयी हो।

तुम, जो मेरी कल्पना में पली हो।
तुम, जो जीवन के झरोखे पर
चिराग बन कर जली हो।

तुम, जो मेरे लिए
उजले और लाल,
दोनों रंग के फूल लायी थीं।

तुम, जो माता, बहन
और सखी का

रूप धर कर आयी थीं।

तुम सब का जो ऋण है,
उसे गीत में चुकाता हूँ।
कृतज्ञता में तुम्हारे सामने
मस्तक झुकाता हूँ।

(हारे को हरिनाम)

कविता और काम

कवि,
तुम्हारे हृदय को पवित्र जान कर
देवताओं ने तुममें आश्रय लिया था।
और भगवान ने
तुम्हें यह वरदान दिया था

कि सौन्दर्य जहाँ भी रहेगा,
तुम पहचान लोगे।
जिस कन्दरा में
सूर्य की किरणें नहीं पहुँचतीं,
वहाँ का भी रहस्य तुम जान लोगे।

साधुनी जब कुछ नहीं देखने का
बहाना करेगी,
तुम देखोगे कि वह किसी पुरुष के
ध्यान में है।

और मर्द जब भभूत रमा कर
समाधि में बैठेगा,
तुम समझ जाओगे कि
भीतर से वह तड़प रहा है,
क्योंकि मूर्ति मन्दिर में रह गयी है।
असल में कोई नारी उसके प्राण में है।

ईश्वर ने आशा की थी
कि तुम सब को देखोगे,
सब को क्षमा करोगे,
सब से बोलोगे-हँसोगे,
मगर इस गर्त में तुम खुद
नहीं फँसोगे।

मगर तुम्हारे पंख
मधु में फँस गये,
तुमने उड़ना छोड़ दिया।
जाना था तुम्हें ऊपर की ओर,
लेकिन अपना जहाज
तुमने नीचे की ओर
मोड़ दिया।

भगवान को अचरज है
कि यह क्या हो गया।
तुम्हारे भीतर का देवता
पछताता है,
हाय, मैं कहाँ आकर
खो गया?

(हारे को हरिनाम)

परंपरा

परंपरा को अन्धी लाठी से मत पीटो।
उसमें बहुत कुछ है,
जो जीवित है,
जीवन-दायक है,
जैसे भी हो,
ध्वंस से बचा रखने के लायक है।

पानी का छिछला हो कर
समतल में दौड़ना,
यह क्रान्ति का नाम है।
लेकिन घाट बाँध कर
पानी को गहरा बनाना,
यह परंपरा का काम है।

परंपरा और क्रान्ति में
संघर्ष चलने दो।
आग लगी है, तो
सूखी टहनियों को जलने दो।
मगर जो ट???????ऽ?ऽ?ऽ?????हनियाँ
आज भी कच्ची और हरी हैं,
उन पर तो तरस खाओ।
मेरी एक बात तुम मान जाओ।

परंपरा जब लुप्त होती है,
लोगों की आस्था के आधार
टूट जाते हैं।
उखड़े हुए पेड़ों के समान
वे अपनी जड़ों से छूट जाते हैं।

परंपरा जब लुप्त होती है,
लोगों को नींद नहीं आती,
न नशा किये बिना
चैन या कल पड़ती है।

परंपरा जब लुप्त होती है,
सभ्यता अकेलेपन के
दर्द से मरती है।

कलमें लगाना जानते हो
तो जरूर लगाओ,
मगर ऐसे कि फलों में
अपनी मिट्टी का स्वाद रहे।

और यह बात याद रहे
कि परंपरा चीनी नहीं, मधु है।
वह न तो हिन्दू है, न मुस्लिम है,
न द्रविड़ है, न आर्य है,
न परंपरा का हर प्रहरी
पुरी का शंकराचार्य है।

(हारे को हरिनाम)

उपदेशक

मुजरिम हो कर
मुजरिमों को सुधारने का काम,
यह भी एक स्वांग है,
और यह स्वांग हम सभी लोग करते हैं।

जिन मजों से हम दूसरों को
रोकना चाहते हैं,
उनसे खुद परहेज नहीं करते हैं।

वैतरणी के छींटे किस पर नहीं पड़े हैं?
किसके दामन पर
फूलों के रस का दाग नहीं है?

सपने की देह को नंगी उँगली से
छूने का लोभ किसमें नहीं जगा है?
कौन इतना जर्जर है
कि उसमें जवानी की आग नहीं है?

तो उपदेशकों
आओ, हम ईमानदार बनें
और मानवता को डरायें नहीं,
बल्कि यह कहें—
कि जिस सरोवर का जल पीकर
तुम पछताते हो,

उस तालाब का पानी
हमने भी पिया है।
और जैसे तुम हँस-हँस कर रोते
और रो-रो कर हँसते हो,
इसी तरह हँसी और रुदन से
भरा जीवन हमने भी जिया है।

गनीमत है कि हर पापी का भविष्य है,
जैसे हर सन्त का अतीत होता है।
आदमी घबरा कर व्यर्थ रोता है।

यह बात दूसरी है
कि कोई समृद्धि में है,
कोई अभाव में है।
मगर जहाँ तक मन का सवाल है,
हम सब एक ही नाव में हैं।

सदियों से हमने तुम्हें धोखा दिया है।
मगर अब हम तुम्हें और नहीं भरमायेंगे।
जहाँ तक पहुँच कर हम रुक गये हैं,
उससे आगे का रास्ता तुम्हें नहीं बतायेंगे।

(हारे को हरिनाम)

एकोऽहम्

मैं दानव से छोटा नहीं,
न वामन से बड़ा हूँ।
सभी मनुष्य एक ही मनुष्य हैं।
सब के साथ मैं आलिंगन में खड़ा हूँ।

वह, जो हार कर बैठ गया,
उसके भीतर मेरी ही हार है।
वह, जो जीत कर आ रहा है,
उसकी जय में मेरी ही जयजयकार है।

मैं ही दाना डालनेवाला बुड्ढा रईस हूँ;
मैं ही वह पक्षी हूँ, जो दाना चुगता है।
बैल की पीठ पर बेरहमी से बेंत मत मारो।
मेरी पीठ पर उसका निशान उगता है।

पत्ते का पीला होना
पूरे वृक्ष का रोग है।

यह मात्र संयोग है
कि एक पत्ता पीला है, बाकी हरे हैं।

एक व्यक्ति पातक इसलिए करता है
कि सबके भीतर पाप के भाव भरे हैं।

जहाँ भी पुण्य की वेदी है,
मैं अगुरु का धुआँ हूँ,
मंडप से झूलता
फूलों का वन्दनवार हूँ।

और जो भी पाप करके लौटा है,
उसके पातक में मैं बराबर का हिस्सेदार हूँ।

एक उपकारी सबके गले का हार है।
और जिसने मारा या जो मारा गया है
उनमें से हर एक हत्यारा है,
हर एक हत्या का शिकार है।

(हारे को हरिनाम)

भगवान के डाकिये

पक्षी और बादल,
ये भगवान के डाकिये हैं,
जो एक महादेश से
दूसरे महादेश को जाते हैं।

हम तो समझ नहीं पाते हैं,
मगर उनकी लायी चिट्ठियाँ
पेड़, पौधे, पानी और पहाड़
बाँचते हैं।

हम तो केवल यह आँकते हैं,
कि एक देश की धरती
दूसरे देश को सुगन्ध भेजती है।
और वह सौरभ हवा में तैरते हुए
पक्षियों की पाँखों पर तिरता है।

और एक देश का भाप
दूसरे देश में पानी
बन कर गिरता है।

(हारे को हरिनाम)

कीर्त्ति

रवीन्द्रनाथ ने कहा था,
"आमार कीर्त्ति रे,
आमि कोरि ना विश्वास।"

तो फिर मैं ही अपनी कीर्त्ति का
भरोसा क्यों करूँ?

मैं जिस डाल पर खड़ा हूँ,
वह टूटने वाली है।

जिस मटकी में मैंने
कीर्त्ति का दही सँजोया है,
वह फूटने वाली है।

कीर्त्ति कमाने वाले कितने ज्यादा लोग हैं!
काल अमिट संगमरमर के सिंहासन
कितनों के लिए बिछायेगा?

समय का पट बड़ा है,
फिर भी वह बहुत बड़ा नहीं है।

अगर काल चाहे भी
तो सबकी लिखावटें
अपनी छाती पर आँक नहीं सकता।

आकाश में जहाँ अगणित
नक्षत्र जगमगाते हैं,
रुपहलें तारों से वहाँ
सभी के नाम टाँक नहीं सकता।

क्या पता, मेरा सोना मिट जाय
और लोहा बचे?
सभी कृतियों के बीच
समर्पण का कोई एक पद,
जो आज उपेक्षित है,
शायद वही पंक्ति
अथवा कोई छप्पय
या दोहा बचे।

(हारे को हरिनाम)

मशाल

लोग कहते हैं,
तुम्हारी मशाल
दूर-दूर तक जल रही है।
जनता तुम्हारी रोशनी में चल रही है।

इस बात पर यकीन तो नहीं होता,
मगर हृदय गुदगुदाता और काँपता है।
और तब कोई मेरी ऊँचाई नापता है।

लोग मुझें नहीं जानते,
मगर मैं अपने-आपको जानता हूँ।
जिसका ढोल चारों ओर पिट रहा है,
उसे मैं खूब पहचानता हूँ।

इसीलिए मैं अपनी कीर्त्ति से डरता हूँ।
और बार-बार यह प्रार्थना करता हूँ।

कि हे प्रभो,
कठिन घड़ी में काम आओ।
लोग मुझे जैसा समझते हैं,
तुम मुझे वैसा ही बनाओ।

साफ-सुथरा, पारदर्शी और ईमानदार,
ईश्वर से डरने वाला,

परम्परा का आदर करने वाला।

अभागों के लिए रोने की बान छूटे नहीं।
मटमैली धरती से सरोकार टूटे नहीं।

बुढ़ापे की शिराओं में
जवानी का रस मौजूद रहे।
अन्याय के विरोध का साहस मौजूद रहे।

(हारे को हरिनाम)

समुद्र के किनारे

जब नाव बनाने के दिन थे,
मैं रथ के निर्माण में लगा रहा।

जिन्दगी भर इसलिए जगा रहा
कि काल चकमा देकर
कहीं आगे न निकल जाय।

लेकिन ऐसा भी भला कहीं होता है?

काल मुझे वहाँ छोड़ कर
आगे बढ़ गया,
जहाँ न तो वन है,
न उपवन है, न पहाड़ है।

मैं रेती पर खड़ा हूँ।
आगे गरजता हुआ पारावार है।

ऐसे में तुम कहाँ हो,
जिसे मैंने अपना आराध्य
माना है?

अदृश्य के माँझी!
कोई नाव भेजो,
मुझे भी पार जाना है।

(हारे को हरिनाम)

पुरज़े की खराबी

जब हर आदमी तुम्हारी
बड़ाई कर रहा हो,

तब तुम जरा हुशियार हो जाओ।
तुम्हारी मशीन का कोई न कोई पुरजा
जरूर खराब हो गया है।

मशीन ठीक रहती है,
तब आदमी में
सिफत के साथ ऐब भी होता है।
और ऐब पकड़ा जाता है।

अपना ऐब हमें खोलना भी चाहिए
कि लोग हमें देवता न समझें।

और अगर तुम में ऐब नहीं है,
तो जो लोग तुम्हें फलों का हार देंगे,
वे ही ईसा और गांधी के समान
तुम्हें गोली मार देंगे।

(हारे को हरिनाम)

कला

जो व्यक्ति लिखता है,
और जो व्यथा भोगता है,
उन दोनों के बीच
झीनी दीवार खड़ी करो।

मैं यह नहीं कहता
कि मेरी उम्र बड़ी करो।

पर जब तक जियूँ,
वीणा सुर में बोलती रहे।
वह मेरी ही नहीं,
सबका दर्द खोलती रहे।

और मैं अपनी सृष्टि में
उसी प्रकार छिपा रहूँ,
जैसे तुम अपनी
रचना में प्रच्छन्न हो।

ताप सब को महसूस हो,
मगर आग नहीं मिले।

कविता में कवि कहाँ छिपा है,
इसका सुराग नहीं मिले।

यह कलाकार की सच्ची स्थिति है।
और इसे मैंने आज तक निभाया था।
लोग समझते रहे कि
मैं देश का दर्द गाता हूँ।
मगर दर्द मैंने
अपना ही गाया था।

लेकिन, देखो, अब मेरा कितना बुरा हाल है?
लगता है, मैं कविता नहीं लिखता,
सरापा दर्द हुआ जाता हूँ।
दीवार उठाने में देर हो,
तो कोई चादर ही फेंको।
प्रभो, भरी सभा में
मैं बेपर्द हुआ जाता हूँ।

(हारे को हरिनाम)

मनसूबा

मैं अब भी इस आशा में हूँ
कि तुम कुछ कहोगे।
बात को आधे रास्ते में छोड़ कर
चुप नहीं रहोगे।

मुझे तो अभी बहुत कुछ जानना है।
आकाश का विस्तार नापना है,
सागर की गहराई थाहनी है
और मरने से पहले
अपने-आपको पहचानना है।

जिन्दगी के थपेड़े तो खूब खाये,
मगर मनसूबे अभी मरे नहीं हैं।
पेड़ के सभी पत्ते गरचे हरे नहीं हैं,
मगर डाली में रस है।

और रस की यह धारा
कैद से छूटना चाहती है।
टहनी के भीतर बेचैनी है।
शायद कोई कोंपल फूटना चाहती है।

मैं रेगिस्तान में खड़ा
रस से भरा पेड़ हूँ,
जी भर कर इस बार भी
फलना चाहता हूँ।

जिस रास्ते पर तुम यहाँ तक ले आये,
उस पर और भी आगे चलना चाहता हूँ।

मालिक, तुम्हारे इस दीये में
तेल अभी बाकी है।
अन्धकार को फाड़ने को
मैं अभी और जलूँगा।

तुम्हारी पताका
इस अध-मंजिल पर नहीं रुकेगी।

उसे उठाये हुए
पर्वत के शिखरों पर
मैं अभी और चलूँगा।

(हारे को हरिनाम)

जगना और सोना

जगना विज्ञान है,
सोना कला है।
वह आदमी भला है,
जो गाढ़ी नींद में सोता है।
पर इतने से प्रश्न का
समाधान नहीं होता है।

जानने की बात यह है
कि जिसके जागरण और स्वप्न में
दूरी रहेगी,
उसे नींद ठीक से नहीं आयेगी।

विज्ञान अगर कलंकित है,
तो कला भी अधूरी रहेगी।

जिसे नींद ठीक से नहीं आती,
उसके मन में झाँक कर देखो।
अवचेतना दिन में कहीं
चोट खा गयी है।

ईर्ष्या, पछतावे या द्वेष का कीट
उसे दंश मारता है
अथवा उसके प्राणों में
पड़ोस की कोई नारी समा गयी है।

कीर्त्ति और धन,
विज्ञान इनकी खोज करता है।
मगर यह खोज भी
नींद में खलल डालती है।

कीर्त्ति और धन खोजने के क्रम में
बहुत-से साँप उत्पन्न होते हैं।
वे बाहर नहीं रहते,
अवचेतन के जल में बसते हैं।
आदमी जब सोने लगता है,
वे उठ-उठ कर
उसके प्राणों को डँसते हैं।

तब भी कितनी विचित्र बात है
कि जिसे कीर्त्ति नहीं,
बदनामी मिली है,
नींद उसकी भी कमजोर होती है।
और निर्धन की तो बात ही मत पूछो,
उसकी चिन्ताएँ अत्यन्त कठोर होती हैं।

(हारे को हरिनाम)

स्वर्ग

स्वर्ग, तुम्हारे बालू में
गरदन घुसेड़ कर जीना,
धरती का जल छोड़ कर
कल्पना का नीर पीना
मुझे अच्छा नहीं लगता।

न मैं ईश्वर का नाम
इसलिए लेता हूँ
कि नाम स्मरण से
मुसीबत से नजात पाऊँगा।
लोग पूछते रहेंगे,
"अरे, वह गया कहाँ?"
और मैं चोरी-चोरी
स्वर्ग की राह से
किसी दूसरे जीवन में पहुँच जाऊँगा,
जहाँ न दुख होगा, न शोक होगा,
सरिता फूलों की छाँव में बहेगी,
मेरे कानों में प्रेम की कथा कहेगी।

यह सत्य है कि मैं ध्यान में रहता हूँ।
किन्तु, प्रभु से मैं केवल एक ही बात कहता हूँ।
कि जब मैं दुख भोगूँ,
तुम सामने खड़े रहो।
तुम जब सामने रहते हो,

मन नहीं घबराता है।
तुम्हारे स्पर्श से दुख भी
सुख बन जाता है।

जीवन केवल दुख ही नहीं,
वह मधु का भी कोष है।
साँपों और बाघों की
जोखिम झेल कर
यह मधु मैं अन्त तक पियूँगा।
और राम जैसे जिलायेंगे,
बड़े प्रेम से जियूँगा।

(हारे को हरिनाम)

संतुलित समाज

फौजियों का मिजाज फौजी नहीं,
जरा लचीला और नर्म हो।

जगद्गुरु बात-बात में
केवल शास्त्र ही न खोलें,
यत्किंचित् ज्ञात उन्हें
समय का भी धर्म हो।

मन्दिरों में भी हम
घर का सोंधापन पायें।
और साधुओं के बदन से
केवल धूप-दीप की ही
गन्ध न आये।

कवि भूखों न मरे।
और जो बहुत खाते हैं,
वे जरा उपवास सीखें।
सेठों और मन्त्रियों में यह लोभ जगे
कि वे भी
जन-साधारण के सामान दीखें।

मर्दाने मर्द और औरतानी औरत ने
सारा खेल खराब कर दिया।

लाजिम यह है
कि हर औरत जरा मर्द
और हर मर्द जरा नारी हो।

दुनिया केवल उन्हीं को न पूजे,
जिन्होंने जीत हासिल की है।
वह उन्हें भी जरा हमदर्दी से देखे,
जिन्होंने जिन्दगी की बाजी हारी हो।

(हारे को हरिनाम)

गांधी

देश में जिधर जाता हूँ,
उधर ही एक आह्वान सुनता हूँ।

"जड़ता का तोड़ने के लिए
भूकंप लाओ।
घूप्प अँधेरे में फिर
अपनी मशाल जलाओ।
पूरे पहाड़ को हथेली पर उठा कर
पवनकुमार के समान तरजो।
कोई तूफान उठाने को
कवि, गरजो, गरजो, गरजो।"

सोचता हूँ, मैं कब गरजा था?
जिसे लोग मेरा गर्जन समझते हैं,
वह असल में गांधी का था,
उस आँधी का था, जिसने हमें जन्म दिया था।

तब भी हमने गांधी के
तूफान को ही देखा,
गांधी को नहीं।

वे तूफान और गर्जन के
पीछे बसते थे।

सच तो यह है
कि अपनी लीला में
तूफान और गर्जन को
शामिल होते देख
वे हँसते थे।

तूफान मोटी नहीं,
महीन आवाज से उठता है।

वह आवाज,
जो मोम के दीप के समान
एकान्त में जलती है;
और बाज नहीं,
कबूतर की चाल से चलती है।

गांधी तूफान के पिता
और बाजों के भी बाज थे।
क्योंकि वे नीरवता की आवाज थे।

(हारे को हरिनाम)

पुनर्जन्म

जन्म लेकर दुबारा न जनमों,
तो भीतर की कोठरी काली रहती है।
कागज चाहे जितना भी
चिकना लगाओ,
जिन्दगी की किताब
खाली की खाली रहती है।

शुक्र है कि इसी जीवन में
मैं अनेक बार जनमा
और अनेक बार मरा हूँ।

तब भी अगर मैं
ताजा और हरा हूँ,
तो कारण इसका यह है
कि मेरे हृदय में
राम की खींची हुई
अमृत की रेखा है।

मैंने हरियाली पी है,
पहाड़ों की गरिमा का
ध्यान किया है,
बच्चे मुझे प्यारे रहे हैं
और वामाओं ने राह चलते हुए
मुझे प्रेम से देखा है।

पर्वत को देखते-देखते
आदमी का नया जन्म होता है।
और तट पर खड़े ध्यानी को
समुद्र नव जीवन देने में समर्थ है।

नर और नारी
जब एक दूसरे की दृष्टि में
समाते हैं,
उनका नया जन्म होता है।
पुनर्जन्म प्रेम का पहला अर्थ है।

पुनर्जन्म चाहे जितनी बार हो,
हमेशा जीवित रहने से
हमें डरना भी चाहिए।
दोस्ती, बन्धन और लगाव की भी
सीमा होती है।
अपने अतीत के प्रति
हर रोज हमें थोड़ा
मरना भी चाहिए।

(हारे को हरिनाम)

अवकाशवाली सभ्यता

मैं रात के अँधेरे में
सितारों की ओर देखता हूँ,
जिनकी रोशनी भविष्य तक जाती है।

अनागत से मुझे खबर आती है
कि चाहे लाख बदल जाये,
मगर भारत भारत रहेगा।

जो ज्योति दुनिया में
बुझी जा रही है,
वह भारत के दाहिने करतल पर जलेगी।
यन्त्रों से थकी हुई धरती
उस रोशनी में चलेगी।

साबरमती, पाण्डिचेरी, तिरुवण्णमलइ
और दक्षिणेश्वर,

ये मानवता के आगामी
मूल्य-पीठ होंगे।
जब दुनिया झुलसने लगेगी,
शीतलता की धारा यहीं से जायेगी।

रेगिस्तान में दौड़ती हुई संततियां
थकने वाली हैं।
वे फिर पीपल की छाया में
लौट आयेंगी।

आदमी अत्यधिक सुखों के
लोभ से ग्रस्त है।
यही लोभ उसे मारेगा।
मनुष्य और किसी से नहीं,
अपने आविष्कार से हारेगा।

गांधी कहते थे,
अवकाश बुरा है।
आदमी को हर समय
किसी काम में लगाये रहो।
जब अवकाश बढ़ता है,
आदमी की आत्मा ऊँघने लगती है।
उचित है कि ज्यादा समय
उसे करघे पर जगाये रहो।

अवकाशवाली सभ्यता
अब आने ही वाली है।
आदमी खायेगा, पियेगा
और मस्त रहेगा।
अभाव उसे और किसी चीज का नहीं,
केवल काम का होगा।
वह सुख तो भोगेगा,
मगर अवकाश से त्रस्त रहेगा।

दुनिया घूम-घाम कर
इस निश्चय पर पहुँचेगी
कि सारा भार विज्ञान पर डालना बुरा है।
आदमी को चाहिए कि वह
खुद भी कुछ काम करे।
हाँ, यह अच्छा है
कि काम से थका हुआ आदमी
आराम करे।

(हारे को हरिनाम)

सूखा पेड़

सूखा पेड़ गम की लकीर है।
उसे देख कर वैराग्य का
भाव जगता है।

उदासी को देख कर
आँखें उदास हो जाती हैं
और मन कुछ सोचने लगता है।

मगर एक लता बौराई हुई है,
इस सूखे पेड़ को घेर कर
सिर से पाँव तक छाई हुई है।

वल्लरी पेड़ को ढँक कर
अपना रूप दरसाती है,
पेड़ के जीवित होने का
भ्रम उपजाती है।

और यह भ्रम इतना प्रबल है
कि पक्षी उसकी माया में फँस गए हैं,
पेड़ को जीवित जान कर
उसके कोटरों में बस गए हैं।

सूखा पेड़ लता के वेष्टन में खड़ा है।
यानी प्रेमी प्रिया के आलिंगन में
निर्जीव पड़ा है।

(हारे को हरिनाम)

शोक की संतान

हृदय छोटा हो,
तो शोक वहाँ नहीं समायेगा।
और दर्द दस्तक दिये बिना
दरवाजे से लौट जायेगा।

टीस उसे उठती है,
जिसका भाग्य खुलता है।
वेदना गोद में उठा कर
सब को निहाल नहीं करती,
जिसका पुण्य प्रबल होता है,
वही अपने आँसुओं से धुलता है।

तुम तो नदी की धारा के साथ
दौड़ रहे हो।
उस सुख को कैसे समझोगे,
जो हमें नदी को देख कर मिलता है?

और वह फूल
तुम्हें कैसे दिखाई देगा,
जो हमारी झिलमिल
अँधियारी में खिलता है?

हम तुम्हारे लिए महल बनाते हैं।
तुम हमारी कुटिया को
देख कर जलते हो।

युगों से हमारा-तुम्हारा
यही सम्बन्ध रहा है।
हम रास्ते में फूल बिछाते हैं,
तुम उन्हें मसलते हुए चलते हो।

दुनिया में चाहे जो भी निजाम आये,
तुम पानी की बाढ़ में से
सुखों को छान लोगे।
चाहे हिटलर ही
आसन पर क्यों न बैठ जाये,
तुम उसे अपना आराध्य
मान लोगे।

मगर हम?
तुम जी रहे हो,
हम जीने की इच्छा को तोल रहे हैं।
आयु तेजी से भागी जाती है
और हम अँधेरे में
जीवन का अर्थ टटोल रहे हैं।

असल में हम कवि नहीं,
शोक की संतान हैं।
हम गीत नहीं बनाते,
पंक्तियों में वेदना के
शिशुओं को जनते हैं।
झरनों का कलकल,
पत्तों का मर्मर
और फूलों की गुपचुप आवाज,
ये गरीब की आह से बनते हैं।

(हारे को हरिनाम)

हारे को हरिनाम

सब शोकों का एक नाम है क्षमा,
हृदय, आकुल मत होना।

[1]

दहक उठे जो अंगारे बन नये,
कुसुम-कोमल सपने थे।
अन्तर में जो गाँस मार कर गये,
अधिक सबसे अपने थे।
अब चल उसके द्वार, सहज जिसकी करुणा है।
और कहाँ, किसका आँसू कब थमा?
हृदय, आकुल मत होना।

[2]

आघातों से हो विषण्ण म्रियमाण
गान मत छोड़ अभय का।
और न कर अब अधिक मार्ग-संधान
सिद्धि का, दैहिंक जय का।
सुख निद्रा की निशा, विपद जागरण प्रात का।
किरणों पर चढ़ पकड़ प्रकृति उत्तमा।
हृदय, आकुल मत होना।

[3]

उषः लोक का पुलकाकुल कल रोर
मधुर जिसका प्रसाद है।
दुर्दिन की झंझा में वज्र-कठोर
उसी का शंखनाद है।
जिसका दिवस ललाट, उसी का निशा चिकुर है।
रम उसमें, जो है दिगन्त में रमा।
हृदय, आकुल मत होना।

(हारे को हरिनाम)

●●●

रश्मि लोक
[प्रतिनिधि कविताएँ]